원어로 끌어올린

말씀의 샘물

김대일 목사

원어로 끌어올린

말씀의 샘물

김대일 목사

로고스

원어로 끌어올린
말씀의 샘물

초판1쇄 2018년 06월 01일
발행일 2018년 06월 08일

저자 김대일
발행인 김용환
발행처 로고스
등록 제5-156호
주소 서울시 동대문구 신설동 98-9
전화 02-922-6872
팩스 02-926-5406
이메일 lgs9476@naver.com
홈페이지 www.logosbible.co.kr
정가 18,000원
ISBN 979-11-87405-74-0 *03230

편집/디자인 강신용

'원어로 끌어올린 말씀의 샘물'을 마시면서…

에스라 선지자를 가리켜 학사 에스라라고 합니다. 그 이유는 하나님의 말씀을 공부하고 가르치는 일을 하였기 때문입니다. 포로시기 동안 하나님의 영광이 크게 훼손을 당하고 바른 하나님의 말씀을 찾기 힘들 때, 에스라는 그가 찾을 수 있는 모든 율법의 사본들을 찾고 모아서 필사하여 배포하였고 다른 사람들에게 전달해 주었습니다. 그래서 그를 율법에 익숙한 학사 또는 학사 에스라라고 하였습니다.

오늘 '원어로 끌어올린 말씀의 샘물'을 쓴 김대일 목사님은 에스라와 같은 학사 목회자입니다. 시끄러운 도회지도 아니고, 한적한 시골도 아닌 적당한 서울 근교에서 밤을 세워 가며 연구하고 공부하여 이렇게 내놓게 된 것입니다.

더욱이 값진 것은 김목사님은 평생을 목회를 해온 분이기 때문입니다. 평생 목회를 하면서 느껴왔던 난해한 성경 구절들, 그리고 오해하기 쉬운 성경 구절들 그리고 지금까지 잘못 알고 있었던 구절들을 신학적, 목회자적 입장에서 누구에게나 잘 이해할 수 있도록 하였다는 것입니다.

또 단순한 구약만이 아니라 신약의 유사한 구절들을 병행시켜 신구약을 연결시켜 주고 있다는 것입니다.

사실 목회자는 설교를 준비하는 것만으로도 힘이 들고 시간이 부족한데 이렇게 연구하고 책으로 써낸다고 하는 것은 엄청난 수고라 아니할 수 없습니다. 그러나 하나님을 사랑하는 까닭에 또 그것으로 즐거움을 얻는 까닭에 이 일을 감당했으리라 짐작합니다.

이제 그 마음의 중심이 이 책을 읽는 모든 독자들에게 전달되었으면 좋겠습니다. 그 뿐 아니라 혼란하고 약해진 포로시기에 에스라의 사역이 빛나듯이 김대일 목사님의 역작이 한국교회에 그리고 하나님을 사랑하는 모든 사람들 가운데 새 길로 나타나기를 기도합니다.

록원교회
장창만 목사

추천사

우리 민족은 말씀을 사랑한 백성이었습니다.

이 땅에 선교사가 들어오기 전에 하나님의 말씀이 번역된 것은 하나님의 놀라운 역사로, 선교사들은 이 땅에 이미 번역된 성경을 가지고 이 땅에 들어왔습니다. 한글로 번역된 성경은 민중 깊숙이 파고들었습니다.

우리 민족은 말씀을 읽고 말씀의 뜻을 풀어주는 사경회을 찾고 또 찾아 말씀을 들었습니다. 우리 민족이 말씀을 사랑하였기에 하나님께서는 이 땅에 하나님의 백성들을 구름과 같이 일어나게 하셨습니다.

여기 말씀을 더욱 온전히 깨닫고 전하고자 몸부림 친 한 목회자가 있습니다.

번역된 성경의 한계를 알기에 원어로 말씀의 의미를 알아야 한다고, 원어로 말씀의 본래의 의미와 그 깊은 의미를 알아야 한다고 생각하여 오랜 시간 홀로 히브리어와 헬라어를 학습하여 말씀을 풀어냈습니다.

원어로 깊은 샘물과 같은 말씀을 끌어올린 목회자가 여기 있습니다. 이 책의 한 장 한 장은 그가 말씀과 씨름하였던 브니엘의 장소이며, 이 책의 한 구절 한 구절은 하나님께서 내려주신 은혜와 복을 나눈 것이기에 매우 값진 것입니다.

이 책에서 김대일 목사님이 풀어놓은 원어의 세계에 여러분을 초대합니다.

한글 성경에서 만날 수 없는 말씀의 깊은 샘물을 이 책을 읽는 여러분 모두가 마시기를 바라고, 말씀 속의 담겨진 하나님의 깊은 은혜가 여러분에게 있기를 소망합니다.

서울장신대학교 총장

안 주 훈 목사

원어로 끌어올린 말씀의 샘물을 출간하면서

하나님의 말씀은 분명 영원히 목마르지 않는 생명의 샘물임에도 불구하고 세상 삶의 다양함에서 목말라하는 것은 끊임없는 생명의 샘물을 먹지 못하기 때문이라 봅니다.

그 원인 중 하나가 그때그때 연명하기 위하여 인터넷 등에서 제공된 수많은 말씀과 예화를 임시방편으로 종합 편집한 샘물로는 근본 갈증을 채울 수가 없습니다. 말씀을 맡은 주님의 종들이 자신에게 부여된 생명의 샘을 갖지 못하면 한계가 있기 마련입니다.

하나님의 말씀의 근본 뿌리를 원문의 샘에서 퍼 올린다면 자신의 샘물을 가지고 얼마든지 풍성한 생명의 샘을 퍼 올려 세상을 이기게 하고 이단이 발붙이지 못하게 할 것입니다. 사실 성경은 내용적으로나 어휘적으로 난해한 내용들이 종종 나오는데 이럴 경우 원문의 역할이 빛을 발하여야 하는 것입니다. 그러나 일반적 해석과 평범한 해석으로는 해결할 수가 없고 그러다보니 조직신학의 힘을 빌려 교리적 바탕으로 결론 내리려 하거나 아니면 모호한 해석으로 슬쩍 넘어가는 경우가 있습니다.

본 저서는 이러한 문제를 해결하는데 도움이 되기를 바라는 마음으로 난해한 성경구절을 세심하게 분석하여 심혈을 기울여 집필하려고 노력하였습니다.

이 저서를 접하는 독자들께서는 대충 훑어 보려는 자신감을 갖지 말고 정독할 때 어렵고 지루함보다 오히려 말씀이 주는 은혜와 지혜와 보람으로 기쁨을 얻으리라 믿어 의심치 않습니다.

끝으로 "원어로 끌어올린 말씀의 샘물"을 집필하여 출간할 수 있도록 면밀하게 살펴보시고 도움을 주신 서울 장로회 신학대학 안주훈 총장님과 성서고고학을 전공하신 강후구 교수님의 교정과 감수로 미비한 점을 보강하게 됨을 감사드리며, 특히 저명한 목회자이신 장창만 목사님의 해박하신 추천과 격려에 감사를 드립니다.

저자 김대일 목사
2018. 5

목차

내용별로
보는
원어의
맛

본 저서의 참고 자료는
바이블렉스 그리고 김명현 교수의 호주 논문집 “창1:1에 나타난 초자연적 설계”와 강연 영상을 번역 활용하였다.

창세기 1장 1절

창1:1 בְּרֵאשִׁית בָּרָא אֱלֹהִים אֵת הַשָּׁמַיִם וְאֵת הָ אָרֶץ׃

여호와를 경외 지식 재능 주님 모략 총명 지혜

사11:2 여호와의 신 곧 지혜와 총명의 신이요 모략과 재능의 신이요 지식과 여호와를 경외하는 신이 그 위에 강림하시리니.

이 말씀이 창세기 1:1절의 어휘 일곱 개에 잘 접목되고 있다.

רֵאשִׁית(7225 레쉬트) בְּרֵאשִׁית전치사-명사 여성 단수, 태초에 בָּרָא(1254 바라) בָּרָא칼 완료 3인 남성 단수, 창조하시니라 אֱלֹהִים(430 엘로힘) אֱלֹהִים명사 남성 복수, 하나님이 אֵת(853 에트) אֵת대격표시어, 를

שָׁמַיִם(8064 샤마임) הַשָּׁמַיִם관사-명사 남성 쌍수, 천

אֵת(853 에트) וְאֵת접속사-대격표시어

אֶרֶץ(776 에레츠) הָאָרֶץ׃관사-명사 여성 단수, 지를

계3:1사데 교회의 사자에게 편지하기를 하나님의 일곱 영과 일곱 별을 가진 이가 가라사대 내가 네 행위를 아노니 네가 살았다 하는 이름은 가졌으나 죽은 자로다.

일곱 영 사11:2, 계4:5, 슥4:1,2,10 일곱 등은 하나님의 일곱 영. 계5:6 중간에 보면 일찍이 죽음당한 어린 양 같더라. 사11:1-2, 계 1:14 촛대 가운데 주님이 계심.

창세기 1장 1절의 일곱 단어는 하나님의 일곱 영을 표현하는 의미가 들어 있다.(사11:2)

וְאֵת접속사-대격표시어 : 하나님과 동시에 사람을 가리키며 창세기

1장 중 6번째 어휘로 십자가에 못 박힌 예수님이 재림할 것을 의미하는 바브 ו는 접속사 6의 수로 사람의 수를 상징하고 못을 상징함과 또한 연결을 의미하는 접속사로 사용한다(출36:36). 창1:1의 어휘 가운데 중간에 위치한 את에트는 예수님이 아담으로부터 시작한 사천 년의 연대에 해당한 곳이다. 이 어휘는 창1장 1절의 네 번째에 해당하며 하루가 천 년 같고 천 년이 하루 같다는 의미로 본 것이다.

여호와의 의미(창1:4)

창1:4에 여호와 하나님의 이름으로 처음 등장한다.

여호와 יהוה(3068, 예호와) 보라 ה 못 ו 보라 ה 손 י 그러므로 예호와의 의미는 못 박힌 손을 보라는 것이다.

유대인의 왕 예수라고 쓰여진 명패의 어휘 첫 자음들을 연결하면 예흐바라고 즉 여호와 하나님이라고 기록된 것이므로 주님을 로마군대에 넘긴 유대인들이 적극 반대하여 자칭 유대인의 왕이라 쓰라고 요구한 것이나 빌라도는 나의 쓸 것을 썼다고 거절한 것이다.

> 요19:20-22 예수의 못 박히신 곳이 성에서 가까운 고로 많은 유대인이 이 패를 읽는데 히브리와 로마어와 헬라어로 기록 되었더라
> 유대인의 대제사장들이 빌라도에게 이르되 유대인의 왕이라 말고 자칭 유대인의 왕이라 쓰라 하니
> 빌라도가 대답하되 나의 쓸 것을 썼다 하니라

יֵשׁוּעַ. הַנָּצְרִתִ וּמֶלֶךְ יְהוּדָה 예수아 나사렛 유대인의 왕: 네 어휘의 첫 자음을 모으면 יהוה(3068, 예호와) 여호와, 야웨가 되는 것이다.

히브리어는 자음마다 숫자가 함께 공존할 뿐 아니라 합성된 어휘도 많이 있다 이러한 내용을 잘 구분하는 것은 언어의 진수를 맛 볼 수 있는 것이다.

어휘를 해석함에 통합적으로 해석하여 그 의미를 좀 더 깊이 이해할 수가 있어 말씀 안에 들어 있는 하나님의 뜻을 깨닫는 데 도움이 된다.

시온

צִיּוֹן(6726, 치욘) יוֹ 예수님을 못 박은 손을 의미 하고 צ낚시 바늘을 의미하고 ן물고기 즉 생명을 의미하는 것이다. 그러므로 시온은 예수님의 못 박힌 손이 바로 사람을 낚는 미끼가 되는 뜻이 바로 시온의 뜻에 들어 있다.

차하크(이삭)

이삭이츠하크(명남)는 차하크(צָחַק, 6711)에서 유래했으며 '웃음'을 의미한다. ק100 צ90의 숫자를 가지고 있으며 가운데 자음ח는 생명의 울타리를 의미하므로 즉 아브라함의 100세와 사라의 90세에 생명을 탄생 시킨다는 절묘한 뜻이 바로 이삭의 어휘 속에 들어 있다.

토라

תּוֹרָה(8451, 토라) 율법, 지시, 가르침, 훈계, 계명, 법령

תּ십자가를 의미 וֹ못을 의미 ר머리를 의미 ה보라. 그러므로 토라의 의미 속에는 보라 머리이신 주님이 못 박히신 것을

히브리어는 알파벳 숫자 22개가 다 숫자 값이 있다.

다비드

דָּוִד(1732, 다위드)의 예를 들면 히브리어는 오른쪽에서 왼쪽으로 읽는데 그 순서대로 자음의 개별 숫자를 합하면 4+6+4=14가 되며 마1:17의 내용과 일치하는 代 수가 되는 것이다. 그러므로 14의 숫자가 나온 이유가 바로 다윗 왕과 관련된 숫자라는 것이다. 14는 그저 평범한 숫자 값이 아닌 아브라함부터 예수님까지의 숫자 값으로 예수님은 바로 다윗의 계보를 잇는 예언된 메시야라는 것을 말씀한 숫자 값으로 세 번 반복하여 나온 것이다.

히브리어는 알파벳 자체에도 숫자 값이 있지만 단어 자체에도 숫자 값이 있다는 것을 알 수가 있다. 이것은 바로 성경이 잘 필사된 것을 알 수가 있으며 성경이 바로 기록되었는지를 알려면 숫자 값을 확인해보면 알 수가 있다.

알파벳이 숫자 값을 가지고 있는 것 중 히브리어 말고도 헬라어에도 들어 있다. 예를 들면 예수Ἰησοῦς(2424, 이에수스)를 알파벳 순서의 숫자를 계산하면 10+8+200+70+400+200=888로 예수님이 부활하신 날짜의 숫자이고(마28:1,눅24:1,요20:1,19) 노아 가족의 방주에 들어간 숫자(창7:13)이며 또 사내아이를 낳은 지 8일 만에 할례 받는(창17:12, 레12:3,요7:22,23) 수이기도 한 것이다.

창1:1절에서 보는 원어 성경의 의미와 숫자 값의 수학적 비밀

(성경과학 아카데미 김명현 교수 강연 내용 중 발췌 인용)

בְּרֵאשִׁית בָּרָא אֱלֹהִים אֵת הַשָּׁמַיִם וְאֵת הָאָרֶץ׃

הָאָרֶץ׃	וְאֵת	הַשָּׁמַיִם	אֵת	אֱלֹהִים	בָּרָא	בְּרֵאשִׁית
296	407	395	401	86	203	913
땅	그리고	하늘	을	하늘	창조	태초에

하나님 창조 태초 999 하늘을 창조 999 하나님 하늘 땅 777 하나님 하늘 그리고 888 이러한 숫자는 문자와 함께 통합적으로 된 숫자 값이다.

우주의 가장 기본적 질서

동전 같은 원 6개를 평면적으로 붙여 놓으면 정삼각형 정육각형을 기본으로 하는 우주의 가장 기본적인 질서의 패턴이 이루어지는데 금속의 원자가 이렇게 질서정연하게 나타난다.

육각형별의 모양이 이러한 패턴 속에 숨어 있다. 이스라엘 국기에 있는 이런 육각형별을 다윗의 별이라고 부르고 있으며 이 질서 속에 다윗의 별이 3개가 있는데 그 중 제일 작은 별의 동전 같은 원모양이 13개로 시작하여 37 73 이렇게 구성 되어 있다.

두 번째 다윗별인 37을 3번 더하면 111이 되는데 이 숫자가 999 888 777의 자연수의 배수이다

모든 숫자가 다윗별을 이룰 수가 없고 바로 이 13 37 73이 다윗별을 만드는 숫자이며 그렇다면 놀랍게도 창세기1장1절에 다윗의 별이 잔뜩 들어있다는 것이다.

우주의 가장 기본적인 질서 중 하나가 자연수의 질서다.

자연수 1 2 3 4 5 6 7 8 9 10 이렇게 하나로 시작하여 다음은 둘로 그 다음은 셋으로 쌓아가면 정삼각형이 나오는데 이렇게 되는 수를 정삼각형수라고 하며 1 3 6 10 15 21 28 36 45 55 이런 식으로 자연수 1-10까지의 배열을 맞춰 볼 수가 있다.

창세기1장1절의 숫자 값이 있는 것처럼 문장의 숫자 값도 있다. 그 문장의 숫자 값은 일곱개의 단어 숫자를 더하면 되는데 그 숫자 값이

2701이 나온다. 2701의 숫자는 정삼각형 숫자를 쌓아 나가다보면 자연수 73번째의 정삼각형수이다.

창세기1장1절이 이렇게 정확하게 정삼각형의 숫자로 구성되어 있다. 또한 창세기1장1절의 7개의 단어 멘 뒤에 있는 두 단어가 땅을 즉 땅의 창조에 관한 단어로 이 둘을 합친 숫자 값이 703이다. 703은 37번째 정삼각형수로 37과 73은 다윗별의 숫자 값으로 37과 73을 곱하면 도로 2701, 즉 천지창조의 숫자 값이 나온다. 놀랍게도 창세기1장1절과 다윗별이 아주 깊은 관계있는 것을 볼 수가 있다.

알파벳 수 28개 중의 완전수

첫 단어 알파벳 숫자가 6 맨 뒤에 오는 단어는 28번째 자음으로 6과 28은 수학(數學)에서 완전수가 되며 이런 완전수는 3,000만개 중 4개 밖에 없다. 그중에 6이 첫 번째 완전 숫자고 28이 두 번째 완전 숫자다.

6은 1 2 3으로도 나누어지고 그리고 자기를 나눌 수 있는 수(數)로 나누면 자기 자신이 되는 수(數)이다. 28 역시 1 2 4 7 14로 나누어지고 나누어지는 수(數)를 합하면 역시 28이 되는 완전수이다.

6 28 수(數)는 완전수이며 동시에 정삼각형 수이며 세 번째 정삼각형 수이며 7곱 번째 정삼각형 수이다. 창세기1장1절은 다윗에 관한 수와 수학에서의 독특한 수로 완벽하게 짜여져 있음을 알 수가 있다.

정육각형과 다윗별을 이루는 숫자들의 특징이 소수다. 소수는 1과 자기 자신 외에는 안 나누어지는 수다. 정삼각형과 정육각형의 기본적인 단위가 3과 7이다.

3과 7에 관한 수(數) 3 하나님의 속성(屬性) 삼위일체 7 안식의 수이며 거룩함의 완전수이다. 우주는 시간 공간 물질로 짜여져 있고 시간은–과거 현재 미래, 물질은–기체 액체 고체로 공간은 엑스 와이 제트로 짜여져 있다. 이렇게 3 3 3으로 되어 있다.

눈송이가 다윗의 별 모양으로 되어 있어 눈이 내려올 때 자연적 계시로 의미를 살리면, 태초에 하나님이 천지를 창조하시니라는 말씀이 되는 것이다.

히브리어 알파벳의 첫 단어와 끝 자음의 완전수는 하나님은 처음과 마지막이라는 말씀과 태초에서 십자가로 완성하신 하나님의 구원 즉 구속(救贖)의 은총이 완전한 하나님의 뜻임을 잘 나타내 주고 있음이다 사40장26.

눈송이가 육각형인 것은 물 분자의 구조가 육각형이기 때문이고 별과 눈이 다 육각형이다. 창세기1장 1절 속에 이러한 완벽한 수학적 조화를 하나님이 넣어두신 것이다.

창세기1장 1절의 수(數)로 나타난 666

창세기1장1절의 전체 자음의 알파벳에 나타난 수(數)를 계산하면 2701이 나오는데 이중 땅과 관련된 וְאֵת הָאָרֶץ: 수(數)를 703을 빼면 1998이 남는데 1998을 3으로 나누면 666이 되는 것이다. 즉 2701의 정 삼각형을 3등분한 수(數)로써 그 정심각형은 땅에 관련된 수(數) 703을 666이 포위하고 있다. 즉 하나님과의 소통을 방해하는 세력으로 공중 권세를 잡은 모습으로 나타난 것이다.

피아노 건반에도 있는 창세기1:1 비밀

피아노의 한 옥타브의 간격은 사람이 정한 것이 아니고 되어 있는 것을 발견한 것으로 아랫 도와 윗 도의 진동수 간격은 정확하게 두 배다. 이것은 바로 물리적인 규칙으로 그래서 피아노 조율도 여기에 맞춰 하는 것이다.

도래미파솔라시도의 음 값도 완벽한 수학적 조화가 맞을 때 화음이 되며 곳 음악이 수학으로 되는 것을 알 수가 있다. 음악의 파동이 수학으로 계산이 된다.

창세기1장1절에 음악적 수(數)를 계산하여 보면 원자 구조의 정삼각형의 숫자 구조로 보면 일곱 번째 숫자 조합이 73 37이고 네 번째 숫자 값이 37 19이고 73과 37을 곱하면 천지창조 숫자 2701이 나오고 37과 19를 곱하면 땅의 창조 숫자 703이 나오고 13과 7을 곱하면 91이 나오는데 이 숫자 값은 육각형 다윗별의 세가지 형태의 원자 질서 구조의 배열에 나타난 것이다.

피아노 건반 구조의 간격

옥타브	1	2	3	4	5	6	7
진동수	1	2	4	8	16	32	64
반 음	1	13	25	37	49	61	73
온 음	1	7	13	19	25	31	37

13과 7의 곱91, 37과 19의 곱703, 73과 37의 곱2701이다. 2701은 창1장1절의 천지창조의 숫자 값이다 그러므로 성경의 기록 자체가 완전하다는 것을 음악적으로도 입증한 것으로 창세기 기록이 신화가 아니고 우주의 기본적인 질서와 완전한 조화를 이룬 진리임을 명확하게 드러낸 것이다. 시19편 7-8, 마5장17-19

미술도 색과 색의 수학적 질서가 맞을 때 아름다운 조화가 이루어지는 것이다. 인간과 자연 질서 가 완벽한 조화를 이룰 때 황홀함과 만족함을 느끼는 것이다.

신약 성경에 나오는 수학적 사례

요21:11 시몬 베드로가 올라가서 그물을 육지에 끌어 올리니 가득히 찬 큰 고기가 일백 쉰 세 마리라 이같이 많으나 그물이 찢어지지 아니하였더라

153의 숫자 값은 하나님의 아들들이란 숫자 값이다. (91+62)
`בְּנֵי־ הָאֱלֹהִים-

첫 번째 다윗별의 숫자값 13은 유일하게 하나님과 관계된 숫자 값이다.

신6장 4절 이스라엘아 들으라 우리 하나님 여호와는 오직 하나인 여호와시니

אֶחָד4.8.1=13 יהוה5.6.5.10=26 26은 13의 배가 되는 수이다. 13은 하나님의 수이며 다윗별의 수가 된다.

אֶחָד13 אָבִי13 אַהֲבה13 한 분 하나님은 사랑이시다. 13 13 13의 숫자로 됨

요1:1 태초에 말씀이 계시니라 이 말씀이 하나님과 함께 계셨으니 이 말씀은 곧 하나님이시니라

’Εν ἀρχῇ ὁ λόγος, καὶ ὁ λόγος πρὸς τὸν θεόν, καὶ θεὸς ὁ λόγος.

요한복음의 1장1절의 숫자 값이 3627이며 이 숫자는 39×93=3627의 숫자가 나오는 39는 13 다윗별 3개를 더한 수이며 오직 한 분이신

하나님에 관한 말씀이 요한복음1장1절이다.

153에 나타난 숫자의 의미

요21:11 시몬 베드로가 올라가서 그물을 육지에 끌어 올리니 가득히 찬 큰 고기가 일백 쉰 세 마리라 이같이 많으나 그물이 찢어지지 아니 하였더라

בְּנֵי הָאֱלֹהִים- 40, 10, 5, 30, 1, 5와 10, 50, 2를 더한 숫자이다. 즉 91에 62를 더한 숫자로 153이라는 것은 하나님의 아들들이라는 의미인 것이다.

창세기1장 1절의 수학적 구조

트리플 큐브 넘버는 세 자리 숫자밖에 있을 수 없으며 100에서 999까지 딱 네 개 밖에 없는데 이 네 개가 다 성경과 관련되어 있다. 370은 37다윗별 10개와 관련이 있고 371역시 3의 10배 7의 10배 1의 10배로 노아가 방주에 들어가 있던 날짜의 숫자고 407은 땅이라는 히브리어 목적어로 알파벳의 처음과 마지막의 자음으로 구성되어 처음과 마지막이라는 하나님을 나타내주는 숫자인 것이다. 다시 종합하여 보면 15 370, 371, 407 이렇게 트리플 큐브넘버 네 개가 다 성경에 들어 있는 숫자다.

첫 번째 다윗별 13은 유일하신 하나님을 나타낸 숫자인 것이다.

신6:4 이스라엘아 들으라 우리 하나님 여호와는 오직 하나인 여호와시니

שְׁמַע יִשְׂרָאֵל יְהוָה אֱלֹהֵינוּ יְהוָה אֶחָד׃

신명기1장1절의 숫자 값을 다 계산하면 1118이 되고 1118을 13×86을 하면 1118이 된다.

13אֶחָד(259, 에하드) 하나 one 86 אֱלֹהִים(430, 엘로힘) 하나님 13×86=1118이 된다. 13은 하나라는 뜻의 숫자 값이고 엘로힘은 전능자 하나님을 뜻하는 숫자 값인 것이다.

다윗별 3개의 숫자 값

יְהוָה אֶחָד׃ 13 26은 곧 다윗별의 숫자 값 13이 2개 모인 값인 26이다.

בְּרֵאשִׁית에 나타난 자음의 의미

בְּ 하나님께서 그의 집을 지으신다는 뜻이며 사람이 가정을 이루기 위하여 신부를 취한다는 말이고 그의 자녀를 둔다는 것이다. 유대교에서는 메시야 이름 중 하나가 רֵאשִׁית(7225, 레쉬트로 첫째, 처음, 시작, 최초, 최상의 것)이다. בְּ는 안에 라는 전치사의 뜻뿐이 아니고 위하여 통하여라는 의미도 있다. 태초에 메시야를 위하여 라는 해석도 된다고 본다.

계13:8 죽임을 당한 어린 양의 생명책에 창세 이후로 녹명되지 못하고 이 땅에 사는 자들은 다 짐승에게 경배하리라

ἐσφαγμένου(에스파그메누) 동분사 완료 수동 속격 중성 단수, 죽임을 당한, 죽이다, 살해하다. 도살하다. 예수님은 창세 전부터 죽임을 당한 어린 양으로 태초부터 하나님께서 계획하신 것이다.

단3:25 בַּר(1247, 바르) 아들 바르(명남, 아람어)는 히브리어 벤(בֵּן, 1121)에 해당하며 '아들'을 의미한다. 스5:1-2/14, 단5:31/7:13, 창41:9(알곡, 곡식)

. א(알렙)- 제물되신 하나님 רֹאשׁ(로쉬)-예수님은 모든 것의 머리이시다. 창49장24절, 엡1장 22절

רֹאשִׁי- 내머리 사10장17 שַׁיִת(7898, 샤이트) 가시덤불 샤이트(명남)는 שִׁית(7896, 쉬트)에서 유래한 듯하며, '가시덤불(thorn bushes)'을 의미한다. 이사야서에서만 7회 나오며, 상징적으로 '고난'을 나타낸다.(사5:6, 사7:23, 사7:24, 사7:25, 사9:17, 사10:17, 사27:4)

왕하19장23절 בְּרוֹשׁי(1265, 베로쉬) 전나무, 잣나무 י 1인칭으로 나의 나무로 봄

시68편29절 שַׁי(7862, 샤이) 경의를 표하는 선물로 하나님께서 독생자 아들을 선물로 주신 것이다.

창17:2 בְּרִית(1285, 베리트) 언약, 계약, 협정으로. 십자가에 못 박힌 나의 아들의 십자가다.

원어로 보는 삼위일체

원어로 보는 삼위일체(고후13:13) 삼상6:14, 민13:1/3/8/16, 대상7:27, 출17:16, 왕하23:8

여호와 하나님אֱלֹהִים יְהוָה

여호와 하나님을 설명하려면 먼저 사람의 창조 과정에서부터 역으로 하나님의 속성을 해석하면 쉽게 이해하리라 보인다.

창1:26 하나님이 가라사대 우리의 형상을 따라 우리의 모양대로 우리가 사람을 만들고

형상 צֶלֶם(6754 첼렘) בְּצַלְמֵנוּ 전치사-명사 남성 단수-1인 공성 복

수, 우리의 형상을 따라, 모양 דְּמוּת(1823 데무트) כִּדְמוּתֵנוּ 전치사–명사 여성 단수–1인 공성 복수, 우리의 모양대로. 사람도 하나님의 형상대로 1인 단수로 삼위일체의 하나님의 영을 받은 것이다.

하나님의 형상과 모양 중 우선한 것이 형상이다. 즉 모양은 형상에서 나온 것이기 때문이다.

형상은–문법 체계가 남성 단수이고 모양의 문법 체계는 여성으로 되었기 때문이다. 이런 문법 체계는 히브리어에 상당한 조예가 없이는 이해하기 어렵고 글의 구조상 쉽게 설명할 수가 없는 점을 이해하여야 하는 것이다.

히브리어의 남성 여성의 구별은 둘로 볼 줄 알아야 올바른 해석이 가능한 것이다. 먼저는 성적 구별의 남녀 구별이며, 둘째는 이런 남녀의 구별이 아니고 일반 사물에 대하여 남녀 성을 구별할 줄 알아야 하는 것이다. 혹자는 히브리어를 비과학적으로 보는 사람도 있으나 이는 단지 소리글자 형태로만 보기 때문이다. 히브리어는 수학적 구조와 구체성을 지닌 언어이므로 대충 보면 오히려 빗나갈 우려가 있으므로 자기식대로 해석하면 않되는 것이다.

예–사물의 남녀 구분 הָאָרֶץ 관사–명사 여성 단수, 땅 הַשָּׁמַיִם 관사–명사 남성 쌍수, 하늘들 여기서 보면 하늘은 남성으로 땅은 여성으로 성적으로 구별한 것은 히브리어는 성(性)의 구별을 단지 수컷 암컷으로만 구별한 것이 아니고 일반 사물도 구별한 것을 알아야 하며 거기에 맞는 해석도 할 줄 알아야 하는 것이다.

하나님의 성(性)이 남성으로 되었다고 반대급부로 여성 하나님이 있다고 발상하는 것은 마치 하나님을 사람의 기준으로 보기 때문이며 남녀 성의 구분을 생식기적 사고방식에 국한한 오류에서 온 것이다.

사물로 보는 남성과 여성은 근본의 의미가 있고 여성은 근본에서 나온 생산의 의미가 담겨져 있다. 그러므로 하나님의 형상은 근본이고 그 근본된 형상 즉 남성에서 나온 것이 모양으로 여성으로 된 것이다. 이런 문체를 모르고 형상과 모양을 생식기적 사고방식으로만 보는 것은 차라리 원어를 모르는 것이 훨씬 났고 이단도 안 될 것이다.

한 분 하나님을 복수로 표현한 것은 하나님이 잡신의 일부로 된 것처럼 오해할 소지가 있다. 실제로 이단들 가운데 그렇게 보기도 하는 것 같다. 하나님은 한 분이라고 하는 것을 분명하게 못 박는 말씀은 바로 여호와 하나님이라는 것이다 אֱלֹהִים יְהוָה 고유명사, 여호와 하나님이라는 것을 망각하여서는 않되는 것이다. 그러므로 하나님은 오직 고유(固有)한 본디부터 있는 즉 스스로 계신 자의 이름인 것이다. 그러므로 사람도 하나님의 형상도 צֶלֶם (6754 첼렘) בְּצַלְמֵנוּ 전치사-명사 남성 단수-1인 공성 복수로 된 것은 하나님은 단수이며 1인칭이다.

엘로힘 복수로 된 의미

하나님 אֱלֹהִים(430, 엘로힘) 복수로 된 의미는

여호와, 아도나이יהוה(3068 예호와) יְהוָה 고유명사, 여호와 אֱלֹהִים(430 엘로힘) 명사

רוּחַ(7307 루아흐) 명사 여성 단수로 즉 여호와 엘로힘 루아흐가 다 하나님을 말씀하신 것으로 즉 엘로힘은 성부 예호와는 성자(창6:3) 루아흐는 성령으로(마3:16) πνεῦμα(4151, 프뉴마) 바람, 호흡, 생명, 영, 성령 삼위일체를 나타낸 것이기 때문이다.

참고) 요5:18, 빌2:6-7 그는 근본 하나님의 본체시나 하나님과 동등 됨을 취할 것으로 여기지 아니 하시고 오히려 자기를 비워 종의 형체를 가져 사람들과 같이 되었고.

창1:2, 요4:24 하나님은 영이시니 예배하는 자가 신령과 진정으로 예배 할지니라.

삼위에 속한 아버지와 아들과 성령의 격(마28:19)

τοῦ πατρὸς καὶ τοῦ υἱοῦ καὶ τοῦ ἁγίου πνεύματος,

ὁ(3588 호) τοῦ 관사 속격 남성 단수 ※ 아버지와 아들이

πατήρ(3962 파테르) πατρὸς 명사 속격 남성 단수, 아버지와 둘 다 단수에다

καί(2532 카이) καὶ 대등 접속사와 관사가 속격이고 명사가

ὁ(3588 호) τοῦ 관사 속격 남성 단수

υἱός (5207 휘오스) υἱοῦ 명사 속격 남성 단수, 아들 주격이면서 속격인 것은

καί(2532 카이) καὶ 대등 접속사와 삼위가 한 분 하나님으로

ὁ(3588 호) τοῦ 관사 속격 중성 단수, 삼위의 격을 가진 것을

αγιος(40 하기오스)거룩한 ἁγίου 형용사 속격 중성 단수로 잘 증명하는 말씀이다.

πνεῦμα(4151 프뉴마) πνεύματος, 명사 속격 중성 단수, 영의

생명나무와 선악을 알게 하는 나무

창2장9 הַחַיִּים֙ בְּתוֹךְ הַגָּן וְעֵץ הַדַּעַת טוֹב וָרָע׃

חַי(2416 하이)הַחַיִּים֙ 관사-명사 남성 복수, 생명

תָּוֶךְ(8432 타웨크) בְּתוֹךְ 전치사–명사 남성 단수 연계, 가운데에는
גַּן(1588 간) הַגָּן 관사–명사 남성 단수, 동산
עֵץ(6086 에츠) וְעֵץ 접속사–명사 남성 단수 연계, 나무도 있더라
דַּעַת(1847 다아트) הַדַּעַת 관사–명사 여성 단수, 알게하는
טוֹב(2896 토브) טוֹב 형용사 남성 단수, 선
רַע(7451 라) וָרָע׃ 접속사–형용사 남성 단수, 악을

많은 이단들이 생명나무와 선악을 알게 하는 나무에 대하여 임의적 해석으로 오류를 범하므로 이단의 단초가 되는 것을 알 수가 있다. 그러므로 원어의 올바른 해석으로 명쾌하게 이단을 분별할 뿐 아니라 원리의 말씀으로 성도들에게 전하여 스스로 이단을 분별하며 하나님의 교회를 튼튼히 세우는 초석의 말씀이 되도록 먼저 지도자들이 알아야 하는 것이다.

생명나무와 선악을 알게 하는 나무가(창2:9) 창1:11의 일반적 각기 종류대로 씨가진 열매 맺는 나무와 본질적인 면에서 다른 것을 구분해야할 필요가 있는 것이다.

창1:11의 열매는 פְּרִי(6529, 페리) 열매 fruit페리(명남)는 파라(פָּרָה, 6509: 열매를 맺다, 결실이 많다)에서 유래했으며, '열매(fruit)'를 의미하며, '과일, 자손, 결과'라는 의미를 지닌다.

창3:22의 실과는 어휘 자체가 다르다. אָכַל(398, 아칼) 먹다, 삼키다. 로 되어 있어 창3:6의 선악을 알게 하는 나무의 열매는 일반적 나무의 열매와 같은 어휘이나 생명나무는 사실상 나무로만 되어 있지 과일이란 용어는 없고 단지 먹는다는 용어 아칼 밖에 없다. 상식적으로 먹는

다는 것은 나무에 있어서 열매라고 생각하기 때문에 아칼 즉 먹는다는 것을 열매로 번역한 것으로 사료되며 단지 아칼의 동의어 중에서 מַאֲכָל(3978, 마아칼) 음식(물), 양식, 열매 마아칼(명남)은 아갈(אָכַל , 398: 먹다)에서 유래했으며, '음식(물), 양식, 열매'를 의미한다.

선악과는 뚜렷하게 열매라는 용어가 있으나 사실상 생명나무는 그 열매를 먹었다는 기록도 없고 일반적 과일 범주에서 먹었다고 볼 수는 없다. 단지 창3:22의 번역이 פְּרִי(6529, 페리) 열매(fruit)와 אָכַל(398, 아칼) 먹다, 삼키다라는 것은 그 용어가 다르다는 점에 유의하여야 하는 것이다.

생명나무

나무라는 용어는 같지만 중요한 것은 바로 생명이란 용어다. 그러므로 생명나무의 의미는 나무에서 찾는 것이 바람직할 것이다.

선악을 알게 하는 나무도 바로 선악을 알게 하는 것에 중요한 의미가 있다. 같은 나무라도 생명나무와 선악을 알게 하는 나무의 뜻은 다른 나무가 되는 것이다.

생명 הַחַיִּים 관사–명사 남성 복수. 나무 וְעֵץ- 접속사–명사 남성 단수 연계. 생명나무의 중요한 부분은 생명이란 단어가 복수로 되었다는 것이다. 그렇다면 당연히 나무도 복수로 되어야 하는데 그렇지 않은 것은 생명이 다수(多數)로 되었다는 것이 아니라 바로 생명의 속성을 의미하는 것이고 비록 복수이나 복수로 된 하나의 생명이란 뜻이다. 생명이 복수로 되었으나 한정관사를 붙여 나무와 연계시킨 것이다.

생명나무는 אֱלֹהִים יְהוָה과 같은 문법 체계를 이루고 있으며 특히 אלֹהִים과 같은 문법 구조로 된 것이다.

동산 중앙의 생명나무는 바로 삼위일체 하나님의 구조같다. 이런 구조는 하나님의 이름의 구조와 같으며, 이런 구조는 일반적 문법 구조로 이해할 수 없는 구조로 여호와 하나님이 바로 생명나무이며 삼위일체 하나님이라는 것을 알 수가 있다.

생명나무를 먹는다고 אָכַל(398, 아칼) 먹다, 삼키다 하는 것이 생명과를 먹는다는 번역보다 더 정확한 번역인 것이다. 왜냐하면 פְּרִי(6529, 페리) 열매 fruit로 된 것이 아니기 때문이다(창3:6).

생명나무와 포도나무의 연관성 (요15:1-2)

포도나무는 יהוה(3068, 예호와) 농부 하나님 אֱלֹהִים으로 생명나무의 히브리어 문법 체계로 볼 때 같은 맥락이다. 그러므로 생명나무의 구체적 해석이 바로 참포도 나무와 농부 하나님이 바로 생명나무이자 여호와 하나님인 것이다.

하나님의 백성은 가지인고로 가지가 포도나무에 붙어 있어 생명의 양식을 공급받아 열매 맺는 것이 바로 생명나무를 먹는 것이다.

마4:4 예수께서 대답하여 가라사대 기록되었으되 사람이 떡으로만 살것이 아니요 하나님의 입으로 나오는 모든 말씀으로 살 것이라 하였느니라 하시니

생명나무이신 주님을 먹고 마시는 것이 곧 성만찬이다.

마26:26-29 저희가 먹을 때에 예수께서 떡을 가지사 축복하시고 떼어 제자들을 주시며 가라사대 받아 먹으라 이것이 내 몸이니라 하시고

또 잔을 가지사 사례하시고 저희에게 주시며 가라사대 너희가 다 이것을 마시라

이것은 죄 사함을 얻게 하려고 많은 사람을 위하여 흘리는바 나의 피 곧 언약의 피니라

그러나 너희에게 이르노니 내가 포도나무에서 난 것을 이제부터 내 아버지의 나라에서 새것으로 너희와 함께 마시는 날까지 마시지 아니하리라 하시니라

선악을 알게 하는 나무

선악을 알게 하는 나무는 단수로 되어 있으며 실제로 פְּרִי(6529, 페리) 열매(fruit) (창3:6)에 일반 나무와 같은 열매를 따먹은 것이다.

선악을 안다는 것은 악이 없으면 선이란 개념도 없을 것이다. 즉 죄인의 속성이 바로 선과 악의 공존이 되는 것이다.

롬7:25 우리 주 예수 그리스도로 말미암아 하나님께 감사하리로다 그런즉 내 자신이 마음으로는 하나님의 법을, 육신으로는 죄의 법을 섬기노라

'선악을 알게'의 안다는 것-דַּעַת(1847 다아트) הַדַּעַת 관사-명사 여성 단수로 지식, 이해를 뜻하며, 야다(יָדַע, 3045: 알다, 이해하다)에서 유래했으며 눅1:34 마리아가 천사에게 말하되 나는 사내를 알지 못하니 어찌 이 일이 있으리이까 γινώσκω(1097, 기노스코) 알다 know, 이해하다 understand. 70인역본에서 야다/기노스코는 '알아채다, 인지하다, 경험하다, 관찰하다'를 의미한다(예: 창 3:7 창 41:31 삿 16:20 전 8:5 사 47:8 호 5:3).

선악을 안다는 것은 죄인이 된다는 말씀으로 이해하면 더 쉬우리라 본다. 왜냐하면 죄를 경험치 않고는 죄인이 될 수가 없기 때문이다.

선악을 아는 나무는 죄인을 상징하는 나무이고 생명과는 구원을 의

미하는 나무인 것이다. 죄인이 되는 것도 하나님의 말씀을 믿고 순종치 못한데서 오는 것이고 구원 역시 하나님의 말씀을 믿고 받아드리는데 오는 것이다.

요1:1 태초에 말씀이 계시니라 이 말씀이 하나님과 함께 계셨으니 이 말씀은 곧 하나님이시니라 1:12 영접하는 자 곧 그 이름을 믿는 자들에게는 하나님의 자녀가 되는 권세를 주셨으니

생명나무와 선악을 알게 하는 나무를 요약하면 생명나무는 예수님이고 선악을 알게 하는 나무는 죄인을 의미하는 것으로 보면 어원적으로 가장 무난하다.

그러므로 하나님은 선악과를 먹으면 정녕 죽는다고 하여 죄인이 됨을 말씀하신 것이고 의는 하나님의 말씀을 들으면서 오는 것이고 죄는 사탄의 말을 듣는 데서 오는 것이다.(창3:4,5.13)

롬10:17 그러므로 믿음은 들음에서 나며 들음은 그리스도의 말씀으로 말미암았느니라

에덴동산에서도 하나님의 말씀대로 구원자 되신 생명나무인 예수님 즉 여호와 하나님의 말씀만을 붙들고 사느냐 아니면 인간중심 즉 죄인으로 떨어지는 불순종의 사람으로 사느냐는 것은 하나님의 말씀을 신뢰하느냐 안 하느냐에 달려 있는 것이다.

사탄은 언제든지 하나님의 백성과 하나님 사이를 이간하려고 온갖 거짓 가운데 특히 하나님의 말씀을 곡해하도록 하여 인간의 이성을 이용하여 진리를 외곡시켜 하나님의 말씀에서 떠나게 하는 것이다.

성경은 성령의 감동으로 기록한 것이기 때문에 아무리 학적으로 연

구하고 완벽한 이성을 사용하여도 성령의 감동 없이는 다 알 수가 없는 것이다. 그러므로 과다하게 이성을 사용하여 신학의 이름으로 학자의 권위로도 통달할 수 없기에 겸손히 성령의 감동을 받지 못하면 오히려 이단이 될 가능성이 농후하다.

오늘날 수많은 현대신학 가운데서 자신의 이성을 사용하여 성경을 휴지조각처럼 만들어 가르치는 죽은 영혼의 스승들이 처처에서 사탄의 입노릇 함을 주의하여야 하는 것이다.

아담의 아내는 사탄의 말을 듣고 타락하였으나 아담은 가장 사랑하는 아내의 말을 듣고 잘못된 것이다. 사탄은 때로는 지식으로, 철학으로, 학문으로 명쾌하게 들리는 이성의 논리로 아니면 사랑한다는 감성으로 닦아 옴을 조심하되 오직 하나님의 말씀에 올바로 서는 진리의 사람이 되어야 하는 것이다.

생명나무와 선악을 알게 하는 나무는 性 數격으로 보면 하늘שָׁמַיִם (8064 샤마임) הַשָּׁמַיִם 관사-명사 남성 쌍수와 מַיִם (4325 마임) הַמָּֽיִם 관사-명사 남성 복수, 물

샤마임과 일치하는 점이 있다. 그런 점에서 생명나무는 하늘에 속한 영원한 생명의 의미가 있고 선악을 알게 하는 나무는 땅 אֶרֶץ(776 에레츠) הָאָֽרֶץ׃ 관사-명사 여성 단수, 로 דַעַת הַדַּעַת(1847 다아트) 관사-명사 여성 단수, 알게 하는 것과 일치되는 점을 볼 수 있다.

이런 관점에서 선악을 아는 나무는 땅에 속한 나무로 볼 수 있는데 선한 열매는 하늘에 속하여 없어지지 않는 열매이고 땅에 속한 열매는 없어질 것을 말하는 것이다.(벧전1:4,요15:2,8) 그러므로 일반 먹는 식품의 과일로만 보면 성경의 진정한 숨은 뜻을 알 수가 없는 것이다.

생명나무와 선악을 아는 나무를 해석함에 계몽주의 학자들 중 선악과를 따먹으므로 잘되었다고 생각하는 사람들도 있다. 모 조직신학자의 말을 빌리면 "칸트 쉴러 헤겔 슈트라우스"는 고대의 뱀 숭배사상을 이용하여 뱀을 로고스의 성육신으로 보고 있다고 한다.

죄인의 성립

사실상 아담 부부가 선악과를 따먹기 전에는 죄성이 없다 하나 사탄의 말을 듣고 마음에 갈등이 있어도 그 자체가 죄가 아니고 인격의 의지적 활동이라 봐야 타당한 것이다. 그러므로 죄로 성립되려면 선택적 결정의 결과가 있어야 하는 것이다. 즉 자유의지의 잘못된 결정이다.

삼위일체로 보는 선악과

사람도 엄밀히 보면 삼위일체의 원리가 들어 있다. 그것은 당연히 하나님의 형상으로 지음 받은 피조물이기 때문인 것이다.

צֶלֶם (6754 첼렘) בְּצַלְמֵנוּ 전치사-명사 남성 단수-1인 공성 복수, 우리의 형상을 따라 דְּמוּת (1823 데무트) כִּדְמוּתֵנוּ 전치사-명사 여성 단수-1인 공성 복수.

우리의 모양대로 צֶלֶם 첼렘(그늘지다)은 사용하지 않는 어근에서 유래, 환영 착각 대리적 형태 특히 우상 헛된 형상. דְּמוּת 데무트는 같게, 닮은 (1819, 다마)에서 유래. 닮다, 같은 생각하다, 비교하다, 장치하다.

선악을 알게 하는 나무 그 자체는 악한 나무가 아니다. 왜냐하면 에덴동산 되는 가장 핵심적 요소에 들어가는 두 나무 중 없어서 않될 나무이기 때문이다.

삼위일체의 하나님의 속성은 사람을 영 혼 육으로 하나의 생령의 사람으로 만들었기 때문이다. 성부는 하나님 형상 자체의 본질이며 성자는 육신의 몸이며 성령은 바로 생기를 불어 넣어 된 사람이 생령이 된 것을 의미한다.

생령 נְשָׁמָה(5397 네샤마) נִשְׁמַת 명사 여성 단수 연계. 기를 חַי(2416 하이) חַיִּים 명사 남성 복수. 생 רוּחַ(7307, 루아흐) 숨, 바람. 영 πνεῦμα(4151, 프뉴마) 바람, 호흡, 생명, 영, 성령

선악과는 하나님의 말씀의 삶과 육체 중심의 삶이 내제된 인격적 갖춤의 의미가 있는 나무이므로 단순하게 내제된 의미를 보지 않고 식물(植物)로만 보면 않되는 것이다. 이 효력은 사람이 선악과를 먹음으로 선악과의 속성이 잘 나타난 것이다. 즉 선은 하나님께 속한 것이고 악은 바로 하나님의 말씀을 떠난 삶인 것이다.

그러므로 사람은 선과 악이 공존한 인격체로 타락한 것이다. 생명과와 선악과가 에덴 중심부에 공존한 것은 생명의 근원인 생명과되는 예수님이 선악을 알게 하는 나무의 상대적인 생명의 실체로 있는 것이다. 선악을 알게 하는 선악과나무의 파괴로 (선악과나무) הַדַּעַת טוֹב וָרָע׃ וְעֵץ 생명나무는 떠날 수밖에 없다 그 원리는 바로 하나님은 죄와 같이 함께 할 수 없기 때문이다. 사람 역시 하나님이 떠난 선악과에 불과한 것이 되기 때문이다.

반드시 속히 일어날 일들(계1:1)

계시록은 처음부터 해석의 기초 범위를 알지 못하면 시제(時制)를 무시하고 임의적 때에 맞추어 해석하는 오류를 낳게 되는 것이다.

반드시-δεῖ 동직설 현재 능동 3인 단수, 반드시~해야 한다.

속히-τάχος (5034 타코스) τάχει, 명사 여격 중성 단수, 속히 빠름 신속 . 여격과 단수에 관심을 두고 봐야 하는 것이다. 계시록은 넓은 의미로 보면 개개인에게 공평하게 이루어지는 신속한 내용이다.

주님의 재림(행1:11)

ἔρχομαι (2064 엘코마이) ἐλεύσεται 동직설 미래 중간디포 3인 단수, 오시리라. 주님의 재림 같이 구별된 것은 그 시기를 미래시제로 구분하여 놓았다.

하나님의 계획은 전 역사를 초월하여 공통된 결과로 적용시키고 있으며 아담으로부터 노아 아브라함 모세 신약성경의 사도들을 통하여 오늘의 성도들에게 똑같은 결론으로 적용되어야 하는 것이다. 구원 부활, 하나님 나라, 영생, 삶의 적용 등

1,000년 전, 100년 전, 현재, 미래에 적용되는 말씀이 다르면 안되는 것이다.(사40:8)

한 개인이 30세를 살다가 죽으나 100세를 살다가 죽으나 969세를 살다가 죽은 므드셀라나 삶의 마침은 같다는 것이다.

그러므로 성경의 적용은 그 개인의 삶에 적용시키면 그 개인의 수명이 다하는 날이 곧 종말이 되고 세상 끝 날이 되는 것이다. 다만 세대의 변모에 따라 표현은 다양하나 본질은 변함이 없다는 것이다.

죄악의 본질, 구원의 본질, 환난의 본질, 심판의 본질, 사탄의 본질, 징계 심판의 본질 등

짐승의 표현(단 7:1–8)

짐승으로 표현된 사람이 계13:15,18에만 나오는 것이 아니라 짐승은 하나님을 거역하는 세력에 복종하는 자체가 짐승의 세력 안에 들어감을 알아야 하는 것이다.

창10:8 니므롯의 하나님을 거역하는 도시국가 건설(창10:11–12)

니므롯 נִמְרוֹד(5248, 니므로드) 외국어에서 유래했으며, '반역' 또는 '우리 반란을 일으킵시다'를 의미하는 짐승 권세의 모형으로 볼 수 있다.

부활은 주님이 재림할 때의 성도만 부활하는 것이 아니고 구속함을 입은 모든 성도가 부활하는 것이다. 또한 짐승의 표를 받는 것도 베리칩을 받는 자만이 마치 짐승의 표를 받는 것처럼 주장하면 않되는 것이다.

표라는 것은 단지 물리적 인체의 칩만 고정시켜서는 않되고 사람의 인식, 인지, 지각, 각인 등 정신적 영적으로 표를 받는다는 것을 알아야 하는 것이다.

이마의 표(계13:16)

중요한 것은 계13장 전 9:4에 하나님의 인을 맞은 사람은 짐승의 표를 받을 일이 없음을 명심 해야 하는 것이다.

계9:4인 σφραγίς (4973 스프라기스) σφραγῖδα 명사, 대격, 여성 단수: 인 인장 봉인. 계14:1 이마에 어린 양의 이름과 그 아버지의 이름이 쓴 것이 있더라 γράφω(1125, 그라포) 기록하다, 쓰다 write: 상징적으로 그리다, 묘사하다.(계1:19)

유독 계13:16의 이마와 손의 표만 한정하여 베리칩에 고정시키는 것은 매우 주관적이며 성경 전체의 성격에서 독립시키는 위험한 발상인 것이다.

더 위험한 것은 하나님의 보호하심보다 사탄의 세력을 더 크게 본다는 것이다. 주님을 올바로 믿으면 절대적으로 사탄의 세력을 두려워 할 것이 아니고 하나님의 뜻을 따라 사는데 중점을 둬야 하는 것이다. (롬 8:31-39)

하나님이 한탄한 세대(창6:1-7)

한탄하다 נָחַם(5162 나함) **וַיִּנָּחֶם** 와우 계속법-니팔, 미완, 3인, 남성, 단수: 하나님의 분노보다 슬픔의 탄식이 더 강조된 것이다. **נִחוּם**(5150, 니훔) 위로, 불쌍히 여김

새 시대 작업

쓸어버리되(창6:6) **מָחָה**(4229 마하) **אֶמְחֶה** 칼, 미완, 1인, 공성, 단수: 씻다, 닦아내다, 치다, 골수가 가득하다 기본어근이며, (a) '씻다, 닦아내다, 지워 없애다, 도말하다, 제거하다', (b) '치다, 때리다, ~에 이르다', (c) '골수가 가득하다, 풍부하다'를 의미한다. 뼈 속까지 오염된 것이다.

창세기6장 1절 그들에게서 딸들이 나니

사람의 딸들-사람과 생령의 사람을(창2:7) 구분하여 보는 것이 이해하기 쉬울 것이다. 생령 **נֶפֶשׁ**(5315, 네페쉬) 네페쉬(명여)는 '숨쉬다, 원기를 회복하다'를 뜻하는 동사 나파쉬(**נָפַשׁ**, 5314)에서 유래한 명사이며, '숨쉬는 것이나 호흡하는 존재(피조물), 영혼, 생명' 등을 의미한다.

사람은 אָדָם(120, 아담) 아담, 인류, 인간

아담(남명)은 아다마(흙, 토지, 땅)와 연관을 가지며, 이 두 단어는 아돔(붉다)에서 유래한 것으로 어원적 유사성을 가진다. 아담은 아돔과 연관이 있으므로, 아마도 인간의 본래 피부색인 붉은 색과도 관련이 있는 것 같고, 또한 아다마, 곧 붉은 흙으로 만들어졌다는 것을 나타낸다.

아담은 דָם אַד의 합성으로 피와 안개로된 즉 없어질 생명의 뜻이 자음의 의미로 해석도 되는 것이다.

사람과 하나님의 아들로 구분된 것은 생령의 생명 중심이 안 된 사람인 것이다 아담 상태의 사람으로 하락한 것이다.

아리따운(창6장)

2טוֹב(2896, 토브) 좋은, 선한, 즐거운, 선, 이익, 번영, 복지. 창12:1의 사라 경우 야페(형용사)는 야파(יָפָה, 3302: 맑다, 깨끗하다, 아름답다)에서 유래했으며, '깨끗한, 아름다운'을 의미한다.

사람의 딸들의 아름다움이란 타락적아고 성적인데 치우친 아름다움에 고정 관념을 가질 수 있으나 비록 타락한 세대이나 그런 기준이 아니고 토브(형용사)는 토브(טוֹב, 2895)에서 유래했으며, 형용사로는 '좋은, 선한, 즐거운, 유쾌한', 명사로는 '좋은 것, 선, 이익, 번영, 복지'를 의미한다. 로서 당시의 시대적 가치관의 미적 기준이다.

同 טוֹב(2895, 토브) 선하다, 좋다, 기쁘다, 바르게(잘) 행하다: 토브(동사)는 기본어근이며, '선하다, 좋다, 유익하다, 기쁘다, 즐거워 하다', 히필형에서 '바르게 (잘) 행하다, 선을 행하다'를 의미한다.이 어근은 가장 넓은 의미에서 '선' good이나 '선량(미덕)' goodness을 가리킨다.

다섯 가지의 일반적인 의미의 영역은 (1) 실제적인, 경제적인 혹은 물질적인 좋은 것, (2) 바람직함, 유쾌함 그리고 아름다움 같은 추상적인 미점, (3) 양질, 값비쌈 (4) 도덕적인 선, 그리고 (5) 전문적인 철학적 선으로 볼 수 있다.

(1) 동사 토브, (2) 실사와 함께 사용되는 형용사 토브, (3) 명사 투브 등 토브 어군을 구별하기 어렵다. 특히 형용사 항목에는 이 동사가 매우 많이 포함되어 있다. 구약성경에서 이 단어는 27회 나오며, 칼형과 히필형으로만 사용되었다.

(a) 칼형에서 이 동사는 자주 비인칭 주어와 함께 나온다. "이것은 선하다…" It is good… 이 관용구는 히브리인들이 생각한 애굽에서의 환상적인 행복(민 11:18), 착한 주인을 만난 노예의 행복(신 15:16), 그리고 다윗의 음악으로 인한 사울의 조용한 만족(삼상 16:16)을 묘사하는 데에서처럼, 행복의 상태나 복지를 묘사하는 것 같다. 어떤 사람에게 혹은 그들의 눈에 '선하다'는 것은 그 사람의 욕망이나 의지를 나타내 주는 것이다. 이스라엘을 축복하는 것이 하나님의 눈(즉 하나님의 뜻)에 선한 것이었다.

"발람이 자기가 이스라엘을 축복하는 것을 여호와께서 선히 여기심을 보고 전과 같이 사술을 쓰지 아니하고 그 낯을 광야로 향하여"(민 24:1).

욥은 압제하는 것이 하나님의 뜻이었는가에 대해 하나님께 묻는다(욥 10:3). 발람은 이스라엘의 장막들을 깨끗하고 아름답다는 의미에서의 선한 것으로 보았다.

“야곱이여 네 장막이, 이스라엘이여 네 거처가 어찌 그리 아름다운고”(민 24:5).

여자의 사랑이 포도주보다 “낫다” better고 말할 때, 이것은 매력적이거나 호감이 가는 것을 의미한다.

“나의 누이, 나의 신부야 네 사랑이 어찌 그리 아름다운지 네 사랑은 포도주에 지나고 네 기름의 향기는 각양 향품보다 승하구나”(아 4:10).

포도주가 “좋다” good는 것은 마심으로써 생겨나는 기쁨을 나타낸다.

“제 칠일에 왕이 주흥이 일어나서 어전 내시 므후만과 비스다와 하르보나와 빅다와 아박다와 세달과 가르가스 일곱 사람을 명하여”(에 1:10)

(b) 히필형은, 칼의 정적인 의미와는 달리, 적극적으로 선한 일에 종사하는 것을 의미하는데, 이것은 히브리인들이 호밥에게 약속한 것처럼(민 10:29, 민 10:32) ‘어떤 사람에게 실제적인 선을 행하다’나 ‘바르게(잘) 행하다’를 의미하기도 한다. 예후(왕하 10:30)와 다윗(왕상 8:18)은 모두 이런 식으로 찬양을 받는다.

이렇게 좋은 뜻을 가진 아름다움이란 용어가 잘못된 것이 아니라 아름다움의 기준이 달라진 것이다. 외형의 기준보다 내면의 기준이며 그 기준은 바로 롬12:12의 “너희는 이 세대를 본받지 말고 오직 마음을 새롭게 함으로 변화를 받아 하나님의 선하시고 기뻐하시고 온전하신 뜻이 무엇인지 분별하도록 하라 ”하라는 말씀과 상반된 가치관이 형성된 것이다.

오늘날 소수의 사랑이라하여 동성애도 아름답게 보려는 유행이 세계적으로 trend화 되어가고 있다 하지만 성경은 분명하게(레18:22,20:13 반드시 죽일찌니) 금하나 사랑이란 미명으로 법적 보호아래 퍼져 나가고 있는 사악한 가치관이 판을 치고 있다. 그러므로 죄를 죄인지도 모르는 것이다. 선하게 봄으로 당연하고 떳떳하게 생각하는 것이다.

이렇게 된 원인이 바로 배우자에 대한 기준이 잘못되었기 때문이다. 이러한 것은 여자나 남자나 마찬가지인 것이다. 하나님을 공경하고 안 하고는 배우자 선택기준에 아예 넣지도 않는 것이다. 세상의 풍요로운 삶의 기준과 육체의 쾌락에 맞기만 하면 아름답고 선하고 복되다고 생각하는데 이것은 오늘날 부모자식 간의 가치관이 전수되는 세대의 본보기인 것이다. (눅17:26-30. 창19:14)

하나님의 아들들 I (창6:2)

시82:7 너희는 신들이며 אֱלֹהִים(430, 엘로힘) 하나님, 신들. 성경은 하나님의 백성들을 신들이라고까지 한 것만 생각지 말고 지존의 아들이라고 한 것을 기억하여야 하는 것이다. עֶלְיוֹן(5945, 엘욘) 높은, 위쪽의, 가장 높은(자): 그러므로 하나님의 백성인 생령의 사람을 하나님의 아들이라 하여 전혀 이상할 것이 없다.

또한 하나님의 아들을(בֵּן 1121, 벤. 아들, 아이, 손자) 천사אֱלֹהִים(430, 엘로힘. 하나님, 신들)와 구분할 수 있어야 하는 것이다.

하나님 아들들의 영적 상태보전

딤후4:7 내가 선한 싸움을 싸우고 나의 달려갈 길을 마치고 믿음을 지켰으니

빌2:12 그러므로 나의 사랑하는 자들아 너희가 나 있을 때 뿐아니라 더욱 지금 나 없을 때에도 항상 복종하여 두렵고 떨림으로 너희 구원을 이루라

타락한 시대에 본이 되는 믿음

전부 노아같은 믿음을 소유하여야 하는 것이다.

창6:8 그러나 노아는 여호와께 은혜를 입었더라

세상을 핑계하여 자기 믿음을 못 지킨 것을 변명 말아야 하는 것이다. 오히려 더 은혜를 입을 수 있는 것이다.(롬5:20,21)

은혜 חֵן(2580, 헨) 호의, 은총, 은혜, 매력, 아름다움 . 명,남,단: 하나님은 한 사람 한 사람을 구체적으로 나타내고 있다.

의인이요 당대에 완전한자 (6:9)

의로운 צַדִּיק(6662 찻디크) צַדִּיק 형용사, 남성, 단수: 의로운 공정한 올바른.

미리암과 마리아(출15:20.마1:18)

מִרְיָם(4813, 미르얌) 미르얌은 메리(מְרִי, 4805)에서 유래했으며, '반역, 완고'를 의미한다.

Μαρία(3137, 마리아) 마리아는 신약성경에서 마리아 또는 마리암으로 나온다.

이 두 이름은 둘 다 미리암이라는 히브리 이름을 헬라식의 형태로 바꾼 것이며, 70인역본에서는 마리암(Mariam, 한글개역은 '미리암', 모세의 누이)으로 나온다. 이 이름의 뜻은 '가장 사랑받는'이라는 뜻의 애굽어 마르예에 그 기원을 둔 것같다. 그러나 히브리 이름 미리암은 '완고, 반역'을 의미한다.

미리암은 선지자의 역할과 죄인의 모습까지 잘 보여준 인물이다.(민12:10) 미리암은 이스라엘 백성의 성품과 구속(救贖)함을 받은 인생들의 성격을 잘 나타내고 있다.

신약의 마리아를 통하여 예수님이 이 땅에 오셨고 구약은 미리암을 통하여 모세가 하나님 백성의 지도자가 된 것이다. 모세는 예수님의 예표다.(행3:22신18:15)

마리아는 애굽말로 가자, 사랑하다라는 말로 히브리어와 헬라어를 합치면 죄인을 위하여 죽으신 주님의 사랑을 입은 것을 의미하며 반역하고 완고한 백성을 위하여 죽으신 주님의 사랑이다.

모세를 낳은 것은 요게벳(모세 어머니)이지만 모세를 하나님의 사람으로 새롭게 태어나게 한 것은 미리암이 한 것이다.(출2:4-9) 미리암과 마리아는 구약과 신약의 예수님의 탄생 연관성이 구속론으로 연결되어 있음을 발견할 수가 있다.

천사와 하나님의 아들의 차이

천사가 하나님의 아들이 못되는 것은 만들어지는 과정에 아들의 요소가 없기 때문이다.(창1:26,2:7)

사람의 아들이 되는 과정은 하나님의 형상과 모양으로 만들어져야 되지만 예수님이 사람의 몸을 통하여 성령으로 잉태한 과정처럼 인간은 하나님 본질의 성령잉태 빼고는 예수님의 탄생 과정을 그대로 닮은 것이다. 즉 육신을 가진 인간이 아니고는 하나님의 아들이 될 수가 없다. 다만 통칭적으로 천사도 하나님으로부터 지음 받은 차원에서 아들이라고 한 것과는 질적으로 다름을 알아야 하는 것이다. 하나님의 아들로 오신 예수님을 통하여 잘 보여주신 것이다.(히2:9.창1:26.2:7)

🕎 불이 없는 약속(삿2:2)

거룩한 불 성령의 임재 없는 약속이 이방인과의 약속이다. 갈멜산 엘리야의 기도에 불응답이 있었던 것처럼 (왕상18:38) 응답이 있는 약속이어야 하는 것이다. בְּרִית(1285, 베리트) (명여)는 '언약, 계약, 조약, 협정, 법령, 서약, 동맹'을 의미한다.

언약을 세우지 말며 כָּרַת (3772 카라트) תִכְרְתוּ 칼, 미완, 2인, 남성, 복수: 잘라(베어)내다, 베어넘기다, 언약을 자르다(맺다).

同 כְּרִיתוּת(3748, 케리투트) 이혼 divorce 케리투트(명여)는 카라트(כָּרַת , 3772)에서 유래했으며, '이혼, 분리 divorce'를 의미한다. 잘라내다.베어내다. 언약을 자르다. 출4:25 양피를 베어내다 우상을 찍어내는 것 (왕하18:4,23,14.)

> 마18:8,9 만일 네 손이나 네 발이 너를 범죄케 하거든 찍어 내버리라 불구자나 절뚝발이로 영생에 들어가는 것이 두 손과 두 발을 가지고 영원한불에 던지우는 것보다 나으니라
> 9 만일 네 눈이 너를 범죄케 하거든 빼어 내버리라 한 눈으로 영생에 들어가는 것이 두 눈을 가지고 지옥 불에 던지우는 것보다 나으니라

🕎 악인의 사상

사상 מְזִמָּה(4209 메짐마) מְזִמּוֹתָיו: 명사, 여성, 복수-3인, 남성, 단수: מְזִמָּה(4209, 메짐마, 명여)는 자맘(זָמַם , 2161: 생각하다, 꾀하다, 궁리하다)에서 유래했으며, '계획, 의도, 분별, 꾀, 악한 생각, 계략, 음모'를 의미한다.

자기를 부인하고 자기 십자가를 지고 예수님을 따름(눅9:23)

부인하고 ἀρνέομαι (720 아르네오마이) ἀρνησάσθω 동명령, 과거, 중간디포, 3인, 단수:거절하다 refuse, 부인하다 deny.

창18:15 כָּחַשׁ(3584, 카하쉬) 실패하다, 속이다, 야위다. 거짓된 자기 자신을 부인하는 것이다.

나를 따라 오려거든(눅9:23,24)

따라ὀπίσω(3694, 오피소) 뒤로 돌이키는 것, ~후에, ~다음에: 뒤로 돌이키는 것에 주목해야함

누구든지 제 목숨(눅9:24)

목숨 ψυχή(5590, 프쉬케) 영혼, 목숨, 생명. 명사: 프쉬케(Homer 이래)는 프쉬코(ψύχω, 5594: 숨쉬다, 바람 불다)에서 유래

창2:7 אָדָם(120, 아담) 아담, 인류, 인간. 아담(남명)은 아다마(흙, 토지, 땅)와 연관을 가지며, 이 두 단어는 아돔(붉다)에서 유래한 것으로 어원적 유사성을 가진다.

נֶפֶשׁ(5315, 네페쉬) 숨쉬는 존재, 영혼, 생명 등네페쉬(명여)는 '숨쉬다, 원기를 회복하다'를 뜻하는 동사 나파쉬(נָפַשׁ , 5314)에서 유래한 명사이며, '숨쉬는 것이나 호흡하는 존재(피조물), 영혼, 생명' 등을 의미한다.

마19:16 어떤 사람이 주께 와서 가로되 선생님이여 내가 무슨 선한 일을 하여야 영생을 얻으리이까

주님을 영접하지 못하였던 때의 ψυχή(프쉬케)는 죄로 더러워져 살릴 수가 없고 성령의 새로운 ψυχη가 되려면 주님의 죽으심에 동참하면 나의 죽음을 대신하기 때문이다.

잃으면 구원하리라

잃으면 ἀπόλλυμι(622 아폴뤼미) ἀπολέσει 동직설, 미래, 능동, 3인, 단수, 동사 아폴뤼미(Homer 이래)는 (a) '멸망시키다, 죽이다'(예: 전쟁에서), (b) '상실당하다, 상실하다'(예: 아버지, 배우자, 용기, 생명 등), (c) '죽다, 사멸하다'(경제적 재난이나 폭력으로 인하여), (d) '사라지다, 잃어버리다'를 의미한다.자기 목숨을 잃는 다는 것은 멸망의 파괴자를 사라지게 하는 것이다.

민16:33 멸망 אָבַד(6, 아바드) 멸망하다, 죽다, 사라지다, 소멸하다, 잃다. 수7:7 멸망 속에 구원의 문이 있음을 알아야하는 것이다.

무너진 여리고 성(수10:1)

여리고 יְרִיחוֹ(3405, 예리호) Jericho예리호(지명)는 '향기의 장소'를 의미하며, 한글개역은 "여리고"로 음역했다. 작가들은 여리고의 종려나무와 발삼나무를 칭송했다. 따라서 어떤 사람들은 그 이름이 '향기나는 장소'를 뜻한다고 하며, 어떤 사람들은 그 곳에서 셈족이 숭배한 달의 여신을 시사하고 있는 '달의 성읍'을 뜻한다고 추측한다. 이곳은 구약성경에서 '종려의 성읍', '종려나무의 성'으로 불리웠다(신 34:3, 삿 1:16, 삿 3:13, 대하 28:15)

여리고 성이 무너진 것은 향기가 악취를 몰아낸 것이다. 기생 라합의 믿음은 향기다. 라합의 남편 이름은 살몬이다. שַׂלְמָה(8009, 살마) 살마(명남)는 살몬(שַׂלְמוֹן, 8012)과 동일하며, '의복'을 의미한다. 살몬은 룻에게 모든 것을 감싸는 의복 같은 남편이리라고 본다. 그는 보아스의 아버지이며, 룻의 시아버지이다(룻 4:20). 놀라운 하나님의 섭리다. 기생 라합의 믿음이 가정을 멸망의 장소에서 구원하고 세상의 힘을 믿지 않고 하나님을 믿는 믿음으로 보아스같은 훌륭한 후손을 두고 예수님의 족보 반열에 들어가는 위대한 복을 받은 것이다.

복음이 나타난 시대

모세시대에는 유월절을 통하여 복음이 나타났고, 가나안 정복시대에는 기생 라합을 통하여 구속의 은총인 복음이 나타난 것이다.

여리고 성이 무너진 것은 사람의 힘이 아닌 하나님이 무너뜨린 것이다. 그 비밀은 바로 여호수아 6:1-5의 내용에서 발견할 수가 있는데 최종 양각 나팔을 제사장들이 길게 울려 분 것은 주님의 재림 때 찬사장의 나팔소리를 예표한 것이다. 기생 라합을 통하여 주님의 구속을 여리고성의 무너짐을 통하여 주님의 부활, 승천, 재림까지의 내용을 잘 보여준 복음 중의 복음이다.

여리고가 향기의 장소가 될 만한 내용

신34:1-3 모세가 모압 평지에서 느보산에 올라 여리고 맞은편 비스가산 꼭대기에 이르매 여호와께서 길르앗 온 땅을 단까지 보이시고 또 온 납달리와 에브라임과 므낫세의 땅과 서해까지의 유다 온 땅과 남방과 종려의 성읍 여리고 골짜기 평지를 소알까지 보이시고 수6:25 여호수아가 기생 라합과 그 아비의 가족과 그에게 속한 모든 것을 살렸으므로 그가 오늘날까지 이스라엘 중에 거하였으니 이는 여호수아가 여리고를 탐지하려고 보낸 사자를 숨겼음이었더라

수6:1-3 이스라엘 자손들로 인하여 여리고는 굳게 닫혔고 출입하는 자 없더라 여호와께서 여호수아에게 이르시되 보라 내가 여리고와 그 왕과 용사들을 네 손에 붙였으니 너희 모든 군사는 성을 둘러 성 주위를 매일 한번 씩 돌되 엿새 동안을 그리하라.

향기 רֵיחַ(7381, 레아흐) 냄새, 향기, 진정시키는(달래는) 향내 레아흐(명남)은 루아흐(רוּחַ, 7306)에서 유래했으며, '냄새, 향기, 진정시키는 또는 달래는 향내'를 의미한다.

광야 40년의 방랑생활을 하면서 하나님의 약속을 바라본 하나님의 백성들에게 때에 맞는 승리와 행복을 주는 소식이며 위로와 안정과 진정을 주는 향기의 말씀들이다. 이 향기는 바로 영혼의 향기 루아흐이다.

요나의 표적

사람에 의를 하나님에 의보다 앞세우면 구원 받을 수가 없는 것이다. 요나는 자신에 의를 주장함으로 하나님의 사랑을 깨닫지 못한 것이다.(욘4:11)

요나 יוֹנָה(3124, 요나) 요나(3123: 비둘기)와 어원이 동일하며, '비둘기'를 의미한다. 3196의 술 취함 연회를 베푼다는 함축적 의미도 있다.(마22:8-10,요2:1-10,계19:9) 성령의 예수님이 그리스도이심을 알리는 성

령의 임재도 비둘기 같이 임한 것이다.(마4:16,창8:8)

비둘기는 다양한 의미를 지니고 있다. 주님과 교회 신랑 되신 주님과 성도의 관계(마25:1) 하늘을 나는 새 종류로는 유일하게 들어간 동물이다. 신랑되신 주님이 신부를 위하여 구속(救贖)하시는 예표의 제물이다.

요나의 이름은 이러한 구속(救贖)의 깊은 의미가 있는 이름인 것이다.

바다에 던져저 구속함을 받은 요나(욘2:1-10)

이미 하나님의 말씀은 주님의 구속하심이 들어 있는데 그 말씀을 순종치 못한 것은 주님의 구속의 사랑을 모르고 자신에 의에 사로잡혀 원수를 증오하기 때문이다.

다시스로 도망하는 요나(욘1:3)

다시스 תַּרְשִׁישׁ(8659, 타르쉬쉬) '금속의 정련'을 의미하며, 인명, 지명으로 사용되었다. 타르쉬쉬라는 이름 대로 하나님의 말씀을 뒤로 하고 니느웨인들에 대한 증오심과 하나님에 대하여 불만을 가지고 다시스로 가는 배를 타고 니느웨를 등졌으나 오히려 금속을 제련하는 것처럼 바다의 큰 풍랑으로 시련을 받아 정련(精練)되어지는 훈련을 받는다. 즉 죽었다가 다시 사는 것이며 주님의 구속으로 거듭나서야 니느웨의 선교를 시작한 것이다.

욥기23:10 나의 가는 길을 오직 그가 아시나니 그가 나를 단련하신 후에는 내가 정금 같이 나오리라

하나님의 말씀을 순종치 못하고 자신의 소견대로 하는 사람에게는 다만 타르쉬쉬만이 기다릴 뿐이다.

선원들의 일반적 종교심(1:6)

저들은 특별히 하나님을 공경하는 것 같지는 않다. 하지만 저들의 마음속에 보편적 하나님을 알고 있는 것이다.

롬1:21 하나님을 알되 하나님으로 영화롭게도 아니하며 감사치도 아니하고 오히려 그 생각이 허망하여지며 미련한 마음이 어두워졌나니

선원들은 일반적 종교심은 있었으나 요나의 사간을 통하여(욘1:16) 하나님을 믿게 되었다. 요나의 풍랑사건은 오히려 선원들을 선교하는 선원선교의 시초가 되었다.

지금도 복음의 선교사명이 있는 사람의 이탈 행위는 주변을 어렵게 하고 있다는 것을 깨달아야 하는 것이다. 그러나 저들의 눈앞에서 처절한 시련을 통하여 하나님의 살아계심을 보여주는 것보다 처음부터 순종하는 것이 믿는 자의 순리인 것을 알아야 하는 것이다.

요나를 삼킨 큰 물고기(욘1:17) דָּג(1709, 다그) 물고기 fish 1672 '근심하다, 두려워하다, 조심스럽게 후회하여 슬픔 생각하다.'라는 뜻을 가진 것으로 죽음의 큰 물고기 뱃속의 자리는 평소에 실감치 못한 회개의 자리가 된 것이다. 사람으로서는 절체절명의 죽음의 자리지만 영원한 구원의 자리요 하나님을 기억하는 자리며 하나님 나라의 백성으로 거듭나게 하는 자리인 것이다.

죽음의 자리(욘2:2)

음부 שְׁאוֹל(7585, 세올) 죽은 자의 거처, 음부.

同 **שְׁאֵלָה**(7596, 세엘라) 요구, 요청, 간구 세엘라(명여)는 샤알(שָׁאַל, 7592)에서 유래했으며, '요구, 요청, 간구'를 의미한다.

역시 구원이란 지옥(음부)의 권세를 아는 자에게 나타나는 것이다. 죽음 속에서의 소망이란 주님을 구원의 간구이며 요청인 것이다.

눅23:42-43 십자가에 못박혀죽는 자리야 말로 죽음의 공포, 음부의 공포 속의 완전 절망의 순간에 강도가 요청하여 가로되 예수여 당신의 나라에 임하실 때에 나를 생각하소서 하니 예수께서 이르시되 내가 진실로 네게 이르노니 오늘 네가 나와 함께 낙원에 있으리라 하시니라

요나 역시 이런 자리에서 욘2:4 내가 말하기를 내가 주의 목전에서 쫓겨났을찌라도 다시 주의 성전을 바라보겠다 하였나이다.

큰 물고기 뱃속에서의 삼일 삼야(1:17)

주님이 금요일 운명 하시고 무덤에 계시다가 안식 후 첫날 부활하셨으니(마28:6) 삼일 째 되는 날 부활하신 것이다. 요나는 삼일 심야를 물고기 뱃속에 있었다.(욘2:1)

엄밀히 보면 주님이 무덤 속에 있었던 시간은 2박 1일이다. 그러나 요나는 하루 더 있었다. 그러나 예수님의 무덤에 있는 기간과 같은 비유를 하는 것은 부활에 초점을 두었기 때문이라고 본다.

요나가 큰 물고기 뱃속 מֵעֶה(4578 메에) בִּמְעֵי 전치사-명사 남성복수 연계. 내부기관, 내장, 배, 창자 심장, 상징적으로 자궁. 특히 자궁의 의미는 생명 잉태의 보금자리를 생각 하여야 한다. 요나는 고기 뱃속에서 나오는 순간 이 기도는 나는 감사하는 목소리로 주께 제사를 드리며 나의 서원을 주께 갚겠나이다 구원은 여호와께로서 말미암나이다(욘2:9) 라고 드린 바로 그때 하나님의 명령으로 요나를 육지에 토하

여 낸 것은 부활을 상징하고 있다.(욘2:10)

요나는 물고기 뱃속에 있는 동안 내부 장기가 주는 교훈도 있었으리라 보인다. 왜냐하면 물고기 배를 복수로 나타난 것은 사실상 내부 전채의 장기에 대한 영향력도 있다고 보는 것이다.

물고기는 요나가 뱃속에 있는 동안 상당히 고통스러웠으리라 짐작이 가기 때문이다. 결국 삼일 삼야 만에 토하고야 말은 것이다.

고전15:54 이 썩을 것이 썩지 아니함을 입고 이 죽을 것이 죽지 아니함을 입을 때에는 사망이 이김의 삼킨 바 되리라고 기록된 말씀이 응하리라는 말씀이 요나에게도 구속의 은총으로 나타난 것이다.

니느웨성의 전 국민적 회개(욘3:5-10)

포악한 민족이 거국적으로 전 국민이 회개한 사건은 전무후무한 사건이다.

이 기적의 구원사건은 단순한 의미가 있는 것이 아니고 이방인의 구원을 세계사적으로 후대에 이르기까지 알리는 선교의 교과서이며 선원들이 구원받은 사건도 세계로 퍼져나가는 선교 확장으로 땅 끝까지 복음이 전파되는 모형이라고 볼 수가 있다.(욘1:9-12)

니느웨성의 전 인구 십이만 명 숫자의 의미(욘4:11)

12만 명의 12는 이스라엘 12지파의 수이며 12제자의 수이기도 한 것으로 하나님의 택한 백성의 수인 것이다. 니느웨성의 백성은 이방인이자 죄인의 대표이며 택한 백성의 대표이기도 한 것이다. 하나님의 택한 백성은 아무리 악해도 때에 맞게 복음을 받아 들여 반드시 구원을 받게 되어 있는 것이다.

불 뱀과 놋 뱀의 사건(민21:8-9) 사탄(사망 권세)의 권세와 구속(救贖)의 은총

놋 נְחֹשֶׁת(5178, 네호셰트) 청동, 놋쇠. 네호셰트에 대한 언급 중 반수 이상이 성막과 성전 건축 및 부수하는 필요 비품과 기구의 제작을 기술하는 부분에 있다.

네호셰트로 만들어진 것은 성막의 기둥 받침(출 26:37), 단의 그릇(출 27:3), 쇠살대 및 고리들(출 27:4), 그 밖의 기물들과 장식물이다. 그리고 단은 놋으로 쌌다(출 27:2). 아마도 가장 주목할만한 것은 솔로몬의 '놋' brazen 바다이다(왕상 7:23-27, 참조: 왕하 25:13).

슬픔을 구리사슬로 묘사하였으며

겔16:36 나 주 여호와가 말하노라 네가 네 누추한 것을 쏟으며 네 정든 자와 행음함으로 벗은 몸을 드러내며 또 가증한 우상을 위하며 네 자녀의 피를 그 우상에게 드렸은 즉

불결, 수치, 육신의 욕망으로 번역

불뱀 שָׂרָף(8314, 사라프) 불뱀, 스랍. 사라프(명남)는 사라프(שָׂרַף, 8313)에서 유래했으며, (a) '불뱀(맹독의 뱀) fiery serpent', (b) '스랍 seraph'을 의미한다.

불뱀은 사탄의 맹독인 정죄와 사망의 세력을 가진 독사 사탄을 매달아 죽이는 것이며 구리 뱀은 죄 짐을 지고 희생 제물 되신 주님을 의미한 것이다. 불 뱀과 구리를 통합하여 구리로 만든 불 뱀을 장대에 매달은 것이다.

안식일(히4:3-9 히7:12) 율법을 변역함

μετατίθημι(3346, 메타티데미) 옮기다, 바꾸다, 변경하다, 변절하다. נָסַג(5253, 나사그) 옮기다, 물러가다, 되돌아가다(신27:17).

이미 그의 안식에 들어간 자(히4:10)가 자기 일을 쉰다는 것은 믿음으로 안식이 성취된 것으로 하나님의 나라가 영원한 안식으로 임한 것이다.

노아 נֹחַ(5146, 노아흐) 노아 Noah. 노아흐(명남)는 누아흐(נוּחַ, 5117: 쉬다, 안식하다)에서 유래했으며, '안식'을 의미하며, '도움과 구체적인 위안'이란 의미에서 '위안'에 의해 설명되었다. 노아는 죽음의 환난 소용돌이 파도에서도 참 안식을 누린 사람으로 안식에 들어간 사람의 표본이다. 방주 되시는 주님을 영접한 사람이 참 안식 즉 영생 구원의 생명이 보장된 것이야 말로 진정한 안식인 것을 알아야 하는 것이며 안식의 중요한 의미는 날에 있는 것이 아니다.

의미론으로 본 자음들

약4:14 내일 일을 너희가 알지 못하는도다 너희 생명이 무엇이뇨 너희는 잠간 보이다가 없어지는 안개니라

아담 אָדָם(120, 아담)

아담은 인류, 인간 아담(남명)은 아다마(흙, 토지, 땅)와 연관을 가지며, 이 두 단어는 아돔(붉다)에서 유래한 것으로 어원적 유사성을 가진다.

히4:14(창2:6) אֵד(108, 에드) 안개, 수증기, 샘물 등. דָּם(1818, 담) 피 blood. 담(명남)은 기본어이며 '피 blood'를 의미하며, 사람과 동물의 피를 가리킨다. 담은 헬라어 하이마에 해당한다. 호머의 작품에서 하이마

는 생명의 담지자이며, 생명력이라는 생리학적 의미로 사용된다. 피는 사람과 짐승의 생명을 유지하는 전제 조건이다.

아담은 자음의 합성된 의미로 보면 흙인 사람은 안개 같은 생명 즉 잠시 있다가 없어질 생명이라는 것을 잘 나타낸 말씀이다.(약4:13)

태초

רֵאשִׁית(7225, 레쉬트) 첫째, 처음, 시작, 최초, 최상의 것. 창조하다 בָּרָא 레쉬트(명여)는 로쉬(רֹאשׁ, 7218)에서 유래했으며, '첫째, 처음, 최초, 시작, 최상의 것'을 의미한다. 머리(창49:26)

아들

단3:25 בַּר(1247, 바르) 아들 바르(명남, 아람어)는 히브리어 벤(בֵּן, 1121)에 해당하며 '아들'을 의미한다.(스 5:1, 스 5:2, 스 6:14, 단 3:25, 단 5:22, 단 5:31, 단 7:13).

가시

שַׁיִת(7898, 샤이트) 가시덤불. 샤이트(명남)는 쉬트(שִׁית, 7896)에서 유래한 듯하며, '가시덤불 thorn bushes'을 의미한다. 이사야서에서만 7회 나오며, 상징적으로 '고난'을 나타낸다(사 5:6, 사 7:23, 사 7:24, 사 7:25, 사 9:17, 사 10:17, 사 27:4).

나무

בְּרוֹשׁ(1265, 베로쉬) 전나무, 잣나무(왕하19:23) 선물 שַׁי(7862, 샤이) 경의를 표하는 선물 하나님께 드리는 "예물(선물)"에 대해 사용되었다(시

68:30, 시 76:11, 시 18:7).

언약

בְּרִית(1285, 베리트) 언약, 계약, 협정(창17장 21:22 삼상20:8)

렘23:29 나 여호와가 말하노라 내 말이 불같지 아니하냐 반석을 쳐서 부스러뜨리는 방망이 같지 아니하냐.

불

אֵשׁ(784, 에쉬) 불 fire 에쉬(명여)는 기본어근이며, '불 fire'를 의미한다. 사람에게 하신 하나님의 자기 계시(신의 현현)나 하나님께로 인간이 접근하는 것(예비와 희생제사)에 관하여 사용되었다. 불같은 법 신33:2 일렀으되 여호와께서 시내산에서 오시고 세일산에서 일어나시고 바란 산에서 비취시고 일만 성도 가운데서 강림하셨고 그 오른손에는 불같은 율법이 있도다.

아들의 불 손에 בְּרֵאשִׁית 전치사-명사, 여성, 단수: 태초에-하나님의 아들의 손에 못 박혀 달린 십자가란 자음의 통합적 의가 들어 있다.

잘못 드린 다른 불(레10:1)

레10:1,2 아론의 아들 나답과 아비후가 각기 향로를 가져다가 여호와의 명하시지 않은 다른 불을 담아 여호와 앞에 분향하였더니 불이 여호와 앞에서 나와 그들을 삼키매 그들이 여호와 앞에서 죽은지라.

고전15:23 부활의 첫 열매 그러나 각각 자기 차례대로 되리니 먼저는 첫 열매

인 그리스도요 다음에는 그리스도 강림하실 때에 그에게 붙은 자요

아내 신부

אִשָּׁה(802, 잇샤) 여자, 부인, 여성: 이 말씀을 태초의 단어를 통합적으로 나누어 살펴보면 나의 아들의 아내의 신부라는 의미가 들어 있다.

בְּרֵאשִׁית

이와 같이 한 단어에–하나님의 아들 창조 가시면류관 머리에 쓰고 나무에 매달리고 '첫 열매, 불, 언약, 선물, 아내(신부)를 위하여'라는 주님의 구속에 관련된 다양한 의미가 들어 있음을 알 수가 있다.

모양

(창1:26) דְּמוּת(1823, 데무트) 못 박힌 피 흘린 십자가

닮음, 같은 것(모양) 숫자의 합은 400으로 400=애굽의 종살이 50=해방. 복음을 의미한다.(사61:1)

창1:26 하나님이 가라사대 우리의 형상을 따라 우리의 모양대로 우리가 사람을 만들고 그로 바다의 고기와 공중의 새와 육축과 온 땅과 땅에 기는 모든 것을 다스리게 하자 하시고.

사61:1 주 여호와의 신이 내게 임하셨으니 이는 여호와께서 내게 기름을 부으사 가난한 자에게 아름다운 소식을 전하게 하려 하심이라 나를 보내사 마음이 상한 자를 고치며 포로된 자에게 자유를, 갇힌 자에게 놓임을 전파하며.

광야와 하나님의 말씀(출3:18)

그들이 네 말을 들으리니 너는 그들의 장로들과 함께 애굽 왕에게 이르기를 히브리 사람의 하나님 여호와께서 우리에게 임하셨은즉 우리가 우리 하나님 여호

와께 희생을 드리려 하오니 사흘 길쯤 광야로 가기를 허락 하소서 하라.

광야는 신탁의 장소다

מִדְבָּר(4057, 미드바르) 광야, 황무지 미드바르(명남)는 다바르(דָּבַר, 1696)에서 유래했으며, '광야, 황무지'를 의미한다.

미드바르는 일반적으로 세 유형의 지역을 묘사하는데 사용된다. 목초지(수 2:22, 시 65:12, 렘 23:10). 사람이 살고 있지 않는 땅(신 32:10, 욥 38:26, 잠 21:19, 렘 9:1). 오아시스 혹은 도시와 읍이 여기저기에 존재하는 넓은 지역, 유다의 광야에는 그 안에 적어도 6개의 도시가 있었다. 요르단의 광야(충적의 평야)에는 도시들이 존재하며 시내 광야에는 그 지역 안에 많은 오아시스들이 있다. 미드바르는 또한 비유적으로 사용된다(호 2:5, 렘 2:31).

말하다. 말씀하다

דָּבַר(1696, 다바르) 말하다 speak다바르(동사)는 기본어근이며, '말하다'를 의미하며, '말하다, 선언하다, 담화하다, 명령하다, 약속하다, 경고하다, 위협하다, 노래하다' 등의 의미로 사용되었다.(창 8:15, 창 12:4, 출 9:13, 출 9:35, 출 11:2 등).

광야와 하나님의 말씀은 신탁(神託)의 관계에 있다. 하님과의 신탁 관계에 있는 곳에는 영육간의 양식이 있는 곳이다. 만나가 있는 하나님의 은총의 장소다. 이런 부정적인 인식과 말은 삼가야 하는 곳이다. 시 78:18,19 저희가 저희 탐욕대로 식물을 구하여 그 심중에 하나님을 시험하였으며 그 뿐 아니라 하나님을 대적하여 말하기를 하나님이 광야에서 능히 식탁을 준비하시랴.

제사장

כֹּהֵן(3548, 코헨) 제사장, 주요 공직자 혹은 우두머리 통치자 코헨(명남)은 카한(כָּהַן, 3547)의 능동분사이며, '제사장, 주요 공직자 혹은 우두머리 통치자'를 의미한다.

제사장(구약 및 이스라엘 역사) 코헨은 70인역본에서 헬라어 히에류스로 번역되었다.가장 초기의 자료에서 이스라엘 제사장의 직무는 원래 제사라기보다 신탁의 전달이었다. 제사장의 신탁 예언, 제비에 의한 신탁이 모세 시대와 사사 시대에 이미 보여진다(출 17:9, 출 33:7-11, 삿 17:5 이하, 삿 18:30, 삼상 14:41, 삼상 28:6). 신 33:8-11에서 레위인들의 기본 임무는 우림과 둠밈을 관리하는 것이다(참조: 겔 21:21의 활의 신탁). 그 다음으로는 여호와의 정의와 율법을 가르치는 것이다. 마지막에야 비로소 희생 제사 임무가 언급된다.

제사장을 숫자의 의미로 보면 75로 권능과 생명을 불어 넣는 직분이다.כֹּהֵן

כְּהֻנָּה(3550, 케훈나) 제사장 직(분) priesthood은 80으로 권능과 생명을 불어넣는 직분이다.

죽은 자는 죽은 자가 장사 지내게 하고(마8:21-22)

제자 중에 한사람이 가로되. 가로되 ἔπω(2036 에포) ει 동직설, 과거, 능동, 3인, 단수: (한정된 과거 시제로만 사용) 대화하다, 말하다, 명령하다, 말을 전하다, 부르다, 지시하다, 수여하다.

주님의 제자 한 사람이 자기 집안의 관습에 의하여 부모가 살아 있는 동안에는 부모의 뜻을 따르다가(종교적 풍습 등) 부모가 세상을 떠나면 문화 풍습에 관습에 얽매이지 않고 주님을 자유롭게 따르겠다고 지금 건의하는 것이다.

먼저 가서

먼저 πρῶτον(4412 프로톤) πρῶτον 형용사(대) 서수, 대격, 중성, 단수,부사.

가서 ἀπέρχομαι(565 아페르코마이) ἀπελθεῖν 동부정사, 과거, 능동. 제자의 먼저 가서라는 것은 자신의 목적을 위하여 과거로 돌아가겠다는 것이다. 과거란 다름 아닌 옛 풍습을 말한 것이다.(마24:17-18)

지붕 위에 있는 자는 집안에 있는 물건을 가지러 내려가지 말며 밭에 있는 자는 겉옷을 가지러 뒤로 돌이키지 말찌어다.

마치 롯의 아내가 불로 멸망 받는 소돔 고모라 성을 탈출할 때 뒤 돌아보지 말라는 말씀을 어겨 소금 기둥이 된 것을 상기하여야 하는 것이다.(창19:17,26)

예수께서 가라사대

가라사대 λέγω(3004 레고) λέγει 동직설 현재 능동 3인 단수. 제자의 과거로 돌아가기를 원한 요청의 어법으로 보면 과거시제로 대답해야 하는데 주님은 현제 시제로 대답한 것이다.

이 대답은 제자에게 과거의 풍습으로 돌아가지 말고 죽지 않는 복음을 따라 살라는 것이다.

참고-요11:25,26 예수께서 가라사대 나는 부활이요 생명이니 나를 믿는 자는 죽어도 살겠고 무릇 살아서 나를 믿는 자는 영원히 죽지 아니하리니 이것을 네가 믿느냐.

죽어도 ἀποθνήσκω(599 아포드네스코) ἀποθάνῃ 동가정, 과거, 능동, 3인, 단수: 죽다, 죽음에 직면하다, 죽기 마련이다.

살겠고 ζάω(2198 자오) ζήσεται 동직설, 미래, 중간, 3인, 단수: 살겠고, 살다 live.

먼저 가서 ἀπέρχομαι(565 아페르코마이) ἀπελθεῖν 동부정사, 과거, 능동: 가버리다 go away, 떠나가다 depart.

제자는 주님에게 먼저 가서의 가서는 현재 상태에서의 과거가 아니라 과거의 상태로 간다는 것이다. 이 내용에 관한 것은 결정적 단어의 시제가 과거 상태에 대한 문화와 풍습과 전통을 지키려고 주님에 동의를 구한 것이다.

중요한 것은 한글 성경만 보고 해석하면 딱 오해하기가 쉽다. 그런 오해로 해석하면 자기 부모의 장례도 치루지 말라는 것으로 되기 쉽다.

창세 때부터 죽으신 주님 (계13:8)

죽임을 당한 어린 양의 생명책에 창세 이후로 녹명되지 못하고 이 땅에 사는 자들은 다 짐승에게 경배하리라

ἀπό(575, 아포) ~에서, ~에서부터. '미리 결정하다, 예정하다, 운명을 미리 정하다.'라는 것을 의미한다. 창조의 원리 속에 예수님의 죽음이 전제된 것이다. 천지를 창조하실 때 예수님의 구속(救贖) 사역이 잘 나타나고 있음을 알 수가 있다.

천지창조가 잘 나타난 구속 사역(창1:1)

רָחַף(7363 라하프) **מְרַחֶפֶת** 피엘 분사 여성 단수, 운행하시니라.

라하프(동사)는 기본어근이며, (a) '부드럽게 되다, 풀어지다, 느슨해지다, 기운을 잃다', (b) '비상하다, 배회하다'를 의미한다.

위의 말씀은 단순한 운행의 의미가 아니다.

시121:4 이스라엘을 지키시는 자는 졸지도 아니하고 주무시지도 아니 하시리로다

이 말씀을 보면 하나님이 기운을 잃고 풀어진다는 것은 아니다. 그러나 인자로 오신 예수님은 사람의 몸을 지녔기에 라하프가 맞는 내용이다.(막15:21,34,눅22:44)

주님이 십자가에 달려 돌아가실 때의 모습이 잘 보이고 있는 말씀으로 주님의 구속사역이 이미 천지창조 속에 들어있음을 증명하고 있음이다. 천지창조 하실 때 하나님이 편안하게 전능하신 능력으로 말씀 한마디로 창조한 것이 아님을 알아야 하는 것이다. 그 예로 증거할 말씀은 바로 창2:1"천지와 만물이 다 이루니라"의 말씀이다.

창2:2 하나님의 지으시던 일이 일곱째 날이 이를 때에 마치니 그 지으시던 일이 다하므로 일곱째 날에 안식하시니라

안식이란 것은 수고한 사람에게 오는 편안하다는 의미가 들어있는 것이다. 하나님의 수고는 바로 인류의 죄를 속량하신 주님의 고난을 표현함과 구원의 생명 완성에 대한 안식인 것이다.

안식 שָׁבַת (7673 샤바트) **וַיִּשְׁבֹּת** 와우 계속법-칼 미완 3인 남성 단수, '쉬다(휴식), 그치다, 그만두다, 중지하다'를 의미한다.

율법을 듣는 하나님께 소망을 둔 자손 (시78:1-8)

교훈(율법) **תּוֹרָה** (8451 토라) **תּוֹרָתִי** 명사 여성 단수-1인 공성 단

수,율법, 지시, 가르침, 훈계, 계명, 법령.

同-מוֹרֶה(4175, 모레) (이른) 비. 교사 יָרָה(3384, 야라) 던지다, 쏘다, 가르치다, 비를 내리다.

토라 속에는 복음이 들어 있다. 단순이 딱딱한 규정의 의미만 생각하면 잘못된 지식이다 그래서 혹자들은 구약은 율법이고 신약은 복음이라고 오해를 불러오고 있다.

구약도 복음에 기초를 둔 것이고 신약은 복음의 실체인 인자로 오신 예수님의 실체를 보여준 복음인 것이다. 구약과 신약의 중심은 예수님으로 동일하다는 것을 명심하여야 하는 것이다.

이른 비-

시84:6, 욜2:23 시온의 자녀들아 너희는 너희 하나님 여호와로 인하여 기뻐하며 즐거워할찌어다 그가 너희를 위하여 비를 내리시되 이른 비를 너희에게 적당하게 주시리니 이른 비와 늦은 비가 전과 같을 것이라

이른 비-

신11:13,14 내가 오늘날 너희에게 명하는 나의 명령을 너희가 만일 청종하고 너희의 하나님 여호와를 사랑하여 마음을 다하고 성품을 다하여 섬기면 여호와께서 너희 땅에 이른 비, 늦은 비를 적당한 때에 내리시리니 너희가 곡식과 포도주와 기름을 얻을 것이요

팔레스티나는 가을인 9-11월에 곡식을 파종하고 봄인 3-4월에 결실을 거둔다고 하는데 이때 비는 곡식이 뿌리내리고 열매를 맺는데 하나님의 은총을 의미한다.(약5:7)

율법은 이처럼 성령의 단비가 되어 하나님의 백성에게 구원의 은총을 내려주시는 것이다.

호6:3 그러므로 우리가 여호와를 알자 힘써 여호와를 알자 그의 나오심은 새벽빛 같이 일정하니 비와 같이, 땅을 적시는 늦은 비와 같이 우리에게 임하시리라 하리라

창12:6 아브람이 세겜땅 모래 מוֹרֶה상수리 나무아래서 하나님의 약속을 받고 단을 쌓은 곳이다. 아브람은 여기서 하나님의 교훈과 이른 비의 은총을 받은 장소이다.

소망과 충성의 사람이 되려면(시78:7,8)

저희로 그 소망을 하나님께 두며 하나님의 행사를 잊지 아니하고 오직 그 계명을 지켜서 그 열조 곧 완고하고 패역하여 그 마음이 정직하지 못하며 그 심령은 하나님께 충성치 아니한 세대와 같지 않게 하려 하심이로다.

소망 כֶּסֶל(3689, 케셀) 허리, 어리석음, 신뢰, 소망.

시146:5 야곱의 하나님으로 자기 도움을 삼으며 여호와 자기 하나님에게 그 소망을 두는 자는 복이 있도다

고전1:27-30 그러나 하나님께서 세상의 미련한 것들을 택하사 지혜 있는 자들을 부끄럽게 하려 하시고 세상의 약한 것들을 택하사 강한 것들을 부끄럽게 하려 하시며 하나님께서 세상의 천한 것들과 멸시 받는 것들과 없는 것들을 택하사 있는 것들을 폐하려 하시나니 이는 아무 육체라도 하나님 앞에서 자랑하지 못하게 하려 하심이라

허리-레3:4 허리의 의미를 보면 힘의 중심이며 겸손의 표현 및 순종의 자세가 되는 것으로, 기름 즉 지방질은 영양의 저장으로 저장된 것으로 하나님께 태워드리는 버려서는 안 될 향기로운 제물로 상달되는 것이다.(출35:20-29)

충성 πιστός(4103, 피스토스) 믿을만한, 신실한, 신뢰하는, 신임하는, 믿는.

אָמַן(539 아만) נֶאֱמָן 니팔, 분사, 남성, 단수: 확실하게 하다, 지지하다, 충실하다, 믿다.

同 אָמוֹן(525, 아몬) 숙련공, 장인 아몬(명남)은 아만(אָמַן , 539)에서 유래했으며 '숙련공, 건축가, 장인'을 의미한다.

계2:10 네가 장차 받을 고난을 두려워 말라 볼찌어다 마귀가 장차 너희 가운데서 몇 사람을 옥에 던져 시험을 받게 하리니 너희가 십일 동안 환난을 받으리라 네가 죽도록 충성하라 그리하면 내가 생명의 면류관을 네게 주리라.

민12:7 내 종 모세와는 그렇지 아니하니 그는 나의 온 집에 충성됨이라.

죽음의 의미와 최초의 죽음에 대한 정의(창2:17)

선악을 알게 하는 나무의 열매에서 근원을 찾아야 하는 것이다.

알게 하는 דַּעַת(1847, 다아트) 지식, 이해. 다아트(명여)는 야다(יָדַע , 3045: 알다, 이해하다)에서 유래했으며, 참된 통찰력이란 의미를 지닌 '지식, 이해, 지혜'를 의미한다. 同 יִדְּעֹנִי(3049, 잇데오니) 신접한 자, 점쟁이

선악과를 따먹음으로 알게 한다는 것은 신접한 것과도 언어의 뿌리를 같이 하는 것을 볼 때 사단의 영적 영역의 영향권 안에 יִדְּעֹנִי들어간 것이다.

엡2:2 그 때에 너희가 그 가운데서 행하여 이 세상 풍속을 좇고 공중의 권세 잡은 자를 따랐으니 곧 지금 불순종의 아들들 가운데서 역사하는 영이라

요8:44 너희는 너희 아비 마귀에게서 났으니 너희 아비의 욕심을 너희도 행하고자 하느니라 저는 처음부터 살인한 자요 진리가 그 속에 없으므로 진리에 서지 못하고 거짓을 말할 때마다 제 것으로 말하나니 이는 저가 거짓말장이요 거짓의 아비가 되었음이니라.

그러므로 죽음의 이해는 하나님의 말씀을 떠난다는 것에서 시작해야 하는 것이다.

생명과 영생의 언약(창2:17)

생명의 본질은 נֶפֶשׁ(5315, 네페쉬)에 있지 육신에 있는 것이 아니다. (창2:7)숨쉬는 존재, 영혼, 생명 등.

네페쉬(명여)는 숨쉬다, 원기를 회복하다를 뜻하는 동사 나파쉬(נָפַשׁ, 5314)에서 유래한 명사이며, 숨쉬는 것이나 호흡하는 존재(피조물), 영혼, 생명 등을 의미한다.

선악과를 먹음으로 죽은 영혼들이 주님의 구속(救贖)으로 생명과와 선악과가 화복된 것이다. 오늘의 생명과는 주님 자신이며 회복된 선악과는 자신이 죄인인 것을 알고 죄 사함의 속량자로 희생하여 구원하신 하나님의 외아들 예수님을 영접하는 것이다.

주님 구속의 기름과 성령의 기름(레1:8)

아론의 자손 제사장들은 그 뜬 각과 머리와 기름을 단 윗 불 위에 있는 나무에 벌여 놓을것이며

쇠기름 양기름 פֶּדֶר(6309, 페데르) 쇠기름, 양기름. 기름기가 흐르다.

同פְּדַהְאֵל(6300, 페다흐엘) 브다헬 Pedahel

페다흐엘은 6299와 410에서 유래했으며, '하나님께서 속량하셨다'를 의미한다(6304에서 참고). 에덴의 강물과 골고다에서 흘리신 주님의 피와 연관된 פָּרַד(6504, 파라드) '분리하다, 나누다'로 창2:10 '강이 에덴에서 발원하여 동산을 적시고 거기서부터 갈라져 네 근원이 되었으니'로 에덴의 강물은 어원상 복음으로 비유하고 있다. 에덴의 네 강물의 흐름에 구속의 복음이 들어 있고 제물 속에도 구속의 복음이 들어있기 때문에 하나님께 상달이 되는 것이다.

요4:14 내가 주는 물을 먹는 자는 영원히 목마르지 아니하리니 나의 주는 물은 그 속에서 영생하도록 솟아나는 샘물이 되리라

同 פָּדָה(6299, 파다) 대(구)속하다, 속량하다, 구원하다: 파다(동사)는 기본어근이며, '대(구)속하다, 속량하다, 구조하다, 구원하다'를 의미한다. 파다의 기본 의미는 값을 지불하거나 그에 상당하는 대체물을 줌으로써 한 사람으로부터 다른 사람에게 소유권이 이전되는 것을 뜻한다. 이 어근은 앗수르어에서 '아끼다, 용서하다' spare를, 우가리트어에서는 '속량하다' ransom을 의미한다.

요19:34 그 중 한 군병이 창으로 옆구리를 찌르니 곧 피와 물이 나오더라.

계21:6 또 내게 말씀하시되 이루었도다 나는 알파와 오메가요 처음과 나중이라 내가 생명수 샘물로 목마른 자에게 값없이 주리니.

기름을 단 윗 불 위에 있는 나무에 벌여놓아 태우는 것은 구속의 복음이 들어가 태워져야 하기 때문이다. 오늘날 하나님의 말씀을 전할 때 구속의 복음이 들어가지 않고서는 복음이 되지 못함을 명심하여야 하는 것이다. 구속의 복음이 하나님께 상달되므로 향기로운 냄새가 되는 것으로 기름의 의미를 정확하게 알아야 한다.

마7:21-23 나더러 주여 주여 하는 자마다 천국에 다 들어갈 것이 아니요 다만 하늘에 계신 내 아버지의 뜻대로 행하는 자라야 들어가리라 그 날에 많은 사람이 나더러 이르되 주여 주여 우리가 주의 이름으로 선지자 노릇하며 주의 이름으로 귀신을 쫓아내며 주의 이름으로 많은 권능을 행치 아니하였나이까 하리니 그때에 내가 저희에게 밝히 말하되 내가 너희를 도무지 알지 못하니 불법을 행하는 자들아 내게서 떠나가라 하리라.

구속의 복음 없이 사람이 중심된 내용은 주님의 구속이 사람의 행적 뒤에 있는 좋은 예가 될 것이다.

감람유 기름(마25:3)

ἔλαιον(1637, 엘라이온) 감람유 olive oil.

(a) 감람유는 요리할 때 쇼트닝으로 사용되었다(왕상 17:12-왕상 17:16). 즉 빵을 구울 때 밀가루와 올리브유를 섞는다.

(b) 감람유는 희생제사 및 예배와 관련하여 여러가지 방식으로 사용되었다. 올리브유 자체가 제물로 드려졌거나(레 2:15-레 2:16 겔 45:14), 밀가루와 혼합하기도 했다(레 8:26 레 2:1-레 2:3 출 29:40). 어떤 제물들은 특별히 거기에 아무 기름도 부어서는 안 되었는데, 속죄제(레 5:11)와 의심의 소제(민 5:11)가 그렇다.

(c) 셰멘(shemen)은 여러 위임식에서 중요한 상징적 역할을 하였다. 하나님의 풍성한 축복을 상징하는 것으로써 왕과 제사장에게 기름을 부었다(삼상 16:13 왕상 1:39 레 8:12 출 30:23-출 30:33은 관유를 만드는 법을 설명하고 있다). 성막과 그 안에 있는 것들도 이런 방법으로 성별되었다(레 8:10).

同 Γεθσημανεί(1068, 게드세마네이) 겟세마네 Gethsemane.

겟세마니는 기름짜는 틀이라는 뜻의 아람어 갓세마네의 음역이다. 이 단어는 신약성경에서 막 26:36과 병행구, 막 14:32에 나온다.

그 중 한 군병이 창으로 옆구리를 찌르니 곧 피와 물이 나오더라(요 19:34)

이 말씀과 같이 주님은 감람열매 기름짜듯 주님의 몸에서 피와 물을 남김없이 다 짠 것이다. 그리함으로 보혜사 성령을 보내주신 것이다.

요14:16 내가 아버지께 구하겠으니 그가 또 다른 보혜사를 너희에게 주사 영원토록 너희와 함께 있게 하시리니.

삼상16:13 שֶׁמֶן(8081, 셰멘) 기름짐, 기름 ἔλαιον(1637, 엘라이온) 감람유 olive oil.구약의 쇠기름 양 기름은פֶּדֶר(6309, 페데르) 주님의 희생 구속을 의미하고 신약의 감람유ἔλαιον(1637, 엘라이온)는 성령을 의미한다.

요일2:27 너희는 주께 받은 바 기름 χρίσμα(5545, 크리스마)부음이 너희 안에 거하나니 아무도 너희를 가르칠 필요가 없고 오직 그의 기름 부음이 모든 것을 너희에게 가르치며 또 참되고 거짓이 없으니 너희를 가르치신 그대로 주 안에 거하라.

결과적 순서로 주님 구속의 은총으로 인하여 성령의 은혜가 온 것이다.

요14:16 내가 아버지께 구하겠으니 그가 또 다른 보혜사를 너희에게 주사 영원토록 너희와 함께 있게 하시리니

이름에 합당한 믿음과 하나님의 섭리(단1:1)

유다 왕 여호야김이 위에 있은 지 삼년에 바벨론 왕 느부갓네살이 예루살렘에 이르러 그것을 에워쌌더니.

יְהוֹיָקִים(3079, 예호야김) 예호야김(명남)은 예호와(יהוה, 3068)와 쿰(קוּם, 6965)에서 유래했으며, '여호와께서 일으키시다'를 의미한다.

여호와께서 일으키시다는 아주 좋은 믿음의 이름이나 그는 이름과는 정 반대의 삶을 산 사람으로 11년 통치 기간 중 악을 행한 왕이다. 징계를 받을 수밖에 없는 유다 왕이다. 그러므로 예루살렘이 바벨론에 포위당한 것이다.

그가 이름대로 살았다면 위대한 왕이 틀림없이 되었으리라. 우리 하나님의 백성도 하나님의 자녀답게 천국시민으로 살면 반드시 위대하고 복된 삶을 살수가 있다.

빌3:20 오직 우리의 시민권은 하늘에 있는지라 거기로서 구원하는 자 곧 주 예수 그리스도를 기다리노니

다니엘 דָּנִיֵּאל(1840, 다니엘) 다니엘은 딘(דִּין, 1777)과 엘(אֵל, 410)에서 유래했으며, '하나님은 심판자시다'를 의미한다. 환관장이 개명해준 이름 בֵּלְטְשַׁאצַּר(1095, 벨테샤차르) 벨드사살 Belteshazzar 벨테샤차르(명남)는 외국어에서 유래했으며, '벨의 방백, 즉 벨이 총애하는 방백'을

의미한다.

이 두 이름은 다 좋은 것 같으나 세상 나라와 하나님의 나라에 대한 극명한 차이가 있다. 이 차이의 차원을 모르면 바벨론에서 이름을 지어준 데로 살다가 멸망하는 것이다.

단1:7환관장이 그들의 이름을 고쳐 다니엘은 벨드사살이라 하고 하나냐는 사드락이라 하고 미사엘은 메삭이라 하고 아사랴는 아벳느고라 하였더라

하나냐 חֲנַנְיָה(2608, 하난야)

여호와는 자비(은혜)하심'를 의미하며 14명의 이름으로 사용되었다. 스룹바벨의 아들 이며 블라댜와 여사야의 부친이다(대상 3:19, 21). 이름의 구성 부분의 변동에 의해 요아난'이라고 불리운 예수님의 조상 중 한 사람일 것이다(눅 3:27). **사드락 שַׁדְרַךְ**(7714, 샤드라크)은 환관장이 개명해준 이름 외국어에서 유래했으며, '왕의 또는 큰 서기관'을 의미한다.

미사엘מִישָׁאֵל(4332, 미샤엘)

미(מִי , 4310)와 엘(אֵל , 410)에서 유래했으며, '누가 하나님과 같은가?'를 의미한다. 메삭מֵישַׁךְ(4335, 메샤크)은 '왕의 손님'을 의미한다. 환관장이 다니엘의 세 친구 중 한 사람인 미사엘에게 준 바벨론의 이름이다(단 1:7)

아사랴עֲזַרְיָה(5838, 아자르야)

아자르(עָזַר, **5826**)와 야흐(יָהּ , 3050)에서 유래했으며, '여호와께서 도우셨다'를 의미한다. 아벳느고עֲבֵד נְגוֹ(5664, 아베드네고)는 느보의 종을 의미하며, 아벳느고는 바빌론에 포로로 잡혀간 유다의 어린 4왕자

중의 하나이며, 다니엘의 친구인 아사랴(히브리명)에게 느부갓네살 왕의 환관장이 지어준 바벨론식 이름이다(단 2:7).

다니엘은 하나님은 심판자라고 하는 이름대로 진리에 서있는 시대를 대표하는 하나님의 사람이다.

심판 מִשְׁפָּטi(4941, 미쉬파트) 심판, 재판, 공의, 법령 등. 사61:8

대저 나 여호와는 공의를 사랑하며 불의의 강탈을 미워하여 성실히 그들에게 갚아 주고 그들과 영영한 언약을 세울 것이라

말씀대로 평생 위기 가운데서도 형통할 수 있는 비결의 믿음을 가진 사람이다.

반면 바벨론이 다니엘에게 지어준 이름대로 벨이 총애하는 방백이란 이름처럼 살았다면 당장은 위기를 모면하고 안락함을 누리겠지만 단2:5

왕이 갈대아 술사에게 대답하여 가로되 내가 명령을 내렸나니 너희가 만일 꿈과 그 해석을 나로 알게 하지 아니하면 너희 몸을 쪼갤 것이며 너희 집으로 거름터를 삼을 것이요.

딱 걸려들어 비참하고 허무하게 죽임을 당하고 하나님께 버림받고 민족의 배반자로 되었으리라.

사탄은 결국 자신의 편을 들게 하여 더욱 비참하게 멸망시키는 것이다. 믿음과 진리의 사람은 언제든지 위기를 오히려 하나님을 증거 하는 선교의 기회로 영광을 받으시는 것이다.

단6:7 나라의 모든 총리와 수령과 방백과 모사와 관원이 의논하고 왕에게 한 율법을 세우며 한 금령을 정하실 것을 구하려 하였는데 왕이여 그것은 곧 이제부터 삼십일 동안에 누구든지 왕 외에 어느 신에게나 사람에게 무엇을 구하면 사자굴에 던져 넣기로 한 것이니이다. 10 다니엘이 이 조서에 어인이 찍힌 것을 알

고도 자기 집에 돌아가서는 그 방의 예루살렘으로 향하여 열린 창에서 전에 행하던대로 하루 세번씩 무릎을 꿇고 기도하며 그 하나님께 감사하였더라

벨의 총애를 받는다는 이름 벨드사살처럼 살았다면 하나님의 능력은 떠나고 그의 유능함과 지혜도 상실된 밟히는 소금이 될 것이다.

마5:13너희는 세상의 소금이니 소금이 만일 그 맛을 잃으면 무엇으로 짜게 하리요 후에는 아무 쓸데없어 다만 밖에 버리워 사람에게 밟힐 뿐이니라

하나님의 백성은 누구의 총애와 사랑을 받으며 살기를 원하는지 자신의 심령을 살펴보아야 하는 것이다. 분주하고 권모술수가 판치는 세상에서 무슨 일을 만나든지 오직 하나님을 올바로 섬기며 믿음을 지키는 것만이 진정한 형통이라는 것을 알아야 하는 것이다.

다니엘의 세 친구 하나냐, 미사엘, 아사랴도 진리와 믿음의 이름대로 '누가 하나님 같은가? 여호와께서 도우셨다'라는 은혜의 이름대로 놀라운 형통함과 하나님의 사랑을 받으면서 살았다.

단3:16-18 사드락과 메삭과 아벳느고가 왕에게 대답하여 가로되 느부갓네살이여 우리가 이 일에 대하여 왕에게 대답할 필요가 없나이다. 만일 그럴 것이면 왕이여 우리가 섬기는 우리 하나님이 우리를 극렬히 타는 풀무 가운데서 능히 건져내시겠고 왕의 손에서도 건져내시리이다 그리 아니하실찌라도 왕이여 우리가 왕의 신들을 섬기지도 아니하고 왕의 세우신 금 신상에게 절하지도 아니할 줄을 아옵소서. 25 왕이 또 말하여 가로되 내가 보니 결박되지 아니한 네 사람이 불 가운데로 다니는데 상하지도 아니하였고 그 네째의 모양은 신들의 아들과 같도다 하고.

다니엘과 세친구는 정말 이름대로 믿음의 삶을 산고로 하나님에게

귀히 쓰임 받는 현세와 내세에 이르기까지 충만한 복을 받은 것이다.

마10:28-31. 막10:29-30 예수께서 가라사대 내가 진실로 너희에게 이르노니 나와 및 복음을 위하여 집이나 형제나 자매나 어미나 아비나 자식이나 전토를 버린 자는 금세에 있어 집과 형제와 자매와 모친과 자식과 전토를 백배나 받되 핍박을 겸하여 받고 내세에 영생을 받지 못할 자가 없느니라.

벨드사살בֵּלְטְשַׁאצַּר(1095, 벨테샤차르) '벨의 방백, 즉 벨이 총애하는 방백'을 의미하는 것으로 -사탄의 종 이 되는 것이고 사드락דְרַךְ
שַׁ(7714, 샤드라크) 왕의 또는 큰 서기관'을 의미하며 세상 권세에 하나님의 권세를 파는 것이고 메삭מֵישַׁךְ(4335, 메샤크) '왕의 손님'을 의미한다.

아벳느고עֲבֵד נְגוֹ(5664, 아베드네고) '느보의 종'을 의미하므로 역시 사탄의 종으로 영적 권세를 인정 받는 이름이다.

이와 같이 아무리 좋은 지위와 부귀명예를 주더라도 결국은 사탄의 사람밖에 않됨으로 불행한 삶을 살다 마치는 것이다. 하나님의 백성은 일반 세상의 사람처럼 살수도 없지만 산다고 하더라도 불행하게 살다가 망하던지 회계하고 반드시 돌아오게 되어 있다. 그러므로 처음부터 하나님을 올바로 믿고 공경하고 사는 것이 가장 행복하고 실수가 없는 삶이다. 다니엘과 세 친구는 처음의 이름 곧 복된 하나님의 영광을 바라보는 이름대로 세상 환난 우혹을 다 뒤로 하고 살아서 승리한 믿음의 용장들이다.

그 황무하였던 땅을 기업으로 상속 하게 하리라(사49:8)

"여호와께서 또 가라사대 은혜의 때에 내가 네게 응답하였고 구원의 날에 내가 너를 도왔도다 내가 장차 너를 보호하여 너로 백성의 언약을 삼으며 나라를 일으켜 그들로 그 황무하였던 땅을 기업으로 상속케 하리라"

그 황무하였던 땅을 שָׁמֵם(8074 샤멤) שֹׁמֵמוֹת: 칼 분사 여성 복수. 황폐하다, 오싹하다, 깜짝 놀라게하다.

同 שְׁמָמָה(8077, 셰마마) 샤멤(שָׁמֵם , 8074)에서 유래했으며, '황폐, 황무지, 사막'을 의미한다. 셰마마는 땅, 성읍, 가옥(출 23:29, 사 1:7, 렘 9:11, 렘 10:22, 렘 51:26)의 황폐나 황무와 방백의 깜짝 놀람(겔 7:27)과 우상의 파괴(미 1:7)을 묘사한다.

황무하였던 땅을 기업으로

사35:1,2 광야와 메마른 땅이 기뻐하며 사막이 백합화 같이 피어 즐거워하며 무성하게 피어 기쁜 노래로 즐거워하며 레바논의 영광과 갈멜과 사론의 아름다움을 얻을 것이라 그것들이 여호와의 영광 곧 우리 하나님의 아름다움을 보리로다.

마4:15-16 스불론 땅과 납달리 땅과 요단강 저편 해변 길과 이방의 갈릴리여 흑암에 앉은 백성이 큰 빛을 보았고 사망의 땅과 그늘에 앉은 자들에게 빛이 비취었도다 하였느니라.

광야는 황무지와 사막의 땅이다.

신32:9,10 여호와의 분깃은 자기 백성이라 야곱은 그 택하신 기업이로다 여호와께서 그를 황무지에서, 짐승의 부르짖는 광야에서 만나시고 호위하시며 보호하시며 자기 눈동자 같이 지키셨도다.

이러한 황무지의 광야는 하나님의 신탁(דְּבִיר(1687, 데비르) 신탁장소,

내성소 데비르(명남)는 다바르(דָּבַר 1696)에서 유래했으며, '말함, 신탁, 내소'를 의미한다)이 있는 곳이다.

모세가 이 광야에서 부름을 받아 애굽으로 가서 자기 백성을 인도하여 다시 이곳으로 온 것이다. 출3:1 חֹרֵב(2722, 호레브) 호렙은 시내산의 다른 이름으로, 하라브(חָרַב 2717)에서 유래하였으며, 황폐한 지역을 의미한다.

출17:6 내가 거기서 호렙산 반석 위에 너를 대하여 서리니 너는 반석을 치라 그것에서 물이 나리니 백성이 마시리라 모세가 이스라엘 장로들의 목전에서 그대로 행하니라.

황폐한 산에 하나님이 임제하신 것은 그 산 자체가 의미하는 바가 크다. 이는 하나님의 영광만 분명하게 나타나는 장소이기 때문이다. 오직 하나님의 말씀과 영광만 보이게 하는데 주목적이 있기 때문이리라. 황폐한 인생도 오직 주님 한 분에게 소망을 가지고 신실할 때 하나님이 온전히 영광을 받으시는 것이다.

고전1:27-31 그러나 하나님께서 세상의 미련한 것들을 택하사 지혜 있는 자들을 부끄럽게 하려 하시고 세상의 약한 것들을 택하사 강한 것들을 부끄럽게 하려 하시며 하나님께서 세상의 천한 것들과 멸시 받는 것들과 없는 것들을 택하사 있는 것들을 폐하려 하시나니 이는 아무 육체라도 하나님 앞에서 자랑하지 못하게 하려 하심이라 너희는 하나님께로부터 나서 그리스도 예수 안에 있고 예수는 하나님께로서 나와서 우리에게 지혜와 의로움과 거룩함과 구속함이 되셨으니 기록된바 자랑하는 자는 주 안에서 자랑하라 함과 같게 하려 함이니라.

하나님의 약속대로 황무하였던 땅을 기업으로 삼으신 것이다.

사41:14 지렁이 같은 너 야곱아, 너희 이스라엘 사람들아 두려워 말라 나 여호와가 말하노니 내가 너를 도울 것이라 네 구속자는 이스라엘의 거룩한 자니라

황무한 땅은 사람의 심령에 비유하는 것으로 본질의 의미를 찾아야 하는 것이다.

요15:1, 암8:11 주 여호와께서 가라사대 보라 날이 이를찌라 내가 기근을 땅에 보내리니 양식이 없어 주림이 아니며 물이 없어 갈함이 아니요 여호와의 말씀을 듣지 못한 기갈이라

마13:27 집 주인의 종들이 와서 말하되 주여 밭에 좋은 씨를 심지 아니하였나이까 그러면 가라지가 어디서 생겼나이까.

황무지의 장미(수선화) 사35:1 חֲבַצֶּלֶת(2261, 하밧첼레트) '들 백합화' 보다는 '수선화'인 듯하다. 장미로 말하기도 함. 同 חָבַק(2263, 하바크) 포옹하다, 끌어안다. 사막에서 피어난 장미꽃(백합)은 어둠과 절망을 뚫고 생명을 피워낸 예수 그리스도를 상징한다.

사35:1광야와 메마른 땅이 기뻐하며 사막이 백합화 같이 피어 즐거워하며. 마4:16 흑암에 앉은 백성이 큰 빛을 보았고 사망의 땅과 그늘에 앉은 자들에게 빛이 비취었도다 하였느니라.

시온 산 צִיּוֹן(6726, 치욘)

'보호 받는' 또는 '양지 바른' 등으로 보며, 아랍어로는 차웨(산마루)이다. 어떤 학자들은 '요새'나 '성'이란 뜻이라고 한다.

사8:18 보라 나와 및 여호와께서 내게 주신 자녀들이 이스라엘 중에 징조와 예

표가 되었나니 이는 시온 산에 계신 만군의 여호와께로 말미암은 것이니라

사24:15 그러므로 너희가 동방에서 여호와를 영화롭게 하며 바다 모든 섬에서 이스라엘 하나님 여호와의 이름을 영화롭게 할 것이라

시온 산의 의미는 단순한 어휘의 뜻만 가지고는 다 담을 수 없다. 포괄적 표현으로 보면 하나님이 계신 곳이다. 즉 교회의 본질로 보는 것이 타당하다.

사25:6 만군의 여호와께서 이 산에서 만민을 위하여 기름진 것과 오래 저장하였던 포도주로 연회를 베푸시리니 곧 골수가 가득한 기름진 것과 오래 저장하였던 맑은 포도주로 하실 것이며

이 산-הַר(2022 하르) בָּהָר 전치사–관사–명사, 남성, 단수, 산, 언덕, 산지.

이 산이란 바로 시온 산을 가리키는 것이다. 시온 산(다윗성이 있던 곳, 시 48:2, 시 48:11, 시 48:12, 애 5:18, 옵 1:17, 옵 1:21, 미 4:7)이다.

시온 산은 오늘날 교회의 의미가 있으며 시온 산 外(외) 교회의 의미로 나타난 산으로 몇 개를 들면 호렙산(시내산, 율법을 주신 곳, 출 3:1, 출 3:12, 출 31:18, 신 1:19, 신 4:10, 신 4:11, 신 5:2, 신 5:5, 신 5:22, 신 5:23, 삿 5:5)과 모리아산(아브라함이 이삭을 제물로 드린 곳, 창 22:2, 대하 3:1)이 있고 신약에는 대표적으로 Γολγοθα(1115, 골고다)로써 골고다는 신약성경에서 3회, 복음서의 병행구절에만 나온다. 골고다 즉

해골의 곳이라는 곳에 이르러(마 27:33 병행구절 막 15:22 요 19:17).

골고다는 예루살렘 근처에 있는 그리스도께서 십자가에 못 박히신 장소이다.

시온산은 구원의 산으로 의미되는데 마24:16의 산은 시온 산으로 보

게 되는 산이다.

그 때에 유대에 있는 자들은 산으로 도망할찌어다. 창19:17 그 사람들이 그들을 밖으로 이끌어낸 후에 이르되 도망하여 생명을 보존하라 돌아보거나 들에 머무르거나 하지 말고 산으로 도망하여 멸망함을 면하라

시온 צִיּוֹן(6726, 치욘)을 의미론으로 보면 생명을 낚는 것צִן 주님의 못 박힌יוֹ 손이 생명을 낚는 먹이가 되는 것이다.

참고 계11장8절 이 산 즉 시온 산에서 만민을 위하여 기름진 것과 오래된 포도주로 연회를 베푸시리니.

요2:9,10연회장은 물로 된 포도주를 맛보고 어디서 났는지 알지 못하되 물 떠온 하인들은 알더라 연회장이 신랑을 불러 말하되 사람마다 먼저 좋은 포도주를 내고 취한 후에 낮은 것을 내거늘 그대는 지금까지 좋은 포도주를 두었도다 하니라.

시온산 즉 교회에서는 기름진 것과 오래 저장된 포도주가 있다.

기름진 שֶׁמֶן(8081, 세멘) 기름짐, 기름. 성령을 의미한다. 마25:4 슬기 있는 자들은 그릇에 기름 ἔλαιον(1637, 엘라이온) 감람유 olive oil을 담아 등과 함께 가져갔더니.

오래 저장된 포도주란 구약성경 자체도 되지만 중요한 것은 태초부터 있는 주님의 구속을 의미한 것이다.

계5:6 내가 또 보니 보좌와 네 생물과 장로들 사이에 어린 양이 섰는데 일찍 죽임을 당한 것 같더라 일곱 뿔과 일곱 눈이 있으니 이 눈은 온 땅에 보내심을 입은 하나님의 일곱 영이더라

계13:8 죽임을 당한 어린 양의 생명책에 창세 이후로 녹명되지 못하고 이 땅에

사는 자들은 다 짐승에게 경배하리라.

예수님은 창세 때부터 이미 죽으신 바 된 것이라는 점에 주목하여야 한다. '창세 이후로에 중점' 교회는(시온 산) 주님의 구속하심의 은총인 오래 저장된 포도주로 천국 잔치가 준비된 곳이다.

골수가 가득한 기름진 것

골수 -מָחָה(4229, 마하) 씻다, 닦아내다, 치다, 골수가 가득하다. 마하(동사)는 기본어근이며,

(a) '씻다, 닦아내다, 지워 없애다, 도말하다, 제거하다',

(b) '치다, 때리다,צוּר(6697, 추르) 바위, 반석, 절벽. 출17:6내가 거기서 호렙산 반석 위에 너를 대하여 서리니 너는 반석을 치라 그것에서 물이 나리니 백성이 마시리라 모세가 이스라엘 장로들의 목전에서 그대로 행하니라 ~에 이르다',

(c) '골수가 가득하다, 풍부하다'를 의미한다. מְמֻחָיִם 푸알 분사 남성 복수

강조 수동으로 해석하되 단순한 뜻의 골수가 가득한 것이 아니고 복합적인 뜻이 있다. 주님의 구속으로 피 흘려 죄인의 생명을 구원한 주님의 피 공로가 충만하게 가득 차 죄인을 구원하신 주님에 의가 가득 찬 것을 의미한 것이다.

골수는 사람의 뼈에서 혈구를 생성하는 기관으로 적혈구 백혈구 혈소판과 같은 혈액 세포를 만드는 조직이다. 그러므로 골수의 영적의미는 하나님의 공의라고 하여도 좋을 것이다. 주님의 흘리신 피로 하나님의 공의를 만족하게 가득 채웠기 때문이다.

하나님의 깊은 뜻은 주님의 구속에서 근본 복이 나가는 것이므로 자

칫 말씀의 단순한 표현으로 자신의 욕심을 채우는 육신의 안락으로 해석하는 것은 아직 복음의 정수에 도달치 못한 해석이다.

창조의 원리에 예수님의 구속이 전제되어 창조된 것이다.

창1:2 땅이 혼돈하고 공허하며 흑암이 깊음 위에 있고 하나님의 신은 수면에 운행하시니라

운행하시니라 רָחַף(7363 라하프) **מְרַחֶפֶת** 피엘 분사 여성 단수, 풀어지다, 기운을 잃다, 배회하다 (a) '부드럽게 되다, 풀어지다, 느슨해지다, 기운을 잃다', (b) '비상하다, 의미한다. 이 말씀은 주님의 구속을 의미 한 것이다.

사 25:7 또 이 산에서 모든 민족의 그 가리워진 면박과 열방의 그 덮인 휘장을 제하시며

가리워진 לוֹט(3875, 로트) 덮개, 싸개- 하나님께서 죽음의 덮개(얼굴을 덮어 싼 것)를 제거하겠다는 약속을 예루살렘 지역에서 예수님의 죽음에서 그 궁극적 성취를 보게 되며 한편 죽음을 끝낸다는 하나님의 사상은 고전 15:54, 고전 15:55과 계 21:4에서 다시 나타난다.

창3:35 고후3:15,16 오늘까지 모세의 글을 읽을 때에 수건이 오히려 그 마음을 덮었도다. 그러나 언제든지 주께로 돌아가면 그 수건이 벗어지리라

휘장 מַסֵּכָה'(4541, 맛세카) 전제, 부어 만든 상, 직물, 피륙.-고후2:17 관제(전제) **ודנשׁפֵּס**(4689, 스펜도) (전제를) 붓다 딤후 4:6 관제와 같이 벌써 내가 부음이 되고 나의 떠날 기약이 가까웠도다. 레23:13 그

소제로는 기름 섞은 고운 가루 에바 십분 이를 여호와께 드려 화제를 삼아 향기로운 냄새가 되게 하고 전제(נֶסֶךְ(5262, 네세크) 전제, 헌주, 주조된 상)로는 포도주 힌 사분 일을 쓸 것이며.

휘장의 의미는 예수님의 실현된 구속으로 더 이상 사람의 죄를 덮을 의미가 없어졌다는 것이다. 하나님이 아담 하와에게 무화과로 가린 벗은 몸을 가죽옷(피륙)을 지어 입힌 것과 같은 구속의 의미가 있는 것이다.

창3:21 여호와 하나님이 아담과 그 아내를 위하여 가죽옷을 지어 입히시니라

지어 עָשָׂה(6213, 아사) 일하다, 행하다, 만들다, 형성하다, 이루다.

요19: 28.30 이 후에 예수께서 모든 일이 이미 이룬 줄 아시고 성경으로 응하게 하려하사 가라사대 내가 목마르다 하시니 예수께서 신 포도주를 받으신 후 가라사대 다 이루었다 하시고 머리를 숙이시고 영혼이 돌아가시니라.

예수님의 흘리신 피는 마지막 관제(전제, 휘장)가 되어 모든 죄를 다 씻어 버린 것이다. 그러므로 더 이상 무화과 잎 같은 휘장으로 가려야 할 필요가 없어진 것이다.

사망을 영원히 멸하실 것이라.(사25:8)

"사망을 영원히 멸하실 것이라 주 여호와께서 모든 얼굴에서 눈물을 씻기시며 그 백성의 수치를 온 천하에서 제하시리라 여호와께서 이같이 말씀하셨느니라"

사망을 멸하심 בָּלַע(1104, 발라) 삼키다, 들이키다.

마26:42 다시 두번째 나아가 기도하여 가라사대 내 아버지여 만일 내가 마시지 않고는 이 잔이 내게서 지나갈 수 없거든 아버지의 원대로 되기를 원하나이다

하시고.

주님이 고난의 잔을 마시지 않고는 인류를 죄와 영원한 형벌에서 구원 할 수가 없는 것이기에 고난을 하나님의 뜻대로 순종하여야 한다는 의미 이지 그 어떤 능력의 문제가 아니다.

하나님의 사랑의 권능이 죄의 권능을 이긴 것이다.

롬8:34,35 누가 정죄하리요 죽으실 뿐아니라 다시 살아나신 이는 그리스도 예수시니 그는 하나님 우편에 계신 자요 우리를 위하여 간구하시는 자시니라 누가 우리를 그리스도의 사랑에서 끊으리요 환난이나 곤고나 핍박이나 기근이나 적신이나 위험이나 칼이랴.

고전15:54,55 사망아 너의 이기는 것이 어디 있느냐 사망아 너의 쏘는 것이 어디 있느냐 사망의 쏘는 것은 죄요 죄의 권능은 율법이라.

산에서 뜨인 돌(단2:45)

"왕이 사람의 손으로 아니하고 산에서 뜨인 돌이 철과 놋과 진흙과 은과 금을 부숴뜨린 것을 보신 것은 크신 하나님이 장래 일을 왕께 알게 하신 것이라 이 꿈이 참되고 이 해석이 확실하니이다"

산 טוּר(2906, 투르) 산, 언덕.

同-**צוּר**(6697, 추르) '바위, 반석, 절벽과 골고다'와 관계가 있다. 마27:33 Γολγοθᾶ(1115, 골고다) 골고다 Golgotha.גֻּלְגֹּלֶת(1538, 굴골레트) 두개골, 머리, 머리 수(명수) 갈랄(גָּלַל , 1556)에서 유래했으며, '두개골, 해골 skull, 머리 head, 머리 수 poll'를 의미한다.

예수님은 골고다에서 구속을 성취하신 것이다. 골고다는 머리라는 말인데 그 머리는 죽음을 의미한 머리이다. 머리되신 주님이 자기 백성의 죄 값으로 죽으신 장소이기 때문이다.

단2:45의 산을 이해하려면 출17:6의 추르 반석과의 연관성을 알아야 한다. 산에서 뜨인 돌이란 바로 출애굽시대에 시내 광야 호렙산의 추르 반석에서 뜨인 돌과 의미를 같이 하기 때문이다.

뜨인 גְּזַר(1505, 게자르) 자르다, 결정하다

同 -גְּזֵרָה(1510, 게제라) 명령, 판결 게제라(명남, 아람어)는 게자르(גְּזַר, 1505)에서 유래했으며 '명령, 칙령, 법령, 판결'을 의미한다.

게자르-역사를 지배하시는 하나님으로 세상을 판단하시고 역사를 판단하시는 주님이시다.

단4:32 네가 사람에게서 쫓겨나서 들짐승과 함께 거하며 소처럼 풀을 먹을 것이요 이와 같이 일곱 때를 지내서 지극히 높으신 자가 인간나라를 다스리시며 자기의 뜻대로 그것을 누구에게든지 주시는 줄을 알기까지 이르리라 하더니.

강성하고 번영한 고대제국에서부터 로마 현대에 이르기까지 세상나라는 결국 영원하지 않고 다 부서져 날아가고 오직 주님의 나라만이 영원함을 알리는 것이다.

언어의 우상과 진리(단3:15)

언어의 우상이란 말 자체가 하나님이 인정하지 않으면 헛된 말이 되기에 우상이 되는 것으로 일반적인 언어가 아니고 공갈과 거짓이 해당되며, 중점적인 것은 하나님은 허락하지 않는데 말하는 사람으로, 하

나님 노릇하면서 위협적인 사람으로 사악하게 살다가 허무하고 공허한 삶으로 끝나는 인생이다.

이제라도 너희가 예비하였다가 언제든지 나팔과 피리와 수금과 삼현금과 양금과 생황과 및 모든 악기 소리를 듣거든 내가 만든 신상 앞에 엎드리어 절하면 좋거니와 너희가 만일 절하지 아니하면 즉시 너희를 극렬히 타는 풀무 가운데 던져 넣을 것이니 능히 너희를 내 손에서 건져 낼 신이 어떤 신이겠느냐

완전히 다니엘의 세 친구들을 협박하나 하나님을 신뢰하는 사람에게는 언어의 우상에 불과한 것이다.

우상 עָצָב(6091, 아차브) 우상 idol

아차브(명남)는 아차브(עָצַב , 6087: 모양을 만들다)에서 유래했으며, '우상 idol'을 의미한다.

사41:24,29 과연 너희는 아무 것도 아니며 너희 일은 허망하며 너희를 택한 자는 가증하니라 과연 그들의 모든 행사는 공허하며 허무하며 그들의 부어 만든 우상은 바람이요 허탄한 것 뿐이니라

공허하고 허무한 우상

공허 אָוֶן(205, 아웬) 헛됨, 거짓, 사악, 불행, 고통 同-תְּאֻן(8383, 테운) 수고, 노고, 고생

허무 אֶפֶס(657, 에페스) 끝, 아무것도 아님(없음) 同 -אָפֵס;(656, 아페스) 아페스(동사)는 기본어근이며 '실패하다, 그치다, 끝나다, 마치다'를 의미한다.

롬8:31-39 그런즉 이 일에 대하여 우리가 무슨 말 하리요 만일 하나님이 우리를 위하시면 누가 우리를 대적하리요 자기 아들을 아끼지 아니하시고 우리 모든 사람을 위하여 내어주신 이가 어찌 그 아들과 함께 모든 것을 우리에게 은사로 주지 아니하시겠느뇨 누가 능히 하나님의 택하신 자들을 송사하리요 의롭다 하신 이는 하나님이시니 누가 정죄하리요 죽으실 뿐아니라 다시 살아나신 이는 그리스도 예수시니 그는 하나님 우편에 계신 자요 우리를 위하여 간구하시는 자시니라 누가 우리를 그리스도의 사랑에서 끊으리요 환난이나 곤고나 핍박이나 기근이나 적신이나 위험이나 칼이랴 기록된바 우리가 종일 주를 위하여 죽임을 당케 되며 도살할 양같이 여김을 받았나이다 함과 같으니 그러나 이 모든 일에 우리를 사랑하시는 이로 말미암아 우리가 넉넉히 이기느니라 내가 확신하노니 사망이나 생명이나 천사들이나 권세자들이나 현재 일이나 장래 일이나 능력이나 높음이나 깊음이나 다른 아무 피조물이라도 우리를 우리 주 그리스도 예수 안에 있는 하나님의 사랑에서 끊을 수 없으리라

오늘날 잘못된 종말론 해석으로 혼란을 가져오는 666 짐승의 표에 대한 오류를 조심해야 한다. 마치 짐승으로 상징되는 절대 권력자에 의하여 사람을 마음대로 주장하는 것처럼 공포를 조성하고 있다. 이러한 해석이 절대 위험하고 잘못된 것은 하나님도 어쩔 수 없는 것처럼 보일 뿐 아니라 하나님의 보호와 성도의 담대한 믿음마저 아무런 의미가 없게 만들고 단지 순교만이 믿음을 지키는 것처럼 두려워하게 하고 있다. 이러한 짐승도 믿음의 눈으로 보면 사탄의 꼭두각시 우상에 불과한 존재다.

짐승을 마치 전능한 것처럼 오해하도록 하는 해석은 귀신론을 하는 이단들과도 한 맥을 이룰 수 있는 위험이 있다. 귀신론 이단들도 귀신

을 오히려 성령의 활동보다 우위에 두는 것을 볼 수가 있는데 매사를 귀신으로 시작하여 귀신쫓는다는 것으로 믿음과 함께 은사의 행위를 하고 있다.

분명한 것은 하나님이 함께하는 백성은 귀신이든 사람이든 그런 것으로 인하여 두려워하지 말아야 하며 성령으로 시작하여 성령으로 마쳐야 한다.

요8:32 진리를 알찌니 진리가 너희를 자유케 하리라.

진리 צָדַק(6663, 차다크) 올바르다, 공의롭다, 의롭다. ἀληθινός(228, 알레디노스) 진짜의, 실제의, 정당한, 신뢰할 수 있는. 진리의 믿음을 바로 이해하는 것이 중요한 것이다.

십일조(말3:8)

사람이 어찌 하나님의 것을 도적질하겠느냐 그러나 너희는 나의 것을 도적질 하고도 말하기를 우리가 어떻게 주의 것을 도적질 하였나이까 하도다. 이는 곧 십일조와 헌물이라

십일조에 대하여 정확하게 알려면 십일조를 하나님의 것이라고 하는데 중점을 둬야 하는 것이다. 십일조를 하는 것은 나중 문제이고 하나님의 것이라는데 무슨 할 말이 있어 내 것처럼 월권적 해석을 하겠는가?

사람이 하나님의 것을 도적 קָבַע(6906 카바) קְבְעִים 칼, 분사, 남성, 복수: 훔치다, 도적질하다, 약탈하다. 도적질 수준에서 약탈 수준까지 이른 것은 하나님의 것을 자기 것이라고 우기는 데 있다. 심지어 혹

자는 십일조하면 율법이므로 지옥간다고 가르치는 성경에 무지한 자가 있다.

처음 아브라함이 드린 십일조의 유래를 보면 창14:20 נָתַן(5414 나탄) וַיִּתֶּן־ 와우 계속법-칼, 미완, 3인, 남성, 단수, 주다. 품사가 와우 즉시 문법으로 정하여진 것은 하나님으로부터 나온 것을 지금 한 것이며 앞으로 계속 하여야 한다는 미완료가 완료가 된 동시에 미래가 계속된다는 뜻이다.

아브라함이 무슨 자의적으로 생각해서 멜기세덱 에게 십일조 한 것이 아니다. 이미 아브라함은 십일조는 하나님의 것이라는 것을 알고 있었다. 그 근거는 후손 야곱에게 잘 나타나고 있다.

십일조를 받치다 עָשַׂר(6237 아사르) עַשֵּׂר 피엘, 부정사: 절대, 반드시. עָשַׂר (6237 아사르) אֲעַשְּׂרֶנּוּ 피엘, 미완, 1인, 공성, 단수-3인, 남성, 단수

창28:22 내가 기둥으로 세운 이 돌이 하나님의 전이 될 것이요 하나님께서 내게 주신 모든 것에서 십분 일을 내가 반드시 하나님께 드리겠나이다 하였더라

야곱은 벧엘에서 십일조를 절대형의 문법을 사용하여 십일조할 것을 서원한 것이다. 절대형은 유일한 것으로 변경의 틈이 전혀 없는 하나님의 법에 해당하는 것이다. 창2:17의 정녕 מוֹת 칼, 부정사. '절대, 정녕'의 문법 형태와 같다. 에덴동산의 선악과를 따먹으면 절대로 죽는다는 말씀에 사용된 문법이다.

야곱의 십일조 약속은 자기의 자의적 발상이 아니다. 이미 십일조를 하나님의 것으로 알고 진리의 흐름으로 예수님의 족보와 함께 내려오

고 있음을 알아야 하는 것이다.

성경은 십일조뿐만 아니라 신앙의 흐름은 제사 문제만 봐도 아담에서 아벨의 제사 방법도 이미 아담에게서 전수된 것을 말 안 하여도 알 수 있는 것이다.

아담의 칠대 손 에녹의 이름 뜻은 חֲנוֹךְ(2585, 하노크) 에녹 Enoch(인) 하노크는 '전수자'를 의미한다. 에녹의 믿음은 무드셀라를 통하여 전수되는 것을 알 수가 있다. 물론 아담으로부터 계속 하나님의 말씀이 전수되고 믿음이 전수된 것이다.

십일조 역시 전수되는 것으로 그 밝혀짐이 아브라함이 멜기세덱에게 십일조를 드린 것으로부터 알려진 것이다. 창14:18살렘왕 멜기세덱이 떡과 포도주를 가지고 나왔으니 그는 지극히 높으신 하나님의 제사장이었더라

십일조와 성만찬과는 떨어질수 없는 연관관계가 형성되어 있다. 예수님의 모습으로 나타난 멜기세덱이 성만찬을 한 것 보면 십일조는 반드시 몸 된 주님의 교회가 태동됨과 하나로 묶여진 하나님의 것이다. 십일조의 용도는 하나님의 성전과 교회를 섬김의 근본 대책의 물질로 인간의 것이 아닌 하나님의 것으로 준비한 것이다. 그러므로 십일조는 하나님의 교회를 섬기는데 사용하도록 제도적으로 정한 것을 볼 수가 있다.

십일조의 규례(신14:22,23)

너는 마땅히 매년에 토지소산의 십일조를 드릴 것이며 네 하나님 여호와 앞 곧 여호와께서 그 이름을 두시려고 택하신 곳에서 네 곡식과 포도주와 기름의 십일

조를 먹으며 또 네 우양의 처음 난 것을 먹고 네 하나님 여호와 경외하기를 항상 배울 것이니라

항상 כֹל(3605, 콜) 모두, 전체, 완전함. 콜(명남)은 칼랄(כָּלַל, 3634: 완전하게 하다)에서 유래했으며, '모두 all, 전체, 완전함 the whole'을 의미한다.

하나님을 완전하게 경외하는데 곡식과 포도주와 기름의 십일조를 먹으라고 한 것은 아무 곳에서나 먹는 것이 아니고 그 이름을 두시려고 택하신 곳 즉 오늘날 교회로 봄이 적당한 듯하다. 구약시대에는 물론 하나님의 성전이 될 것이다.

이는 오늘날 교회의 제정으로 교회중심의 행사에 사용하는 것과 같은 것이다. 이 모든 것이 하나님을 온전히 경외하는데 도움이 되는 물질이 되고 있다.

이는 곧 십일조와 헌물이라(말3:8)

사람이 어찌 하나님의 것을 도적질하겠느냐 그러나 너희는 나의 것을 도적질하고도 말하기를 우리가 어떻게 주의 것을 도적질하였나이까 하도다 이는 곧 십일조와 헌물이라

십일조와 헌물을 동일 선상에 둔 말씀

십일조와 헌물의 관계

מַעֲשֵׂר(4643 마아세르) **הַמַּעֲשֵׂר** 관사-명사, 남성, 단수: 이는 곧 십일조와 **תְּרוּמָה** (8641 테루마) **וְהַתְּרוּמָה׃** 접속사-관사-명사. 여성. 단수: 헌물이라.

십일조에 한정 관사를 사용하고 접속사를 붙여 헌물과 연결한 것은 십일조와 헌물을 동등하게 연계한 것으로 떨어져서는 안되는 것이고,

헌물의 뜻은 תְּרוּמָה(8641, 테루마) 기증물, 제물. 테루마(명여)는 룸(רוּם, 7311)에서 유래했으며, '기증물 contribution, 제물 offering'을 의미한다.

> 민18:26 너는 레위인에게 고하여 그에게 이르라 내가 이스라엘 자손에게 취하여 너희에게 기업으로 준 십일조를 너희가 그들에게서 취할 때에 그 십일조의 십일조를 거제로 여호와께 드릴 것이라.
>
> 레7:14그 전체의 예물 중에서 하나씩 여호와께 거제로 드리고 그것을 화목제의 피를 뿌린 제사장들에게로 돌릴찌니라.

거제 תְּרוּמָה(8641, 테루마) 기증물, 제물. 이와 같이 십일조는 하나님께 거제로 드리는 것이다. 거제는 복음적으로 이해하면 양손을 들어 흔드는 모양으로 부활을 상징한다고 보고 있다. 그 근거로,

> 레23:15-17 안식일 이튿날 곧 너희가 요제로 단을 가져온 날부터 세어서 칠 안식일의 수효를 채우고 제 칠 안식일 이튿날까지 합 오십일을 계수하여 새 소제를 여호와께 드리되 너희 처소에서 에바 십분 이로 만든 떡 두개를 가져다가 흔들찌니 이는 고운 가루에 누룩을 넣어서 구운 것이요 이는 첫 요제로 여호와께 드리는 것이며.
>
> 레23:11 제사장은 너희를 위하여 그 단을 여호와 앞에 열납되도록 흔들되 안식일 이튿날에 흔들 것이며. 안식 후 첫날 부활하신 주님 눅24:1안식 후 첫날 새벽에 이 여자들이 그 예비한 향품을 가지무덤에 가서 돌이 무덤에서 굴려 옮기운 것을 보고 들어가니 주 예수의 시체가 뵈지 아니하더라.

십일조는 하나님께서 부활과 연관된 신령한 예물 즉 성만찬과 함께 부활의 소망에 참여한 하나님 나라에 상달되는 하나님의 소유인 것이다.

마23:23 화 있을찐저 외식하는 서기관들과 바리새인들이여 너희가 박하와 회향과 근채의 십일조를 드리되 율법의 더 중한 바 의와 인과 신은 버렸도다 그러나 이것도 행하고 저것도 버리지 말아야 할찌니라.

'이것도'라는 것은 십일조인 것이다. ταῦτα(5023, 타우타) 이, 저것. κακεῖνος(2548, 카케이노스) 그리고 그, 그도 역시로. 주님은 십일조도 하고 의와 인과 신도 함께 하라고 말씀하신 것이지 십일조를 가볍게 해도 되고 안 해도 되는 것으로 말씀한 것이 아니다.

의 κρίσις(2920, 크리시스) 결정, 판단. **인** ἔλεος(1656, 엘레오스) 불쌍히 여김, 동정, 자비. **신** πίστις(4102, 피스티스) 믿음 faith. אָמַן(539, 아만) 확실하게 하다, 지지하다, 충실하다, 믿다. 義, 仁, 信 이 세 단어가 들어간 십일조를 하라는 것이다.

풀어 해석하면 공의와 사랑의 하나님 예수님의 救贖이 있는 십일조를 하라는 것이다.

이러한 뜻을 모르면서 아예 십일조를 안 하여도 된다거나 무슨 율법이니 십일조하면 구원이 없다느니 하는 것은 무지막지한 자가당착이다.

장로와 목사의 직분 동질성과 구분

장로(갈6:6, 딤전5:17-20 3:2) πρεσβύτερος(4245, 프레스뷔테로스) 손위의 order, 장로 elder, presbyter. 同-προΐστημι(4291, 프로이스테미) 인도하다, 돌보다, ~에 관심을 갖다, 수행하다.

ἐπισκοπή(1984, 에피스코페) 방문, 同-감독.ἐπισκέπτομαι(1980, 에피스켑토마이) 돌보다, 택하다, 방문하다. 목사의 뜻은 그 직무상 감독이 더 적합하다.

그러므로 장로와 감독의 개념을 동시에 갖는 것이 언어상으로 볼 때 의미가 잘 부합된다. פָּקַד(6485, 파카드) 세다, 계수하다, 돌보다, 시찰 혹은 방문하다, 임명하다(욥31:14)פְּקֻדָּה(6486, 페쿳다) 방문, 징벌, 감독, 소집, 저축

구약시대 목사의 직분과 같은 역할

제사장이나 선지자도 있겠으나 또 다른 역할에서 본다면 사사 שָׁפַט(8199, 샤파트) 재판하다, 다스리다, 통치하다- 사사의 역할도 있다고 본다. 사사는 단어의 깊은 뜻 안에 하나님의 뜻을 이행한다는 의미가 있다.

삿2:17,18 그들이 그 사사도 청종치 아니하고 돌이켜 다른 신들을 음란하듯 좇아 그들에게 절하고 여호와의 명령을 순종하던 그 열조의 행한 길을 속히 치우쳐 떠나서 그와 같이 행치 아니하였더라 여호와께서 그들을 위하여 사사를 세우실 때에는 그 사사와 함께 하셨고 그 사사의 사는 날 동안에는 여호와께서 그들을 대적의 손에서 구원하셨으니 이는 그들이 대적에게 압박과 괴롭게 함을 받아 슬피 부르짖으므로 여호와께서 뜻을 돌이키셨음이어늘

교회를 섬김에 있어 목사의 역할은 절대적이다. 그러므로 목사는 사사의 역할도 들어있다고 보는 것이다. 그러므로 목사는 그 사역에 있어 장로, 감독, 사사의 사명으로 충성할 수밖에 없다.

심령이 가난한 자(마5:3)

심령πνεῦμα(4151, 프뉴마) 바람, 호흡, 생명, 영, 성령. 창1:1 하나님의 신 רוּחַ(7307, 루아흐) 숨, 바람, 영 루아흐(명여)는 루아흐(רוּחַ, 7306: 숨쉬다, 불다)에서 유래했으며, 그 기본개념은 '움직이는 공기'이며 '숨(호흡), 바람, 영'을 의미한다.(창1:1) 루아흐는 자음 의미론으로 보면 머리이신 주님의 못 박힌 생명과 부활이다. 그러므로 생명의 근본이 바로 예수님인 것이다.

가난πτωχός(4434, 프토코스) 가난한, 빈곤한, 구걸하는.

요한계시록의 프토코스.

① 계 2:9에서 서머나 교회의 영적 부요함이 교회의 물질적 빈곤과 대조되어 있다:

"내가 네 환난과 궁핍을 아노니 실상은 네가 부요한 자니라 자칭 유대인이라 하는 자들의 훼방도 아노니 실상은 유대인이 아니요 사단의 회라."

② 계 3:17에서 라오디게아 교회의 가장된 영적 부요는 가난으로 밝혀진다:

"네가 말하기를 나는 부자라 부요하여 부족한 것이 없다 하나 네 곤고한 것과 가련한 것과 가난한 것과 눈먼 것과 벌거벗은 것을 알지 못하도다."

형용사 프토코스는 70인역본에서 다섯 개의 히브리어 역어로 약 100회 나온다.

아니 עָנִי(6041, 아니) 가난한, 비천한, 억압 받는, 낮은(예: 레 19:10, 삼하 22:28, 욥 29:12 시 10:9, 시 12:5, 사 3:14 이하) 37회 사용된다. 同 -עָנָו(6035, 아나우) 아나(עָנָה, **6031**)에서 유래했으며, '가난한, 고통 받

는, 비천한, 겸손한, 유순한, 온유한'을 의미한다.

이 단어는 억압 받는 가난한 자와 관련되어 있다. 억압하는 자에 관한 구체적인 언급이 없는 곳에서는 일반적으로 사회적인 입장에서의 가난한 자들, 즉 토지가 없는 자들과 동의어가 된다. 이와 같은 가난은 상속권 박탈과 불법적인 손해에 의한 것이지, 그 사람 자신의 잘못에 의하여 비롯된 것이 아니다. 이 사실은 이 단어가 재산이 아니라 폭력과 대조되는 뜻을 지니고 있다는 점에서 나타난다. 그러므로 여호와, 이스라엘의 심판자께서 이 가난한 자들을 보호하시며, 가난한 자들은 오직 이 사실을 신뢰하며, 이에 소망을 두고 있는 것이다.

결국 가난의 의미는 겸손이 전제된 가난이다. 아무리 가난하여도 주님을 찾지 않는다면 복음적인 가난이 못되며 복음적인 가난은 사람에게는 천대를 받아도 하나님에게 소망을 둔 사람이다.

막10:46,47 저희가 여리고에 이르렀더니 예수께서 제자들과 허다한 무리와 함께 여리고에서 나가실 때에 디매오의 아들인 소경 거지 바디매오가 길가에 앉았다가 나사렛 예수시란 말을 듣고 소리질러 가로되 다윗의 자손 예수여 나를 불쌍히 여기소서 하거늘

겸손이 전제된 가난은 어떤 역경에서도 인간의 존엄성을 가장 귀하게 간직한 사람이다. 하나님은 이런 사람에게 다가오시는 것이다. 계2:9의 서머나 교회와 소경 바디메오가 주님을 찾는 것과 눅16:22 이에 그 거지가 죽어 천사들에게 받들려 아브라함의 품에 들어가고 부자도 죽어 장사되매가 있다.

심령이란 루아흐 차원에서 보면 영적 생명을 말하는 것으로 주체가 육체가 아니고 다만 육체와 공존하고 있으면서 개체성을 지니고 있다. 그러므로 그 개체성의 영적 생명의 본질을 지켜야 하는 것이다.

선한 일과 영생(마19:17)

예수께서 가라사대 어찌하여 선한 일을 내게 묻느냐 선한이는 오직 한 분이시니라 네가 생명에 들어가려면 계명들을 지키라

선한 이는 오직 한분

창50:20 טוֹב(2896, 토브) 좋은, 선한, 즐거운, 선, 이익, 번영, 복지

주님이 말씀하신 선의 개념은 상대적인 개념을 말한 것으로 즉 사람은 다 죄인이라는 반의어적인 의미가 들어 있다(롬3:10 기록한 바 의인은 없나니 하나도 없으며). 그것은 주님 자신을 하나님으로 볼 수 있을 때 선의 개념이 맞는 것인데 주님을 단지 도덕가 수준으로 선하다고 한 것이다.

주님을 선하다고 말한 사람의 수준이 아주 잘못된 것이다. 만약 주님을 하나님의 아들이라고 말하면서 선하다고 하였다면 당연하게 인정하였으리라.

욥34:10 그러므로 너희 총명한 자들아 내 말을 들으라 하나님은 단정코 악을 행치 아니하시며 전능자는 단정코 불의를 행치 아니하시고.

롬6:1그런즉 우리가 무슨 말 하리요 은혜를 더하게 하려고 죄에 거하겠느뇨

모처에서 원어를 가르친다는 사이비 목사가 있는데 하나님은 선한 목적을 이루기 위하여 악한 방법 즉 하나님 자신이 불의에 장본인이 되

어 역할한다고 가르치고 있으며 거기에 수백 명이나 되는 목사 같은 사람들이 몰려들고 있음을 볼 때 개탄을 금할 수가 없다.

아마 이렇게 가르치는 사람은 하나님이 악한 것을 다스려 하나님의 뜻을 이루는 것을 자의적으로 해석한 것 같다.

홀이 유다를 떠나지 아니하며(창49:10)

홀 שֵׁבֶט(7626, 셰베트) 막대기, 홀, 부족, 지파. 셰베트는 일반적으로 '막대기'를 의미한다.

막대기는 회향을 떨 때(사 28:27) 또는 무기로(삼하 23:21) 그리고 양떼를 모으거나 계수할 때(레27:32, 겔 29:37) 및 보호할 때(시 23:4, 미 7:14) 사용되었다. 시 23:4에서 이 단어는 여호와께서 의의 길로 행하는 자기의 종을 보호한다는 의미로 비유적 측면에서 사용된다.

> 내가 사망의 음침한 골짜기로 다닐찌라도 해를 두려워하지 않을 것은 주께서 나와 함께 하심이라 주의 지팡이와 막대기가 나를 안위하시나이다.

또 권위의 표시나 징개의 막대기 등에 사용 된다.

하나님의 홀은 바로 예수님 자신이 홀이 되시어 출애굽에서부터 광야의 행진에 모세의 지팡이에 나타나시어 함께 하신 것을 알 수가 있다.

믿음

πίστις(4102, 피스티스) 믿음 faith.

(1) 피스티스는 '신뢰, 확신, 확실성, 확고한 확신'을 의미한다.

(2) 피스티스는 사람이 가지는 확신 뿐만 아니라 사람이 향유하는 확신, 즉 '신뢰할 수 있음, 의지가 있음'을 의미한다. 이것은 차이가 있을지라도 확실성이나 신뢰성과 관련되어 있다.

(3) 피스티스는 신뢰의 가능성, 의지할 수 있는 것을 보장하는 '보증, 증명, 증거, 신실성'을 의미한다.

민12:7 אָמַן(539, 아만) 확실하게 하다, 지지하다, 충실하다, 믿다. 同
-אָמוֹן(525, 아몬) 숙련공, 장인. 믿음의 뜻은 진실, 충실, 충성과 숙련공처럼 가장 좋은 작품성이 있는 인격적 관계이다.

하나님의 아들들 II (창6:2)

하나님의 아들들이 사람의 딸들의 아름다움을 보고 자기들의 좋아하는 모든 자로 아내를 삼는지라

아들들 בֵּן(1121 벤) בְּנֵי־ 명사, 남성, 복수, 연계.

하나님 אֱלֹהִים(430 엘로힘) הָאֱלֹהִים 관사–명사, 남성, 복수.

아들에 대한 세 종류의 비교

예수님–마16:16 시몬 베드로가 대답하여 가로되 주는 그리스도시요 살아계신 하나님의 아들이시니이다.

사7:14 그러므로 주께서 친히 징조로 너희에게 주실 것이라 보라 처녀가 잉태하여 아들을 낳을 것이요 그 이름을 임마누엘이라 하리라

사람–마1:1 아브라함과 다윗의 자손 예수 그리스도의 세계라

창9:19 노아의 이 세 아들로 좇아 백성이 온 땅에 퍼지니라

천사–욥2:1 또 하루는 하나님의 아들들이 와서 여호와 앞에 서고 사단도 그들 가운데 와서 여호와 앞에 서니

히 1:14 모든 천사들은 부리는 영으로서 구원 얻을 후사들을 위하여 섬기라고 보내심이 아니뇨

같은 아들이라도 아들에 대한 정의가 다름에 인식하여야 한다.

예수님의 경우는-임마누엘로 정의한 것이다. עִמָּנוּאֵל(6005, 임마누엘) 하나님이 우리와 함께 계신다. 임마누엘은 임(עִם , 5973: ~와 함께)과 엘(laE , 410: 하나님)의 합성어이며, '우리와 함께 하시는 하나님', 또는 '하나님이 우리과 함께 계신다'를 의미한다.

사람의 경우-하나님의 형상과 모양으로 정의 하였다.

창1:26하나님이 가라사대 우리의 형상을 따라 우리의 모양대로 우리가 사람을 만들고 그로 바다의 고기와 공중의 새와 육축과 온 땅과 땅에 기는 모든 것을 다스리게 하자 하시고.

천사의 경우-하나님의 형상과 모양이 없음을 정의한 것이다.

겔28:13 네가 옛적에 하나님의 동산 에덴에 있어서 각종 보석 곧 홍보석과 황보석과 금강석과 황옥과 홍마노와 창옥과 청보석과 남보석과 홍옥과 황금으로 단장하였었음이여 네가 지음을 받던 날에 너를 위하여 소고와 비파가 예비되었었도다.

같은 아들이란 단어를 사용하여도 정의가 다르다. 예수님은 지음 받은 피조물이 아니요 하나님의 본체이시다.

히1:3 이는 하나님의 영광의 광채시요 그 본체의 형상이시라 그의 능력의 말씀으로 만물을 붙드시며 죄를 정결케 하는 일을 하시고 높은 곳에 계신 위엄의 우편에 앉으셨느니라.

빌2:6 그는 근본 하나님의 본체시나 하나님과 동등됨을 취할 것으로 여기지 아니하시고

사람의 경우-하나님의 형성과 모양으로 된 그 내용에는 하나님의 생

기로 불어넣은 생령의 존재라는 것이다.

창2:7 여호와 하나님이 흙으로 사람을 지으시고 생기를 그 코에 불어 넣으시니 사람이 생령이 된지라

천사는 단순 표현으로 지음 받았다는 것 이외에는 다른 과정이 없다.

겔28:13 네가 옛적에 하나님의 동산 에덴에 있어서 각종 보석 곧 홍보석과 황보석과 금강석과 황옥과 홍마노와 창옥과 청보석과 남보석과 홍옥과 황금으로 단장하였었음이여 네가 지음을 받던 날에 너를 위하여 소고와 비파가 예비되었었도다.

창6:2의 하나님의 아들들을 천사로 해석하는 것은 자의적이자 이단의 단초다. 천사는 후손을 낳는 생식의 존재로 지음 받은 것이 아니다.

막12:25 사람이 죽은 자 가운데서 살아날 때에는 장가도 아니가고 시집도 아니가고 하늘에 있는 천사들과 같으니라

억지로 성경을 풀어 단지 아들이란 단어 하나로 천사가 사람과 혼인할 수 있는 것처럼 해석하지 말아야 하는 것이다.

천사는 구속론의 은총이 주어지지 않는다. 결정적인 것은 하나님의 아들이 되려면 구속론의 맥이 이어져야 하는 것이다.

창3:15 내가 너로 여자와 원수가 되게 하고 너의 후손도 여자의 후손과 원수가 되게 하리니 여자의 후손은 네 머리를 상하게 할 것이요 너는 그의 발꿈치를 상하게 할 것이니라 하시고.

창4:25 아담이 다시 아내와 동침하매 그가 아들을 낳아 그 이름을 셋이라 하였으니 이는 하나님이 내게 가인의 죽인 아벨 대신에 다른 씨를 주셨다 함이며.

그런고로 하나님의 아들들이란 주님 구속의 은총이 이어지는 사람들이다. 이대로 두다간 주님 구속이 이어져 내려오는 맥이 끊어질 것을 방지하고 아직 보존된 노아의 가족을 통하여 노아 셈 아브라함으로 이어지는 구속의 맥을 임마누엘로 이 땅에 오실 때까지 이어지게 하신 것이다. (마1:1-17)

의미론으로 본 아들과 돌의 관계(창28:22)

아들 בֵּן(1121, 벤) 아들, 아이, 손자 + אֶבֶן(68, 에벤) 돌 stone은 아버지אָב(1, 아브) + 아들

בֵּן(1121, 벤) 아들, 아이, 손자. 합성어로 하나님 아버지와 예수님은 떨어질 수 없는 아버지와 아들인 하나님을 나타내고 사람 역시 아버지와 아들은 하나이다.

요10:30 나와 아버지는 하나이니라 하신대

요10:34,35 예수께서 가라사대 너희 율법에 기록한 바 내가 너희를 신이라 하였노라 하지 아니하였느냐 성경은 폐하지 못하나니 하나님의 말씀을 받은 사람들을 신이라 하셨거든.

사람은 인자로 오신 예수님을 닮았기 때문에 예수님과 떨어질 수 없는데 천사는 돌과 같이 아버지와 아들의 관계가 아니다. 단지 하나님이 부리시는 영으로 만든 영적 피조물인 것이다. 천사는 신분에서도 사람과 다르고 또한 하나님의 허락된 사역 안에서만 때에 따라 사람의 모습으로 나타나는 능력을 부여하신 것이다. 그렇다고 본질이 사람이 된 것은 아니다 천사의 본질은 πνεῦμα(4151, 프뉴마) 부리시는 영일 뿐이다.(히1:14)

사람의 딸

딸בַּת(1323 바트) בְּנוֹת 명사 여성 복수 연계, 딸들의 사람 אָדָם(120 아담) הָאָדָם 관사-명사 남성 단수,

사람 אָדָם(120, 아담) '아담, 인류, 인간을 자음 의미론으로 보면'

안개 אֵד(108, 에드) 안개, 수증기, 샘물 등. 同-הֶבֶל(1892, 헤벨) 증기, 숨, 헛됨.

욥36:27 하나님은 크시니 우리가 그를 알 수 없고 그 년수를 계산할 수 없느니라 그가 물을 가늘게 이끌어 올리신즉 그것이 안개되어 비를 이루고.

피 דָּם(1818, 담) 피 blood +אֵד(108, 에드) = 안개 같은 생명, 없어질 생명이다.

사람이란 창2:7의 하나님의 생령을 불어넣기 전의 사람이다. 사람의 딸이란 이런 맥락에서 봐야 하며 그 뜻은 하나님의 생영의 활동이 멎은 사람이다. 하나님의 딸이라 하여 특별히 다른 것이 아니다. 사람의 아들 역시 마찬가지다. בַּת(1323, 바트) 딸 daughter. 벤(בֵּן, 1121: 아들)에서 유래했다.

딸은 아들에서 유래한 고로 그 근원은 아담에게서 취한 것이기 때문으로 보인다. 창2:21 여호와 하나님이 아담을 깊이 잠들게 하시니 잠들매 그가 그 갈빗대 하나를 취하고 살로 대신 채우시고. 아담(사람)과 연계된 고로 딸 아들을 공통적으로 보아야 하는 것이다.

세상에 대한 주님의 인식

마10:34 내가 세상에 화평을 주러 온 줄로 생각지 말라 화평이 아니요 검을 주러 왔노라

마6:19,20,33 막4:18,19 너희를 위하여 보물을 땅에 쌓아 두지 말라 거기는 좀과 동록이 해하며 도적이 구멍을 뚫고 도적질하느니라. (참된 보물의 의미는 하나님 나라 즉 영생과 연결되야 하는 것이다) 흔히 말하기를 죽을 때는 다 버리고 가는데 욕심 피울 필요가 없다고 하는 말은 세상 중심의 삶에서 보는 것이며 천국 중심의 삶은 천국가서 거두는 열매요 보물인 것을 알아야 하는 것이다.

보물 θησαυρός(2344, 데사우로스) 보물상자, 금고, 곳간, 창고, 보물.מִגְדָּנָה(4030, 미그다나) 정선한 것, 우수한 것, 가장 귀중한 것 (명여)는 메게드(מֶגֶד , 4022: 탁월, 뛰어남)와 동일어근에서 유래했으며, '정선한 것, 탁월한 것, 우수한 것'을 의미한다. 이 단어는 정선된 것, 우수하거나 매우 가치 있고 귀중한 것을 의미한다. 가장 귀중한 것'이란 의미를 나타낸다(창 24:53, 대하 21:3, 대하 32:23, 스 1:6).

막4:18 또 어떤 이는 가시떨기에 뿌리우는 자니 이들은 말씀을 듣되 세상의 염려와 재리의 유혹과 기타 욕심이 들어와 말씀을 막아 결실치 못하게 되는 자요 좋은 땅에 뿌리웠다는 것은 곧 말씀을 듣고 받아 삼십배와 육십배와 백배의 결실을 하는 자니라

화평 εἰρήνη(1515, 에이레네) 평화, 복지, 번영 שָׁלוֹם(7965, 샬롬)
평화, 복지, 번영 샬람(שָׁלַם , 7999)에서 유래했으며, '평화, 복지, 번영, 행복, 건강, 완전, 안전' 등을 의미한다. 주님이 말씀하신 화평이란 그 출발을 同의어 שֶׁלֶם(8002, 셀렘) 화목제, 감사제와 שִׁלּוּם(7966, 쉴룸) 보답, 보상, 보수에서 찾아야 하는 것이다(주님의 십자가에 동참 하는 것).

그러므로 세상의 화평으로는 하나님에게 상달될 수 없고 주님 구속의 은총으로 하나님과의 화목에서부터 이루어지는 것이다.

마10:37,38 아비나 어미를 나보다 더 사랑하는 자는 내게 합당치 아니하고 아들이나 딸을 나보다 더 사랑하는 자도 내게 합당치 아니하고 또 자기 십자가를 지고 나를 좇지 않는 자도 내게 합당치 아니하니라

세상 풍습, 문화, 사상 속에 하나님이 없는 즉 주님의 구속하심의 은총이 없는 화목이란 도리어 사신 우상의 종교와 하나님과의 원수되는 관계에 빠지기 때문이다. 진정한 화목은 영생의 화평으로 오히려 온 가족과 친한 이웃을 구원할 수가 있는 것이다.

행16:31,32 가로되 주 예수를 믿으라 그리하면 너와 네 집이 구원을 얻으리라 하고 주의 말씀을 그 사람과 그 집에 있는 모든 사람에게 전하더라

참고, 요일2:15-17 이 세상이나 세상에 있는 것들을 사랑치 말라 누구든지 세상을 사랑하면 아버지의 사랑이 그 속에 있지 아니하니 이는 세상에 있는 모든 것이 육신의 정욕과 안목의 정욕과 이생의 자랑이니 다 아버지께로 좇아 온 것이 아니요 세상으로 좇아 온 것이라 세상도, 그 정욕도 지나가되 오직 하나님의 뜻을 행하는 이는 영원히 거하느니라.

요1:48 나다나엘이 가로되 어떻게 나를 아시나이까 예수께서 대답하여 가라사대 빌립이 너를 부르기 전에 네가 무화과나무 아래 있을 때에 보았노라

무화과 나무

תְּאֵן(8384, 테엔) 무화과, 무화과나무

同-אָנָּא(577, 안나) 아아, 아 이제, 내가 당신께 구한다. 안나(감탄사)는

'아아, 아 이제' ah now! '내가 당신께 구한다(탄원한다)'를 의미한다.(창 50:17, 출 32:31, 왕하 20:3, 느 1:5, 느 1:11, 시 116:4, 시 118:25, 사 38:3, 단 9:4, 욘 1:14, 욘 4:2). 578 비탄하다, 애도하다, 슬픔.

무화과나무는 예수님 구속의 사랑과 메시야를 기다리는 사모하는 마음과 회개하는 마음이 잘 나타난 의미가 충만하게 나타난 나무이다.

예수님은 나다나엘이 메시야 대망으로 애타게 사모할 뿐 아니라 메시야에 대하여 올바로 알고 있는 사람이다. 당시의 일반 유대교적 관념의 메시야 대망과는 다른 것이다. 세례요한의 복음과 일치된 믿음으로 봐야 하는 주님의 첩경을 평탄케 한 믿음이다.

사40:3외치는 자의 소리여 가로되 너희는 광야에서 여호와의 길을 예비하라 사막에서 우리 하나님의 대로를 평탄케 하라.(눅3:4)

나다나엘

Ναθαναήλ(3482, 나다나엘) 히브리어 네단엘(하나님이 주셨다)의 음역이며, '하나님의 선물'을 의미한다. נְתַנְאֵל(5417, 네탄엘) 느다넬 Nethaneel(인) 네탄엘(명남)은 나탄(נָתַן, 5414: 주다)과 엘(אֵל, 410: 하나님)에서 유래했으며, '하나님께서 주셨다'를 의미한다.(민1:8) 나다나엘의 믿음은 이름대로 하나님이 주신 선물이다. 마치 베드로에게 주님이 칭찬하신 믿음과도 일치한다.

마16:17 예수께서 대답하여 가라사대 바요나 시몬아 네가 복이 있도다 이를 네게 알게 한 이는 혈육이 아니요 하늘에 계신 내 아버지시니라

누구든지 진실한 믿음의 기본은 하나님이 주신 선물인 것이다.

엡2:8 너희가 그 은혜를 인하여 믿음으로 말미암아 구원을 얻었나니 이것이 너희에게서 난 것이 아니요 하나님의 선물이라

여자와 불의 관계

אִשֶּׁה(801, 잇샤) 화제 fire offering(레5:12)

אִשָּׁה(802, 잇샤)(창2:22) 여자, 부인, 여성

화제와 여자의 단어가 똑같다는 것은 서로 상관된 의미가 있는 것이다.

레2:12 무릇 너희가 여호와께 드리는 소제물에는 모두 누룩을 넣지 말찌니 너희가 누룩이나 꿀을 여호와께 화제로 드려 사르지 못할찌니라

창2:22 여호와 하나님이 아담에게서 취하신 그 갈빗대로 여자를 만드시고 그를 아담에게로 이끌어 오시니.

여자의 의미를 화제(火祭)와 동등한 의미로 볼 때 여성은 거룩한 불이 되어 남편으로 하여금 화제의 제물이 되도록 불이 되는 사명이 있다.

그러나 오히려 세상 불을 붙여 남편을 타락케 하거나 엉뚱한 불을 붙여 주님의 사역을 망쳐서는 않되는 것이다.

창3:6 여자가 그 나무를 본즉 먹음직도 하고 보암직도 하고 지혜롭게 할 만큼 탐스럽기도 한 나무인지라 여자가 그 실과를 따먹고 자기와 함께한 남편에게도 주매 그도 먹은지라

창16:2 사래가 아브람에게 이르되 여호와께서 나의 생산을 허락지 아니하셨으니 원컨대 나의 여종과 동침하라 내가 혹 그로 말미암아 자녀를 얻을까 하노라 하매 아브람이 사래의 말을 들으니라

아담의 아내 사라는 결국 하나님의 약속을 떠나면서까지 함께 할 정도니 부인의 영향력이란 거의 절대적이라고 볼 수 있으며, 그토록 믿음이 좋은 아브라함도 아내의 요구로 천추의 한이 되는 하나님 대적의 족장 이스마엘이 탄생하여 그의 후손들과 이삭의 후손 이스라엘과는 지금도 피터지는 전쟁과 불화가 계속되고 있다. 이슬람은 기독교 입장에서 선교를 가로막고 위협을 주는 대상일 뿐 아니라 전 세계에 막강한 인구와 나라가 있으며 개중에는 조직적 테러를 일삼아 온 세계가 위협을 당하고 있다.

여성의 영향력이 이쯤 되고 보니 세계는 남자가 정복해도 남자는 여자가 다스린다는 말이 있을 정도로 영향력이 지대한 것이다. 정말 여성들이 하나님의 뜻을 이루는 중요한 사명을 망각치 말아야 하며 자칫 여성의 주체가 남성이라고 생각하여 책임이 없어 보이나 이것은 큰 오해이며 여성 역시 남자의 입장에서 보면 주체 중의 주체로 보인다. 그 이유는 여성의 인격과 개성과 능력 면에서 확연하게 나타나고 있다. 오죽하면 하나님이 돕는 배필이라 하지 않았는가. (창2:18)

배필

נֶגֶד (5048 네게드)~의 앞에, 맞은 편에 맞서서 네게드(전치사와 부사)는 나가드(נָגַד, 5046)에서 유래했으며, '눈에 띄는(혹은 보이는) 곳에, ~의 앞에, 반대하여, 맞서서, 맞은 편에, 상대편에, 마주하고' 등을 의미한다.

同-נָגַד(5046, 나가드) 말하다, 알리다, 폭로하다, 선언하다. 나가드(동사)는 기본 의미는 '눈에 띄다'이며, '말하다, 알게 하다, 폭로하다, 선언하다.

נָגִיד(5057, 나기드) 통치자, 지도자, 우두머리. 나기드(명남)는 나가드(נָגַד , 5046)에서 유래했으며, '통치자, 지도자, 우두머리, 방백'을 의미한다.

부인은 남편에게 맞은 편에 서서 객관적으로 보는 것이다. 심지어 우두머리적인 기질도 있다. 아내는 머리되는 남편이 진정한 머리가 되도록 돕는 역할함을 잊지 말아야 하는 것이다. 이렇게 하는 역할이 바로 우두머리인 것이다.

아내가 하나님의 말씀을 전제로 하였을 때를 말한 것이지 나쁜 바탕에서 나온 것은 삼가야 되는 것이다.

고전11:7-9 남자는 하나님의 형상과 영광이니 그 머리에 마땅히 쓰지 않거니와 여자는 남자의 영광이니라 남자가 여자에게서 난 것이 아니요 여자가 남자에게서 났으며 또 남자가 여자를 위하여 지음을 받지 아니하고 여자가 남자를 위하여 지음을 받은 것이니.

엡5:22,28 아내들이여 자기 남편에게 복종하기를 주께 하듯하라 이는 남편이 아내의 머리 됨이 그리스도께서 교회의 머리 됨과 같음이니 그가 친히 몸의 구주시니라 그러나 교회가 그리스도에게 하듯 아내들도 범사에 그 남편에게 복종할찌니라 남편들아 아내 사랑하기를 그리스도께서 교회를 사랑하시고 위하여 자신을 주심 같이 하라이는 곧 물로 씻어 말씀으로 깨끗하게 하사 거룩하게 하시고 자기 앞에 영광스러운 교회로 세우사 티나 주름잡힌 것이나 이런 것들이 없이 거룩하고 흠이 없게 하려 하심이니라 이와 같이 남편들도 자기 아내 사랑하기를 제몸 같이 할찌니 자기 아내를 사랑하는 자는 자기를 사랑하는 것이라.

사43:21 이 백성은 내가 나를 위하여 지었나니 나의 찬송을 부르게

하려 함이니라

지었나니 יָצַר(3335 야차르) יָצַרְתִּי 칼 완료 1인 공성 단수.형성하다, 만들다, 고안하다

同-יֵצֶר(3336, 예체르) 형(태), 구성, 구상, 목적, 의도, 결심.

시33:15 저는 일반의 마음을 지으시며 저희 모든 행사를 감찰하시는 자로다

시94:9 귀를 지으신 자가 듣지 아니하시랴 눈을 만드신 자가 보지 아니하시랴

유전인자로 말하면 하나님이 처음 사람을 만들 때 찬송을 부르도록 영적 유전인자를 넣어서 지은 것이다. 이런 점을 볼 때 우리가 부르는 음악과 노래는 본래 하나님 찬양이 기본 목적임을 알 수가 있는 것이다. 그러므로 루시퍼 천사도 천사장급으로 완전하게 최고의 아름답고 영화롭게 만든 것도 찬양을 담당하는 천사의 신분이기 때문이라 본다.

겔28:13 네가 옛적에 하나님의 동산 에덴에 있어서 각종 보석 곧 홍보석과 황보석과 금강석과 황옥과 홍마노와 창옥과 청보석과 남보석과 홍옥과 황금으로 단장하였었음이여 네가 지음을 받던 날에 너를 위하여 소고와 비파가 예비되었었도다.

바라는 '창조하다' create라는 기본 의미를 지닌다. 바라는 창조 기사에서 등장하는 야차르(יָצַר , 3335: 모양 짓다, 형성하다)와 아사(עָשָׂה , 6213: 행하다, 형성하다, 만들다)와 구별되는데, 야차르는 주로 어떤 물체의 형태(모양을 만드는 것이나 형성하는 것)를 강조하고(창 2:7, 창 2:8), 아사는 자주 바라와 상호 교대로 사용되어 단순히 창조 과정에서 관련된 대상들을 조성하거나 만드는 행동을 나타내는 반면에 바라는 그 물체에 대한 창시를 강조한다.

예비כּוּן (3559 쿤) כּוֹנְנוּ׃ 폴랄 완료 3인 공성 복수, 확고하다, 준비하다, 확립하다, 고정되다. 하나님이 루시퍼에게 음악을 하도록 악기를 준비하셨다고 하신 것을 보면 알 수가 있다.

찬송을 통하여 하나님의 동산 에덴에 있어서 각종 보석 곧 홍보석과 황보석과 금강석과 황옥과 홍마노와 창옥과 청보석과 남보석과 홍옥과 황금으로 단장하였었음이여와 같이 아름다운 하나님 나라의 극한 영광에 참여하는 감동을 누릴 것이다.

악인의 종합적 성격(시73:1–28)

오만הָלַל (1984 할랄) בַּהוֹלְלִים 전치사–관사–칼 분사 남성 복수. 밝게 비추다, 자랑하다, 찬양하다, 미치다.

빌3:7–9 그러나 무엇이든지 내게 유익하던 것을 내가 그리스도를 위하여 다 해로 여길 뿐더러 또한 모든 것을 해로 여김은 내 주 그리스도 예수를 아는 지식이 가장 고상함을 인함이라 내가 그를 위하여 모든 것을 잃어버리고 배설물로 여김은 그리스도를 얻고 그 안에서 발견되려 함이니 내가 가진 의는 율법에서 난 것이 아니요 오직 그리스도를 믿음으로 말미암은 것이니 곧 믿음으로 하나님께로서 난 의라.

오만은 자신이 잘나서 잘된 것으로 드러내는 인품이다. 반면 자기 기준으로 타인을 멸시하게 되어 있다. 인간 위세로 삐까번쩍하는 것에 현혹되지 말고 그리스도를 좀 더 잘 아는 그리스도의 빛으로 채워야 하는 것이다.

요8:12 예수께서 또 일러 가라사대 나는 세상의 빛이니 나를 따르는 자는 어두움에 다니지 아니하고 생명의 빛을 얻으리라 우리는 지금 무엇으로 빛나고 있는지 생각해 볼 일이다.

교만 גַּאֲוָה(1346, 가아와) 솟아오름, 위엄, 교만.

同-גֵּאָה(1344, 게아) 교만, 자만심

특히 솟아오름이란 뜻에 중점을 두면 누구든지 쉽게 느껴지는 감정이다. 상대방을 내려다보려는 성정일 것이다. 눅14:11무릇 자기를 높이는 자는 낮아지고 자기를 낮추는 자는 높아지리라. 위엄은 좋은 말이나 교만한자의 위엄은 상대를 지배 하려고 하는 자세다. 섬기는 자세가 없는 자다.

마20:27,28 너희 중에 누구든지 으뜸이 되고자 하는 자는 너희 종이 되어야 하리라 인자가 온것은 섬김을 받으려 함이 아니라 도리어 섬기려 하고 자기 목숨을 많은 사람의 대속 물로 주려 함이니라. 자만심이란 자신감에서 오는 교만이다.

사14:13 네가 네 마음에 이르기를 내가 하늘에 올라 하나님의 뭇별 위에 나의 보좌를 높이리라 내가 북극 집회의 산 위에 좌정하리라

강포 (시73:6) חָמָס(2555, 하마스) 폭력, 난폭, 부당행위, 불법, 악.

능욕 מוּק (4167 무크) יָמִיקוּ 히필 미완 3인 남성 복수, 조롱하다, 비웃다.

거만 מָרוֹם(4791, 마롬) 높음, 높은 곳, 높은 곳에

오만, 교만, 강포, 능욕, 거만은 다른 것 같아도 하나의 속성이다. 근본 출발이 오만 즉 자기 이외에 사람이 안 보이는 사람이다. 즉 眼下無人(안하무인)이다.

同-הִלֵּל(1985, 힐렐) 힐렐 Hillel(인) 힐렐(명남)은 할랄(הָלַל, 1984)에서 유래했으며, '찬양'을 의미한다. 하나님의 영광을 가로막아 자신의 영광으로 빛을 내는 자다. 찬양과 오만은 같은 어근에서 갈라진 것이다.

사람을 사람 위에 두는 지나친 칭찬은 하나님의 영광을 가리는 사탄의 사람이며, 하나님의 사람은 사람을 평등하게 볼 줄 아는 존귀한 사람이다. 교회의 행사 경우 그날의 주인공을 지나치게 칭찬하는 경우가 종종 있다. 이 모든 것은 사실 제 눈에 안경일 경우가 허다하다. 교회행사 경우는 그 주인공이 하나님이기 때문이다. 그 행사를 통하여 하나님을 증거 하는 영광된 자리가 되어야지 인간의 역사를 찬양하는 자리가 아니다.

칭찬받는 인물도 다른 사람에게 지탄 받는 인물도 있고 아니더라도 사람은 본질상 거기서 거기다. 오만한 자는 자신 뿐 아니라 타인의 아첨으로 만들어지기도 하는 것이다.

악한 일곱 귀신 (마12:43-45)

"더러운 귀신이 사람에게서 나갔을 때에 물 없는 곳으로 다니며 쉬기를 구하되 얻지 못하고 이에 가로되 내가 나온 내 집으로 돌아가리라 하고 와 보니 그 집이 비고 소제되고 수리되었거늘 이에 가서 저보다 더 악한 귀신 일곱을 데리고 들어가서 거하니 그 사람의 나중 형편이 전보다 더욱 심하게 되느니라 이 악한 세대가 또한 이렇게 되리라"

악한 일곱 귀신

ἄνυδρος(504, 아뉘드로스) 물 없는, 메마른 땅. מִדְבָּר(4057, 미드바르)

광야, 황무지. 同-דְּבִיר(1687, 데비르) 신탁장소, 내성소 데비르(명남)는 다바르(דָּבָר 1696)에서 유래했으며, '말함, 신탁, 내소'를 의미한다.

물 없는 곳은 광야 사막으로 이스라엘 백성이 40년간 훈련 받은 장소이다. 중요한 것은 이 광야는 하나님이 함께 하시고 모든 것이 되어주신 장소로 오직 믿음과 순종으로 살아내는 장소이다. 물과 자연 조건은 황량하여도 같은 물이라도 신령한 의가 있고 만나고 있고 생명과 생수의 근원되는 주님의 구속(救贖)을 이룬 물로 출17:6 צוּר(6697, 추르:바위, 반석, 절벽) 반석과 민20:11의 סֶלַע(5553, 셀라: 바위, 절벽 '갈라지다')를 뜻하는 아라비아 어근 '살라아'(여기서 균열을 뜻하는 '실룬'이 유래함)와 관계된 바위가 있는 곳이다.

추르 반석은 주님의 구속을 나타내며 셀라 반석은 구속 받은 사람에게 나타난 성령을 의미하는 것이다. 그 증거로 셀라 반석은 갈라진 절벽이므로 두 번 십자가의 고난이 필요 없고 추르 반석을 통하여 구속받은 백성이 먹는 성령의 생수를 상징한 것이다.

요4:14 내가 주는 물을 먹는 자는 영원히 목마르지 아니하리니 나의 주는 물은 그 속에서 영생하도록 솟아나는 샘물이 되리라

더러운 귀신이 물 없는 곳 오늘날 현대화하여 보면 교회로 볼 수 있다. 사탄, 귀신, 마귀는 교회된 하나님의 자녀를 망치려고 돌아다녀 보았으나 하나님의 말씀דָּבָר(다바르)을 받고 있는 사람의 심령을 점령한다는 것은 불가능함으로 포기하고 하나님의 말씀으로 살지 못하고 옛 사고방식이 변하지 않은 전의 사람에게 무난하게 다시 돌아가되 같은 처지의 일곱 귀신을 모아 함께 들어가므로 이전의 상태보다 더욱 나빠진 사람이 된 것이다.

사탄은 지금도 물 없는 곳으로 우는 사자처럼 다녀도 하나님의 말씀을 먹고 사는 사람에게는 의미가 없다.

벧전5:8 근신하라 깨어라 너희 대적 마귀가 우는 사자 같이 두루 다니며 삼킬 자를 찾나니.

사람이 세상이다(요3:16)

하나님이 세상을 이처럼 사랑하사 독생자를 주셨으니 이는 저를 믿는 자마다 멸망치 않고 영생을 얻게 하려 하심이니라

6=사람의 수. 6+1=7 안식의 수로 이 둘의 의미를 보면 사람이 안식에 들어가는 것이 영생이다.

7의 숫자 의미는 영생의 수이며 완전수로 완전한 의미는 하나님이 사람을 향한 주님 구속의 은혜가 완성된 수이고 하나님의 사랑이 세상 즉 사람에게 나타난 것이다.

엘리사를 통하여 나타난 부활(왕하4:34)

아이의 위에 올라 엎드려 자기 입을 그 입에, 자기 눈을 그 눈에, 자기 손을 그 손에 대고 그 몸에 엎드리니 아이의 살이 차차 따뜻하더라

겔37:13,14 내 백성들아 내가 너희 무덤을 열고 너희로 거기서 나오게 한즉 너희가 나를 여호와인줄 알리라 내가 또 내 신을 너희 속에 두어 너희로 살게 하고 내가 또 너희를 너희 고토에 거하게 하리니 나 여호와가 이 일을 말하고 이룬 줄을 너희가 알리라 나 여호와의 말이니라 하셨다 하라.

신약성경의 요11:43,44의 말씀의 나사로 부활 사건과 왕하 4:34의

수넴 여인의 아들 부활 사건은 같은 의미를 증거하고 있다.

요11:43,44 이 말씀을 하시고 큰 소리로 나사로야 나오라 부르시니 죽은 자가 수족을 베로 동인채로 나오는데 그 얼굴은 수건에 싸였더라 예수께서 가라사대 풀어 놓아 다니게 하라 하시니라

하나님이 아담에게 생기를 불어 넣어 생령이 된 것처럼 생령은 죽은 자를 살리는 영이기도 한 것이다. 이 생령이 죽은 자를 살리는 것은 바로 예수 그리스도의 구속의 은총이 들어있는 성령이기 때문이다. 그러므로 하나님은 처음 인간을 만들 때부터 두 단계의 원리로 만든 것이다. 먼저는 육이요 그 다음은 영으로 거듭난 인생을 만든 것이다. 아담의 단계에서 거듭남의 단계가 바로 생령을 불어 넣어서 만든 영생의 사람인 생령이 된 것이다.

창2:7 여호와 하나님이 흙으로 사람을 지으시고 생기를 그 코에 불어 넣으시니 사람이 생령이 된지라

엘리사가 죽은 아이에게 입과 눈을 댄 의미

입 פֶּה(6310, 페) 입 mouth. 의미론으로는 부활의 생명 80=부활, 5=생명

하나님에 대해, 약 50회에 걸쳐 구약성경은 하나님의 입에 대해 말한다. 구약성경의 하나님은 말씀하시는 하나님이다. 애 3:38에서는 밉피 엘리욘("지극히 높으신 자의 입으로부터")라고 하였다. 대하 35:22은 요시야가 "하나님의 입에서" 나온 애굽왕의 말을 듣지 아니하다가 죽음 당했다고 한다.

눈 עַיִן(5869, 아인) **눈** eye, **샘물**, spring, **샘** fountain. 아인은 눈 그 자체 이상의 것을 암시한다. 때때로 이 단어는 전체 보는 과정과 나아

가 이해하고 순종하는 전체 과정을 나타낸다(렘 5:21). 그러나 구약성경에서 이러한 비유적 방식으로 일반적으로 사용되는 것은 귀이다. 눈은 지식, 성격, 태도, 성향, 견해, 열정 및 반응을 표현하는데 사용된다. 눈은 인간의 내적 생각의 좋은 지표이다.

엘리사가 죽은 아이의 입과 눈에 자신의 입과 눈을 댄 행위는 하나님의 말씀을 보면 영생의 생명으로 부활한다는 의미가 들어 있는 것이다. 눈은 샘물의 뜻이 있는 성령의 의미가 내포된 생명수이기 때문이다.

עַיִן(5869, 아인) 눈 eye, 샘물, spring, 샘 fountain 을 자음의 의미론으로 보면 부활의 생명이다. 70+10=80부활, 50생명=희년의 안식에 들어간 영원한 생명이다.

하나님은 처음부터 부활의 생명을 계속 증거하신 것이다.

아담을 구속하신 하나님 창3:15.20 산 자의 어미 חַוָּה(2332, 하우와) 하우와는 하야(살다, 생명을 가지다)의 칼 완료 3인 단수이며, 70인역본은 조에(생명)라고 번역한다. 하와라는 이름, 곧 하우와는 그녀가 "모든 산 자의 어미"(엠 콜 하이)였다는 사실에서 유래되고 있다.

아브라함을 구속하신 여호와(사29:22)

그러므로 아브라함을 구속하신 여호와께서 야곱 족속에 대하여 말씀하시되 야곱이 이제부터는 부끄러워 아니하겠고 그 얼굴이 이제부터는 실색하지 아니할 것이며

롬4:17 기록된바 내가 너를 많은 민족의 조상으로 세웠다 하심과 같으니 그의 믿은바 하나님은 죽은 자를 살리시며 없는 것을 있는 것 같이 부르시는 이시니라

유다의 회복(욜3:18)

그 날에 산들이 단 포도주를 떨어뜨릴 것이며 작은 산들이 젖을 흘릴 것이며 유다 모든 시내가 물을 흘릴 것이며 여호와의 전에서 샘이 흘러 나와서 싯딤 골짜기에 대리라

산들이 단포도주를 떨어뜨릴 것이며(시내산)

계14:1 또 내가 보니 보라 어린 양이 시온산에 섰고 그와 함께 십 사만 사천이 섰는데 그 이마에 어린 양의 이름과 그 아버지의 이름을 쓴 것이 있도다

출19:3 모세가 하나님 앞에 올라가니 여호와께서 산에서 그를 불러 가라사대 너는 이같이 야곱 족속에게 이르고 이스라엘 자손에게 고하라

출3:1 모세가 그 장인 미디안 제사장 이드로의 양무리를 치더니 그 무리를 광야 서편으로 인도하여 하나님의 산 호렙에 이르매

신4:10 네가 호렙산에서 네 하나님 여호와 앞에 섰던 날에 여호와께서 내게 이르시기를 나를 위하여 백성을 모으라 내가 그들에게 내 말을 들려서 그들로 세상에 사는 날 동안 나 경외함을 배우게 하며 그 자녀에게 가르치게 하려 하노라 하시매

신18:16 이것이 곧 네가 총회의 날에 호렙산에서 너의 하나님 여호와께 구한 것이라 곧 네가 말하기를 나로 다시는 나의 하나님 여호와의 음성을 듣지 않게 하시고 다시는 이 큰 불을 보지 않게 하소서 두렵건대 내가 죽을까 하나이다 하매

왕상19:8 이에 일어나 먹고 마시고 그 식물의 힘을 의지하여 사십주 사십야를 행하여 하나님의 산 호렙에 이르니라.

말일에 여호와 전의 산이 모든 산꼭대기에 굳게 설 것이요(사2:2,3 시

온산)

히12:22-24 그러나 너희가 이른 곳은 시온산과 살아계신 하나님의 도성인 하늘의 예루살렘과 천만 천사와 하늘에 기록한 장자들의 총회와 교회와 만민의 심판자이신 하나님과 및 온전케 된 의인의 영들과 새 언약의 중보이신 예수와 및 아벨의 피보다 더 낫게 말하는 뿌린 피니라.

벧전2:6,7 경에 기록하였으되 보라 내가 택한 보배롭고 요긴한 모퉁이 돌을 시온에 두노니 저를 믿는 자는 부끄러움을 당치 아니하리라 하였으니 그러므로 믿는 너희에게는 보배이나 믿지 아니하는 자에게는 건축자들의 버린 그 돌이 모퉁이의 머릿돌이 되고.

시126:1 여호와께서 시온의 포로를 돌리실 때에 우리가 꿈꾸는 것 같았도다.

사8:18 보라 나와 및 여호와께서 내게 주신 자녀들이 이스라엘 중에 징조와 예표가 되었나니 이는 시온산에 계신 만군의 여호와께로 말미암은 것이니라.

호렙산

호렙 חֹרֵב(2722, 호레브)은 시내산의 다른 이름으로, 하라브(חָרַב , 2717)에서 유래하였으며, 황폐한 지역을 의미한다. 同-חָרָבוֹן(2725, 하라본) 가뭄, 한발

시온 צִיּוֹן(6726, 치욘) 치욘은 그 의미를 '보호받는' 또는 '양지바른' 등으로 보며, 아랍어로는 차웨(산마루)이다. 영원한 수도를 상징.

同-차욘(명남)은 치야(צִיָּה , 6723)에서 유래했으며, '건조, 가뭄, 메마름, 메마른 땅'을 의미한다. 구약성경에서 이 단어는 이사야서에서 2회 나온다(사 25:5, 사 32:2).

사53:2,3 그는 주 앞에서 자라나기를 연한 순 같고 마른 땅에서 나온 줄기 같아

서 고운 모양도 없고 풍채도 없은즉 우리의 보기에 흠모할만한 아름다운 것이 없도다 그는 멸시를 받아서 사람에게 싫어 버린바 되었으며 간고를 많이 겪었으며 질고를 아는 자라 마치 사람들에게 얼굴을 가리우고 보지 않음을 받는 자 같아서 멸시를 당하였고 우리도 그를 귀히 여기지 아니하였도다.

호렙 산과 시온 산은 둘다 교회를 상징할 뿐만 아니라 예수님의 고난을 묘사한 토양의 환경도 상징하는 곳이다.

이런 장소에서 하나님은 만나 주셨고 또한 예수님이 십자가에 고난당하신 해골의 골고다(죽음을 의미)의 죽음을 이긴 장소로(겔28) 모든 것을 종합적으로 볼 때 시내 산이나 시온 산이야 말로 예수님으로 상징된 산이다. 광야에서 물이 나온 반석이 예수님을 상징한 것과도 같은 것이다.

겔37:9,13 또 내게 이르시되 인자야 너는 생기를 향하여 대언하라 생기에게 대언하여 이르기를 주 여호와의 말씀에 생기야 사방에서부터 와서 이 사망을 당한 자에게 불어서 살게 하라 하셨다 하라. 내 백성들아 내가 너희 무덤을 열고 너희로 거기서 나오게 한즉 너희가 나를 여호와인줄 알리라

하나님은 죽음의 동산 골고다를 생기의 동산, 생명의 동산으로 바꾸어 주신 것이다. 이 말씀은 창3:8의 내용과도 부합되고 있다. 선악과를 먹음으로 죽은 자가된 저들이지만–창2:17 מוּת (4191 무트) מוֹת 칼, 부정사: 절대, 정녕–절대적으로 죽는 것이다. 그러나 하나님은 저들을 생기로 찾아오신 것이다.

창3:8,9 그들이 날이 서늘할 때에 동산에 거니시는 여호와 하나님의 음성을 듣고 아담과 그 아내가 여호와 하나님의 낯을 피하여 동산 나무 사이에 숨은지라

여호와 하나님이 아담을 부르시며 그에게 이르시되 네가 어디 있느냐

서늘할 때에 רוּחַ(7307, 루아흐) 숨, 바람, 영 그 기본개념은 '움직이는 공기'이며 '숨(호흡), 바람, 영'을 의미한다. 겔37:9의 생기רוּחַ(7307, 루아흐)도 같은 단어이다.

아담이 죽었다가 살아난 동산도 에덴동산이고 골고다 언덕도 죽음을 생명으로 바꾼 곳으로 호렙 산과 시온 산을 합친 네 곳은 주님 자신이자 교회이며 구속의 장소이다.

아담 하와는 선악과 먹고 죽은 자가 되었으나 동산을 찾아온 하나님의 생기로 창3:15의 구속으로 연결되어 영생의 사람으로 구원 받은 것이다.

내가 너로 여자와 원수가 되게하고 너의 후손도 여자의 후손과 원수가 되게 하리니 여자의 후손은 네 머리를 상하게 할 것이요 너는 그의 발꿈치를 상하게 할 것이니라 하시고

이러한 주님의 구속과 부활의 은총이 하나님의 백성들에게 욜3:18의 말씀대로 이루어진 것이다.

그 날에 산들이 단 포도주를 떨어뜨릴 것이며 작은 산들이 젖을 흘릴 것이며 유다 모든 시내가 물을 흘릴 것이며 여호와의 전에서 샘이 흘러 나와서 싯딤 골짜기에 대리라

젖과 샘은 하나님의 말씀인 복음 주님의 구속하심과 부활의 복음을 의미한 것이다.

여호와는 하나님이시요(신4:35)

"이것을 네게 나타내심은 여호와는 하나님이시요 그 외에는 다른 신이 없음을 네게 알게 하려 하심이니라"

하나님 외에 다른 신이 없음은 예수님을 통하여 증명하신 것이다. 물론 하나님에 대한 증명이 무한하지만 예수님을 통하여 누구든지 알 수 있게 증명한 것이다.

사람으로 오신 하나님은 동정녀를 통한 성령의 잉태로 증명하고, 죄에 대하여는 인류의 죄를 대신하여 십자가에 죽으심으로, 사하심에 대하여는 무덤에서 부활로, 하나님과의 동등됨의 증거로는 승천으로 다 증거가 된 것이다.

마1:20 이 일을 생각할 때에 주의 사자가 현몽하여 가로되 다윗의 자손 요셉아 네 아내 마리아 데려오기를 무서워 말라 저에게 잉태된 자는 성령으로 된 것이라.

사53:5,6, 그가 찔림은 우리의 허물을 인함이요 그가 상함은 우리의 죄악을 인함이라 그가 징계를 받음으로 우리가 평화를 누리고 그가 채찍에 맞음으로 우리가 나음을 입었도다 우리는 다 양 같아서 그릇 행하여 각기 제 길로 갔거늘 여호와께서는 우리 무리의 죄악을 그에게 담당시키셨도다.

마28:6,7 그가 여기 계시지 않고 그의 말씀하시던대로 살아나셨느니라 와서 그의 누우셨던 곳을 보라 또 빨리 가서 그의 제자들에게 이르되 그가 죽은 자 가운데서 살아나셨고 너희보다 먼저 갈릴리로 가시나니 거기서 너희가 뵈오리라 하라 보라 내가 너희에게 일렀느니라 하거늘

행1:9-11 이 말씀을 마치시고 저희 보는데서 올리워 가시니 구름이 저를 가리워 보이지 않게 하더라 올라가실 때에 제자들이 자세히 하늘을 쳐다보고 있는데 흰옷 입은 두 사람이 저희 곁에 서서 가로되 갈릴리 사람들아 어찌하여 서서 하

늘을 쳐다보느냐 너희 가운데서 하늘로 올리우신 이 예수는 하늘로 가심을 본 그대로 오시리라 하였느니라.

여호와

יהוה(3068, 예호와) 야웨. 同-הָוָא(1933, 하와) 떨어지다, 내리다 fall. 민13:8 הוֹשֵׁעַ(1954, 호셰아) 호세아 Hoshea(인)

호세아(명남)는 야샤(יָשַׁע, 3467: 구원하다, 구조하다)에서 유래했으며 '구원'을 의미한다. 에브라임 지파의 눈의 아들. 그는 가나안 땅 탐지를 위해 파송된 자였으며 모세가 그를 여호수아라 불렀다(민 13:8, 신 32:44, 민 13:16).

여호수아가 가나안 땅을 점령한 것은 바로 예수님의 이름으로 점령한 것이다. 믿음의 근본은 바로 예수님이신 것이다.

여호수아는 아무리 공로를 세워도 공로의 이름은 예수님이다. 예수님이 맞는 것은 사실상 여호수아를 통하여 예수님이 싸워주신 것이기 때문이다.

롬14:8 우리가 살아도 주를 위하여 살고 죽어도 주를 위하여 죽나니 그러므로 사나 죽으나 우리가 주의 것이로라

여호와의 뜻은 예수님을 말씀하는 것으로 하늘에서 내려와 구원 하려고 오신다는 뜻이며. 그러므로 예수님이 바로 אֱלֹהִים יהוה (430 엘로힘)여호와 하나님이신 것이다.(창3:1)

출3:14 하나님이 모세에게 이르시되 나는 스스로 있는 자니라 또 이르시되 너는 이스라엘 자손에게 이같이 이르기를 스스로 있는 자가 나를

너희에게 보내셨다 하라

하야는 하나님의 이름이라기보다 하나님의 존재에 대한 설명이다.

הָיָה(1961, 하야) ~이 일어나다, ~이 되다, ~이다. 하야(동사)는 기본 어근이며, '~이 일어나다, 발생하다, ~이 되다, ~이다'를 의미한다.

'스스로 있는 자'란 의미는 나는 나다라는 가벼운 뜻 보다는 근본되고 영원하다는 뜻이 더 낳을 것같다.

계22:13 나는 알파와 오메가요 처음과 나중이요 시작과 끝이라

ἐγὼ τὸ" Αλφα καὶ τὸ Ω, ὁ πρῶτος καὶ ὁ ἔσχατος. ἡ ἀρχὴ καὶ τὸ τέλος.

선교사명의 장소와 돌아갈 장소는 하나님 나라로 시작하여 하나님 나라로 돌아가는 곳이다.

호렙산은 모세가 자기 백성을 출애굽시키라는 사명을 받은 산이며 그 사명을 이행하고 다시 오는 장소도 호렙산이다.

출3:12 하나님이 가라사대 내가 정녕 너와 함께 있으리라 네가 백성을 애굽에서 인도하여 낸 후에 너희가 이 산에서 하나님을 섬기리니 이것이 내가 너를 보낸 증거니라

야곱도 소명을 받은 벧엘로 하란의 외삼촌 영역을 벗어나서 온 것이다.

창28:18,19 야곱이 아침에 일찌기 일어나 베개하였던 돌을 가져 기둥으로 세우고 그 위에 기름을 붓고 그곳 이름을 벧엘이라 하였더라 이 성의 본 이름은 루스더라

창35:3 우리가 일어나 벧엘로 올라가자 나의 환난 날에 내게 응답하시며 나의 가는 길에서 나와 함께하신 하나님께 내가 거기서 단을 쌓으려 하노라 하매

14,15 야곱이 하나님의 자기와 말씀하시던 곳에 기둥 곧 돌 기둥을 세우고 그 위에 전제물을 붓고 또 그 위에 기름을 붓고 하나님이 자기와 말씀하시던 곳의 이름을 벧엘이라 불렀더라

애굽에서 아들 요셉에게 한 야곱의 유언

창47:30,50:5 우리 아버지가 나로 맹세하게 하여 이르되 내가 죽거든 가나안 땅에 내가 파서 둔 묘실에 나를 장사하라 하였나니 나로 올라가서 아버지를 장사하게 하소서 내가 다시 오리이다 하라 하였더니

아브라함도 가나안에서 애굽으로 갔다가 다시 가나안에 와서 생을 마감한 것이다.

창12:8,9 거기서 벧엘 동편 산으로 옮겨 장막을 치니 서는 벧엘이요 동은 아이라 그가 그곳에서 여호와를 위하여 단을 쌓고 여호와의 이름을 부르더니 점점 남방으로 옮겨갔더라

창23:9,25:9 그 아들 이삭과 이스마엘이 그를 마므레 앞 헷 족속 소할의 아들 에브론의 밭에 있는 막벨라 굴에 장사 하였으니.

부르심 받은 하나님 백성의 삶도 마찬가지다 하나님 나라를 기업으로 받아 하나님 나라를 소망하며 살다가 결국 하나님 나라로 진정한 고향 새 예루살렘 고향 영원한 내 아버지의 나라 천국가는 것이다.

사람의 처음 탄생도 영혼의 고향은 이 땅이 아니요 하나님 나라인 것이다. 영혼이 하나님의 생명에서 왔기 때문이다.

창2:7 여호와 하나님이 흙으로 사람을 지으시고 생기를 그 코에 불어 넣으시니

사람이 생령이 된지라

הָאֲדָמָה וַיִּפַּח בְּאַפָּיו נִשְׁמַת חַיִּים וַיְהִי הָאָדָם לְנֶפֶשׁ חַיָּה׃

그러기 때문에 당연히 하나님의 생명을 받은 자는 하나님의 품으로 다시 가는 곳이 천국이다.

계21:22 성안에 성전을 내가 보지 못하였으니 이는 주 하나님 곧 전능하신 이와 및 어린 양이 그 성전이심이라 예수님 자신이 성전이며 천국인 것이다.

이름은 의로우나 이름과 다른 불의한 삶을 산 사람들(렘29:21,22)

만군의 여호와 이스라엘의 하나님 내가 골라야의 아들 아합과 마아세야의 아들 시드기야에 대하여 말하노라 그들은 내 이름으로 너희에게 거짓을 예언한 자라 보라 내가 그들을 바벨론 왕 느부갓네살의 손에 붙이리니

그가 너희 목전에서 그들을 죽일 것이라 너희 바벨론에 있는 유다 모든 포로가 그들로 저줏거리를 삼아서 이르기를 여호와께서 너로 바벨론 왕이 불살라 죽인 시드기야와 아합 같게 하시기를 원하노라 하리니

오므리 עָמְרִי(6018, 오므리) 오므리 Omri'여호와의 종'을 의미한다. 왕상 16:16 이하, 왕하 8:26, 대하 22:2, 미 6:16. 참고-어원이 같은 모세의 아버지(민26:59)**עַמְרָם**(6019, 아므람)

오므리(bc844-873 이스라엘 6대왕)의 이름은 여호와의 종이라는 복되고 거룩한 이름이나 오히려 우상숭배와 큰 죄악을 저지른 왕이다.

하나님의 종이라는 것을 자신의 권위로 삼아 우상을 섬기면서도 그 이름을 앞세운 인물로 보인다. 오늘날 하나님의 종이라고 하면서 성경을 자기중심으로 해석하고 세상의 권세와 결탁하여 다원주의를 받아드리고 악을 선으로 포장하고 사는 행악자이다. 이런 자의 영은 천사를

가장한 악한 영으로 충만할 것이다.

아합의 아버지 골라야

골라야 קוֹלָיָה(6964, 콜라야) '여호와의 음성'을 의미한다. 거짓 선지자 아합의 아버지. 하나님은 골라야의 아들 아합에 대해 무서운 예언을 하셨다(렘 29:21, 렘 29:22-23), 골라야는 하나님의 음성이라는 이름처럼 거짓 예언자라고 한 것을 보면 알만 한 것 같다. 자신의 거짓 예언을 하나님의 말씀이라고 전한 사람이다.

오늘날 하나님의 말씀이라고 하면서 별의별 신비스런 모양으로 현혹하는 사이비 이단들이 이런 종류다. 먼저 하나님의 말씀이 성경을 올바로 알고 전하는 것이 중요하다. 성경 해석이 자의적이면 이 역시 하나님의 음성을 빙자한 거짓 선지자다.

마아세아 מַעֲשֵׂיָה(4641, 마아세야) 마아세(מַעֲשֶׂה ,4639: 일, 행동)와 야(יָהּ , 3050: 여호와)에서 유래했으며, '여호와의 일'을 의미한다.

시드기야 치드키야(명남)는 체데크(צֶדֶק , 6664)와 야흐(יָהּ , 3050)에서 유래했으며, '여호와께서는 의로우시다'를 의미한다. 유다의 마지막 왕. 왕하 24:17-25, 왕하 24:30, 대하 36:11-21.

그는 요시야의 막내 아들이며 여호야김이 숙부이다. 그는 애굽과 더불어 느부갓네살에게 대항하였으며, 이로 인해 사로잡혀 눈이 멀게 되고 바벨론에 포로로 끌려갔다. 그의 통치기간 동안 예레미야가 박해를 받았다. 그는 11년간 통치했다(B.C. 597-586).

렘21:8,9 여호와께서 가라사대 너는 또 이 백성에게 여호와께서 이같이 말씀하신다 하라 보라 내가 너희 앞에 생명의 길과 사망의 길을 두었노니 이 성에 거주

하는 자는 칼과 기근과 염병에 죽으려니와 너희를 에운 갈대아인에게 나가서 항복하는 자는 살리니 그의 생명은 노략한 것 같이 얻으리라.

시드기아 왕은 하나님이 의로우신 것만 알았지 이스라엘과 자신의 죄악은 별로 신경쓰지 않은 왕이다. 죄인의 사는 길은 겸손하게 하나님의 말씀이 자신의 마음에 안 들어도 받아 순종하면 생명의 길이 열리는 것이다.

렘29:23 이는 그들이 이스라엘 중에서 망령되이 행하여 그 이웃의 아내와 행음하며 내가 그들에게 명하지 아니한 거짓을 내 이름으로 말함이니라 나는 아는 자요 증거인이니라 여호와의 말이니라 하셨다 하였더라

이런 왕의 고집과 교만과 더러운 죄 악은 하나님의 말씀보다 정욕적 믿음으로 분별과 지혜가 무디어져 하나님이 버린 애굽을 의지하다 망한 것이다. 시드기아는 애굽의 욕망에 생명을 걸었던 것이다.

애굽은 전형적 죄악 세상의 예표가 된 나라이다. 가나안은 천국 상징이다. 시드기아 왕이 이름처럼 살려면 하나님 나라에 관심을 가지는 종말론적 삶을 살았어야 하는 것이다.

성경은 말세를 이미 말씀하고 계신다. 노아의 때, 소돔 고모라의 때와 같다고 하였다.

마24:37-39 노아의 때와 같이 인자의 임함도 그러하리라 홍수 전에 노아가 방주에 들어가던 날까지 사람들이 먹고 마시고 장가들고 시집가고 있으면서 홍수가 나서 저희를 다 멸하기까지 깨닫지 못하였으니 인자의 임함도 이와 같으리라.

유1:7 소돔과 고모라와 그 이웃 도시들도 저희와 같은 모양으로 간음을 행하며 다른 색을 따라 가다가 영원한 불의 형벌을 받음으로 거울이 되었느니라.

세상 현실을 더 크게 보고 하나님 나라를 등한히 하고 사는 사람의 불행을 경고하는 성경 내용이다.

애굽과 가나안 땅의 풍습과 규례 (레18:3)

"너희는 그 거하던 애굽 땅의 풍속을 좇지 말며 내가 너희를 인도할 가나안 땅의 풍속과 규례도 행하지 말고"

애굽과 미츠라임

애굽מִצְרַיִם(4714, 미츠라임) 애굽 Egypt(지명)

애굽을 뜻하는 헬라어 명칭 아이귀프토스는 애굽의 고대 수도인 멤피스(Memphis)의 별칭인 애굽어 하쿠프타(hi-ku Ptah)에서 유래했다. 하쿠프타는 일반적으로 프타(Ptah)의 카(ka)의 영혼의 저택'이라는 의미로 받아들인다.

同-מָצוֹר(4693, 마초르) 미츠라임(מִצְרַיִם , 4714)와 어원이 동일하며 '애굽'을 가리킨다. 구약성경에서 이 단어는 5회 나온다(왕하 19:24, 사 19:6, 사 37:25, 미 7:12).

מָצוֹר(4692, 마초르) 포위공격, 방벽, 참호. 추르(צוּר , 6696)에서 유래했으며, '(포위공격을 위해) 둘러쌈, 포위공격, 방벽, 보루, 괴롭히다 모양을 형성하다, 자루 안에 넣다. 참호'를 의미한다.(신 20:19-20, 신 28:53, 시 60:9, 렘 19:9, 겔 4:2-3, 합 2:1 등)

출17:6 צוּר(6697, 추르) '바위, 반석, 절벽'과 단어가 같으면서도 뜻의 차이가 있다. 마초르가 되면서 애굽의 고유명사가 되므로 공격을 방어

하는 강력한 요새로 의미가 반전된 듯하다.

구속의 반석이신 그리스도의 구속으로 영생 얻는 것을 믿지 않고 인간의 의지를 세운 이름이라고 본다. 이런 의지가 작용하는 곳에는 자신들이 가공한 사신우상이 득실거리기 마련인 것이다.

오히려 마초르(애굽)가 곤경, 고통, 번민에 포위당한 나라가 되었다는 것은 출애굽의 역사에 잘 드러나고 있음이다.

צוֹק(6695, 초크) 고통, 곤란, 곤궁, 고민. 초크(명남)는 추크(צוּק, 6693)에서 유래했으며, '압박, 고통, 고난, 곤란, 곤궁'을 의미한다.

추카(명여)는 추크(צוּק, 6693)에서 유래했으며, '압박, 고통, 곤란, 곤궁, 고민, 근심'을 의미한다. 사 30:6에서 거칠고 위험한 네게브(Negev)를 묘사한다. 추카는 사 8:22에서 여호와 대신에 신접한 자나 마술사로부터 지도를 구하는 자들이 당하게 될 무서운 어둠을 묘사한다.

추카는 잠 1:27에서 도덕적 교훈을 멸시하는 자들에게 임하게 될 비참한 '불행'이나 '괴로움'을 묘사한다.

뿐만 아니라 애굽의 고대수도 멤피스의 별칭인 하쿠프타는 일반적으로 '프타(Ptah)의 '카(ka)의 영혼의 저택'이라는 의미로 받아들인 것처럼 죽은 영혼들의 세상이란 의로 받아들일 수밖에 없으며 영혼 없는 몸은 죽은 것이라는 하나님의 말씀 대로인 나라다.

약2:26 영혼 없는 몸이 죽은 것같이 행함이 없는 믿음은 죽은 것이니라

가나안

כְּנַעַן(3667, 케나안)고유명사, 가나안 Canaan 낮추어진.

同-3665 '무릎을 굽히다, 낮추다, 정복하다, 복종하다, 항복하다, 겸손하다, 굴복시키다, 천하게 하다, 진입하다'의 뜻으로 저주받은 가나안 족이 이처럼 복된 땅에서 원주민으로 산다는 것이 아이러니 하지만 저주란 바로 복을 누리면서 복을 모르는 것이다.

가나안 주민이 하나님에 의하여 망하게 되어 있지만 겸손하게 하나님께 굴복하면 살 수 있는 뜻도 내포된 이름이다. 실례로 기생 라합의 경우가 그렇다.

수2:11-13 우리가 듣자 곧 마음이 녹았고 너희의 연고로 사람이 정신을 잃었나니 너희 하나님 여호와는 상천하지에 하나님이시니라 그러므로 청하노니 내가 너희를 선대하였은즉 너희도 내 아버지의 집을 선대하여 나의 부모와 남녀 형제와 무릇 그들에게 있는 모든 자를 살려주어 우리 생명을 죽는데서 건져내기로 이제 여호와로 맹세하고 내게 진실한 표를 내라 18우리가 이 땅에 들어올 때에 우리를 달아내리운 창에 이 붉은 줄을 매고 네 부모와 형제와 네 아비의 가족을 다 네 집에 모으라.

모든 사람이 죄인인 가나안의 의미가 있다. 사람이 하나님의 복을 많이 받아 누리면서도 그 사실을 모른다고 하는 데서 저주인 것이다. 그러나 하나님을 인정하고 기생 라합처럼 하나님께 굴복하면 예수님의 족보에 오른 라합처럼 하나님의 백성이 되어 생명책에 기록되나 그렇지 않으면 죄악 가운데서 모든 불행을 걸머지고 살다가 자신이 쌓은 아성(여리고성)과 함께 무너져 멸망하고 마는 것이다.

애굽과 가나안의 풍속과 규례

풍속 **מַעֲשֶׂה**(4639, 마아세) 행위, 행동, 일, 노동, 제작이나 공작(품). 아사(עָשָׂה, 6213: 행하다, 만들다)에서 유래했다.

규례 חֻקָּה(2708, 훅카) 규정, 법령, 법규, 관습

창12:1 여호와께서 아브람에게 이르시되 너는 너의 본토 친척 아비 집을 떠나 내가 네게 지시할 땅으로 가라

마8:21,22 제자 중에 또 하나가 가로되 주여 나로 먼저 가서 내 부친을 장사하게 허락하옵소서 예수께서 가라사대 죽은 자들로 저희 죽은 자를 장사하게 하고 너는 나를 좇으라 하시니라.

마10:37 아비나 어미를 나보다 더 사랑하는 자는 내게 합당치 아니하고 아들이나 딸을 나보다 더 사랑하는 자도 내게 합당치 아니하고.

부름 받은 하나님의 백성은 하나님을 떠난 문화와 종교와 규례에 얽매이지 말고 하나님의 말씀을 따라 하나님 나라의 문화와 규례를 따라야 하는 것이다.

유혹받은 선지자 발람의 죽음(수13:22, 미6:5)

이스라엘 자손이 그들을 도륙하는 중에 브올의 아들 술사 발람도 칼날로 죽였었더라 미6:5내 백성아 너는 모압 왕 발락의 꾀한 것과 브올의 아들 발람이 그에게 대답한 것을 추억하며 싯딤에서부터 길갈까지의 일을 추억하라 그리하면 나 여호와의 의롭게 행한 것을 알리라 하실 것이니라

발람 בִּלְעָם(1109, 발람) balaam. 민 22-24장, 민 31:8, 민 31:16, 신 23:5, 신 23:6, 수 13:22, 수 24:9-20, 미 6:5, 느 13:2, 벧후 2:15, 유 1:11, 계 2:14 등에 언급되어 있다. 벨라(bela')와 암('am)으로 분석하여, '백성들의 멸망' destruction of people이란 의미로 이해하고

있는데, 이것은 마법사이자 마술사라고 하는 그의 평판과 부합된다(어떤 이들은 계 2:6, 계 2:15).

同-בָּלַע(1104, 발라) 삼키다, 들이키다. 발라(동사)는 기본어근이며, '삼키다, 들이키다'를 의미한다. 사람(사 28:4), 물고기(욘 2:1), 뱀(출 7:12), 그리고 짐승(창 41:7, 창 41:24)에 대해 사용되었다.

백성들의 멸망이란 언어분석으로 해석할 수 있는데 발람 역시 그 이름처럼 이스라엘 백성을 범죄로 이끌어 가나안을 바라보며 다시 광야로 회군하여 광야에서 40년간 방황하다 죽게 한 것이다.

민26:65 이는 여호와께서 그들에게 대하여 말씀하시기를 그들이 반드시 광야에서 죽으리라 하셨음이라 이러므로 여분네의 아들 갈렙과 눈의 아들 여호수아 외에는 한 사람도 남지 아니하였더라

발람 선지는 이스라엘이 범죄하도록 간접적 영향을 준 것이지만 하나님은 그 원 책임을 발람에게 물으신 것이다. 마치 창3:4,5의 뱀과 같은 역할을 한 것이다. 그는 뱀처럼 저주받아 하나님 나라를 보지 못하고 자신의 배만 위하고 살다 살해당한 것이다.

민25:18 이는 그들이 궤계로 너희를 박해하되 브올의 일과 미디안 족장의 딸 곧 브올의 일로 염병이 일어난 날에 죽임을 당한 그들의 자매 고스비의 사건으로 너희를 유혹하였음이니라

딛1:12 그레데인 중에 어떤 선지자가 말하되 그레데인들은 항상 거짓말장이며 악한 짐승이며 배만 위하는 게으름장이라 하니.

발람이 유혹 받아 범죄한 것은 첫 번째 하나님이 금지한 것을 어기고

재차 물은 것이다.

민22:12.19 하나님이 발람에게 이르시되 너는 그들과 함께 가지도 말고 그 백성을 저주하지도 말라 그들은 복을 받은 자니라 그런즉 이제 너희도 이 밤에 여기서 유하라 여호와께서 내게 무슨 말씀을 더하실는지 알아보리라.

유혹자인 줄 알면서도 밤중에 자신의 집에 유하게 한 것이 문제다. 하나님의 백성은 근본적으로 복 받은 사람들이다 그러므로 저주 자체가 안 통하는 것은 하나님이 금하셨기 때문이다.

하나님의 말씀을 알면서 자기의 욕심을 채우려고 하나님이 금한 것을 얻기 위하여 기도하는 것은 대단히 위험하다. 반면 정치하는 목사나 장로들은 자칫 간접 범죄로 자기의 목적을 위하여 이간하는 뱀같은 짓을 삼가지 않으면 발람이 따로 있는 것이 아니요 이런 자가 발람인 것을 명심하여야 하는 것이다.

하나님 앞에서 심판을 생각하는 사람 (단6:10)

다니엘이 이 조서에 어인이 찍힌 것을 알고도 자기 집에 돌아가서는 그 방의 예루살렘으로 향하여 열린 창에서 전에 행하던대로 하루 세번씩 무릎을 꿇고 기도하며 그 하나님께 감사하였더라

다니엘 דָּנִיֵּא:(1841, 다니엘) 다니엘(명남, 아람어)은 딘(דִּין , 1777)과 엘(אֵל, 410)에서 유래했으며, '하나님은 나의 심판자이시다'를 의미한다.

다니엘은 자신의 이름과 같은 뜻을 가진 믿음의 사람이다 그는 언재든지 하나님의 심판을 바라보며 하나님 앞에서 바르게 산사람이다. 하나님의 백 보좌 심판대를 바라보면서 산 사람이다.

계20:11 또 내가 크고 흰 보좌와 그 위에 앉으신 자를 보니 땅과 하늘이 그 앞에서 피하여 간데 없더라.

이러한 믿음은 영적으로 충만한 시야를 가진 다니엘 앞에 그 어떤 방해와 위협과 모략과 죽인들 보일리가 없을 것이다. 세상의 땅과 하늘이 그 앞에서 피하여 간 정도라면 말이다. 순교자 스데반과도 거의 같은 수준이다.

행7:56 말하되 보라 하늘이 열리고 인자가 하나님 우편에 서신 것을 보노라 한대

예루살렘을 향한 기도

예루살렘יְרוּשָׁלֵם(3390, 예루살렘)

同-שָׁלַם(7999, 샬람) 샬람(동사)은 기본 어근이며, '완전하다, 완성하다, 온전하다'를 의미한다. 여기에서 이 단어는 회복, (약속 등) 이행, 보상, 배상, 화해, 평화조약 체결이란 의미를 함축한다.

שְׁלֵם(8000, 셀림) 되찾다, 회복시키다, 드리다, 마치다.

예루살렘은 무슨 일을 만나든지 소망의 실현 장소인 하나님 나라의 장소다. 오히려 조여오는 공포와 어려움도 신앙의 양심을 무너뜨리려는 모해 속에도 예루살렘은 보호처가 되고 능력이 되고 힘을 얻는 방향이다. 정상적인 믿음의 자연스런 자기 보호라고 해도 무관하리라.

롬5:1-4 그러므로 우리가 믿음으로 의롭다 하심을 얻었은즉 우리 주 예수 그리스도로 말미암아 하나님으로 더불어 화평을 누리자 또한 그로 말미암아 우리가 믿음으로 서 있는 이 은혜에 들어감을 얻었으며 하나님의 영광을 바라고 즐거워

하느니라

다만 이뿐 아니라 우리가 환난 중에도 즐거워하나니 이는 환난은 인내를, 인내는 연단을, 연단은 소망을 이루는 줄 앎이로다.

예루살렘은 예수님 구속의 모든 것과 하나님의 약속을 완성한 하나님 나라의 도성을 상징한 곳으로 우리의 소망과 기도의 방향이 언제나 하늘의 새 예루살렘성을 향하여 서있어야 하는 것이다.

계21:10 성령으로 나를 데리고 크고 높은 산으로 올라가 하나님께로부터 하늘에서 내려오는 거룩한 성 예루살렘을 보이니

죽음을 면한 하나님과의 동역 (삼상14:45)

백성이 사울에게 말하되 이스라엘에 이 큰 구원을 이룬 요나단이 죽겠나이까 결단코 그렇지 아니하니이다 여호와의 사심으로 맹세하옵나니 그의 머리털 하나도 땅에 떨어지지 아니할 것은 그가 오늘 하나님과 동사하였음이니이다 하여 요나단을 구원하여 죽지 않게 하니라

מוֹת 무트, 칼 부정사 절대, 반드시. 무트는 자연적인 원인에 의한 죽음이나 폭력적인 죽음을 가리킨다. 후자는 처형이나 혹은 다른 방법으로 죽는 것을 의미한다.

요나단은 부왕 사울의 저주 맹세로 절대적 죽음에 처하였다.

삼상14:24 이 날에 이스라엘 백성이 피곤하였으니 이는 사울이 백성에게 맹세시켜 경계하여 이르기를 저녁 곧 내가 내 원수에게 보수하는 때까지 아무 식물이든지 먹는 사람은 저주를 받을지어다 하였음이라 그러므로 백성이 식물을 맛

보지 못하고.

44 사울이 가로되 요나단아 네가 반드시 죽으리라 그렇지 않으면 하나님이 내게 벌을 내리시고 또 내리시기를 원하노라

그러나 요나단은 그 이름처럼 구원을 받은 것이다.

요나탄(명남)은 예호나탄(יְהוֹנָתָן , 3083)의 다른 형태이며, '여호와께서 주셨다'를 의미한다.

여호와께서 주신 것은 바로 주님이 인류의 죄를 대신하여 죽음의 저주를 받으신 것이다. 요나단 역시 주님의 구속의 은총을 입고 절대적 죽음에서 구원 받은 것이다.

요나단은 부왕의 저주 내용을 모르고 음식을 먹은 것은 사실상 죄가 없는 것 같아도 잠시나마 부왕과의 교재가 단절된 것이 부지불식(不知不識) 간의 일이나 이런 허점이 절체절명(切齒絕命)의 순간이 된 것이다. 우리 하나님의 사람들도 행여 자만이나 승리감에 도취되어 하나남과의 교재를 소홀히 하면 안 되는 것이다.

주님의 구속하심은 하나님의 사람들을 구속(救贖)적 관계로 섭리하심을 알 수가 있다.

시19:14 나의 반석이시요 나의 구속자이신 여호와여 내 입의 말과 마음의 묵상이 주의 앞에 열납되기를 원하나이다.

구속גָּאַל (1350 가알) וְגֹאֲלִי: 접속사-칼 분사 남성 단수-1인 공성 단수, 나의 구속자이신. 되사다, 도로 찾다, 속량하다, 구속하다 redeem, 근친 역할(권리, 의무)을 행하다'를 의미한다.

보아스와 룻의 관계에서 본 주님의 救贖(룻3:9)

가로되 네가 누구뇨 대답하되 나는 당신의 시녀 룻이오니 당신의 옷자락으로 시녀를 덮으소서 당신은 우리 기업을 무를 자가 됨이니이다

보아스 בֹּעַז(1162, 보아즈) '민첩, 재빠름'을 의미한다.

본의 아니게 남편들의 사망으로 가정이 해체될 수밖에 없는 상황에서 오직 하나님을 소망한 고부(姑婦)가 장구할 것같고, 해결될 수가 없을 것 같은 고달프고 처량한 삶을 때가 되니 하나님의 은총이 신속하게 진행하심을 만날 수가 있다. 그것은 바로 구속(救贖)의 의미를 담은 보아스의 역할대로 기업 무를 자로 민첩하게 역사하신 주님을 볼 수가 있다.

룻3:13 이 밤에 여기서 머무르라 아침에 그가 기업 무를 자의 책임을 네게 이행하려 하면 좋으니 그가 그 기업 무를 자의 책임을 행할 것이니라 만일 그가 기업 무를 자의 책임을 네게 이행코자 아니하면 여호와의 사심으로 맹세하노니 내가 기업 무를 자의 책임을 네게 행하리라 아침까지 누울찌니라

계22:12 보라 내가 속히 오리니 내가 줄 상이 내게 있어 각 사람에게 그의 일한 대로 갚아 주리라.

정말 주님은 믿음과 효를 갖추고 진실하게 삶을 정한 룻과 모든 것을 다 잃고도 오직 하나님만을 소망하고 현실의 비루한 처지도 아랑곳 않고 가장 낮은 자가 되어 하나님의 집(룻1:22)–בֵּית לֶחֶם(1035, 베트레헴) 베트레헴은 바이트(בַּיִת , 1004: 집 house)와 레헴(לֶחֶם , 3899: 빵, 떡 bread)이 결합된 것으로서 '떡집'을 의미한다–을 찾아온 저들을 향하여 계22:12의 말씀처럼 하나님이 갚아주신 것이다.

보아스는 예수님의 예표이며 룻은 교회 즉 신부의 예표가 되는 것이

다. 혼기에 찬 어느 아가씨가 자신의 이상형이 보아스라고 하였는데 그 아가씨는 인간 보아스를 찾기 전 자신이 먼저 예수님의 신부됨을 알고 룻과 같은 믿음으로 살면 이미 보아스의 원조인 예수님의 신부됨으로 만족할 것이다.

룻 רוּת(7327, 루트) 루트(명여)는 '우정, 친구'를 의미

요15:13-15 사람이 친구를 위하여 자기 목숨을 버리면 이에서 더 큰 사랑이 없나니 너희가 나의 명하는대로 행하면 곧 나의 친구라 이제부터는 너희를 종이라 하지 아니하리니 종은 주인의 하는 것을 알지 못함이라 너희를 친구라 하였노니 내가 내 아버지께 들은 것을 다 너희에게 알게 하였음이니라.

룻의 믿음과 성정은 시어머니에게나 남편 보아스에게 진정한 친구가 된 사람이다.

요 1:13, 마 12:50 "이는 혈통으로나 육정으로나 사람의 뜻으로 나지 아니하고 오직 하나님께로서 난 자들이니라. 누구든지 하늘에 계신 내 아버지의 뜻대로 하는 자가 내 형제요 자매요 모친이니라 하시더라"

주님과의 진정한 친구가 되려면 자신과 주변을 주님의 사랑으로 소망된 인간관계로 사는 것이다.

룻과 같은 역경과 불행을 하나님이 은총과 복으로 갚아주신 것은 동방의 의인 욥에게만 나타난 것이 아니다. 아브라함을 축복하는 자는 아브라함에 복을 받는 그 원리가 임한 것이다.

창12:2,3 내가 너로 큰 민족을 이루고 네게 복을 주어 네 이름을 창대케 하리니 너는 복의 근원이 될찌라 너를 축복하는 자에게는 내가 복을 내리고 너를 저주하는 자에게는 내가 저주하리니 땅의 모든 족속이 너를 인하여 복을 얻을 것이

니라 하신지라.

보아스와 룻의 관계는 신랑 되신 주님과 성도의 관계를 어떻게 하면 복되고 하나님께 영광된 것인 줄을 잘 나타낸 말씀이다.

요나단이 하나님과 동사(同事)함 (삼상14:45)

백성이 사울에게 말하되 이스라엘에 이 큰 구원을 이룬 요나단이 죽겠나이까 결단코 그렇지 아니하니이다 여호와의 사심으로 맹세하옵나니 그의 머리털 하나도 땅에 떨어지지 아니할 것은 그가 오늘 하나님과 동사하였음이니이다 하여 요나단을 구원하여 죽지 않게 하니라

同事 עָשָׂה(6213, 아사) 일하다, 행하다, 만들다, 형성하다, 이루다.

하나님과 동사한다는 것은 하나님의 창조섭리에 들어간 것이다. 동사하는 것도 하나님과의 동사이지 사람과의 동사는 의미가 없다.

일을 하더라도 처음 일한 하나님의 일은—창1:16 하나님이 두 큰 광명을 만드사 큰 광명으로 낮을 주관하게 하시고 작은 광명으로 밤을 주관하게 하시며 또 별들을 만드시고.

두 큰 광명을 처음 만든 것처럼 하나님과의 동사는—전적 하님의 일에 쓰임 받는 순종과 용기의 믿음을 통하여 이루신 것이다. 두 큰 광명을 만드신 하나님은 어두움도 밝히는 은은한 빛과 광명한 빛을 주심처럼 하나님과 동사하는 사람에게 두 큰 광명의 빛으로 역사할 것이다.

땅에 있는 천국(창2:8)

여호와 하나님이 동방의 에덴에 동산을 창설하시고 그 지으신 사람을 거기 두시고

에덴עֵדֶן(5731, 에덴)

70인역본은 이 단어가 히브리 어근 아단(עָדַן, 5727)에서 직접 유래한 것으로 보고 이 단어를 '기쁨의 동산'으로 번역한다. 이러한 번역으로 말미암아 전통적으로 에덴 동산은 살기에 매우 적합한 낙원과 동일시 되었다(계 2:17).

눅23:43 예수께서 이르시되 내가 진실로 네게 이르노니 오늘 네가 나와 함께 낙원에 있으리라 하시니라.

παράδεισος(3857, 파라데이소스) 정원 garden, 공원 park, 낙원 paradise.

창세기 1장에 천지창조를 완성하였지만 2장에 다시 거론된 것은 동방의 에덴에 동산을 창설하시므로 에덴은 천지창조 완성 후 별도로 창설하신 것이다.

2:8여호와 하나님이 동방의 에덴에 동산을 창설하시고 그 지으신 사람을 거기 두시고

그러므로 2장의 내용은 창세기 1장의 연속같아도 그렇지 않고 에덴 동산 중심의 천지창조로 한 단계 높은 하나님 나라가 내제된 천지창조 모습이다.

이런 방식으로 에덴보다 먼저 사람을, 영적 사람 즉 하늘에 속한 신령한 사람을 내제한 모습도 볼 수 있다.

2:7 여호와 하나님이 흙으로 사람을 지으시고 생기를 그 코에 불어 넣으시니 사람이 생령이 된지라

창설이란 **נָטַע** (5193 나타) **וַיִּטַּע** 와우 계속법-칼 미완 3인 남성 단수, 계획된 것이지만 즉시 세우신 것이다(와우즉시 미래 완료로). 나타(동사)는 기본어근이며, '심다 plant'를 의미하며, '세우다, 설립하다, 고정시키다, (천막을) 치다'라는 의미를 지닌다.

하나님의 천지창조는 보이는 물리적인 창조 외에 보이지 않는 천국을 이 땅에서도 누릴 수 있도록 내제된 것이다.

물리적 에덴은 사라졌으나 에덴의 신령한 본질은 예수님의 구속(救贖)을 통하여 존재하고 있다.

눅17:20,21 바리새인들이 하나님의 나라가 어느 때에 임하나이까 묻거늘 예수께서 대답하여 가라사대 하나님의 나라는 볼 수 있게 임하는 것이 아니요 또 여기 있다 저기 있다고도 못하리니 하나님의 나라는 너희 안에 있느니라.

주님 안에 거한다는 것은 바로 에덴동산에 있는 것과 같은 것이다.

계3:20 볼찌어다 내가 문밖에 서서 두드리노니 누구든지 내 음성을 듣고 문을 열면 내가 그에게로 들어가 그로 더불어 먹고 그는 나로 더불어 먹으리라

에덴은 동산이 없이는 성립이 않된다.

동산גַּן(1588, 간) 간(명남, 여)은 가난(גָּנַן , 1598)에서 유래했으며, '울로 둘러싼 땅 방어하다 지키다. enclosure, 뜰, 정원, 동산 garden'을 의미한다. 同-מָגַן(4042, 마간) 주다, 넘겨주다.

마27:26 이에 바라바는 저희에게 놓아주고 예수는 채찍질하고 십자가에 못 박히게 넘겨주니라.

롬8:31-35 그런즉 이 일에 대하여 우리가 무슨 말 하리요 만일 하나님이 우리를 위하시면 누가 우리를 대적하리요 자기 아들을 아끼지 아니하시고 우리 모든 사람을 위하여 내어주신 이가 어찌 그 아들과 함께 모든 것을 우리에게 은사로 주지 아니하시겠느뇨

누가 능히 하나님의 택하신 자들을 송사하리요 의롭다 하신 이는 하나님이시니 누가 정죄하리요 죽으실 뿐아니라 다시 살아나신 이는 그리스도 예수시니 그는 하나님 우편에 계신 자요 우리를 위하여 간구하시는 자시니라 누가 우리를 그리스도의 사랑에서 끊으리요 환난이나 곤고나 핍박이나 기근이나 적신이나 위험이나 칼이랴

가난(גָּנַן 1598)을 의미론으로 보면 주님의 고난에 동참하는 삶이다.

롬8:17 자녀이면 또한 후사 곧 하나님의 후사요 그리스도와 함께한 후사니 우리가 그와 함께 영광을 받기 위하여 고난도 함께 받아야 될 것이니라

주님 구속(救贖)의 은혜에 보답과(주님의 고난에 동참 하는 삶) 택함 받은 생명으로 영원한 안식을 얻은 생명이 되는 것이다.

2=주님의 고난에 동참하는(보답 수고) 증인의 삶을 살고, 50=희년(안식년)+50+=영원한 안식으로 새 예루살렘의 영원한 안식이다.

계21:1,2 또 내가 새 하늘과 새 땅을 보니 처음 하늘과 처음 땅이 없어졌고 바다도 다시 있지 않더라 또 내가 보매 거룩한 성 새 예루살렘이 하나님께로부터 하늘에서 내려오니 그 예비한 것이 신부가 남편을 위하여 단장한 것 같더라.

에덴이 낙원인 것은 바로 주님의 구속의 은총이 있기 때문이다. 동산

의 직역은 '주다, 넘겨주다'의 뜻과 함께 주님의 구속의 은총이 모든 것을 지켜주시고 보호하시고 사탄의 사망권세를 박살내어 아무도 낙원의 행복을 건드리지 못하게 지켜주시는 곳이 낙원이다.

사마리아 사람들의 증거와 남방 여왕과 동일성의 증거(요 4:39-42. 대하 9:6)

사마리아인들의 신앙고백

여자의 말이 그가 나의 행한 모든 것을 내게 말하였다 증거하므로 그 동네 중에 많은 사마리아인이 예수를 믿는지라

사마리아인들이 예수께 와서 자기들과 함께 유하기를 청하니 거기서 이틀을 유하시매 예수의 말씀을 인하여 믿는 자가 더욱 많아 그 여자에게 말하되 이제 우리가 믿는 것은 네 말을 인함이 아니니 이는 우리가 친히 듣고 그가 참으로 세상의 구주신 줄 앎이니라 하였더라

대하 9:6 내가 그 말들을 믿지 아니하였더니 이제 와서 목도한즉 당신의 지혜가 크다 한 말이 그 절반도 못 되니 당신은 내가 들은 소문보다 지나도다

스바여왕이야 말로 사마리아 우물가의 여인과 같이(요4:18) 진정한 남편이 없는 여인으로 볼 수가 있다. 외형은 부와 권력을 다 가졌으나 그의 영혼은 곤고한 사람이다. 심령이 가난함이 나타난 것이다.

마5:5 심령이 가난한 자는 복이 있나니 천국이 저희 것임이요

스바여왕이 솔로몬을 통하여 은혜 받은 신앙고백 (대하9:7-8)

복되도다 당신의 사람들이여, 복되도다 당신의 이 신복들이여, 항상 당신의 앞에 서서 당신의 지혜를 들음이로다

당신의 하나님 여호와를 송축할찌로다 하나님이 당신을 기뻐하시고 그 위에 올리사 당신의 하나님 여호와를 위하여 왕이 되게 하셨도다 당신의 하나님이 이스라엘을 사랑하사 영원히 견고하게 하시려고 당신을 세워 저희 왕을 삼아 공과 의를 행하게 하셨도다 하고

하나님의 공의 מִשְׁפָּט(4941, 미쉬파트)

심판, 재판, 공의, 법령 등으로 하나님의 법이 솔로몬을 통하여 나온 것에 관점이 있다. 하나님의 법을 받았다는 것은 하나님의 의를 입어 구속의 은총을 받은 것으로 봐야 한다.

솔로몬 שְׁלֹמֹה(8010, 셸로몬)

셸로몬(명남)은 샬람(שָׁלַם7999)에서 유래했으며, '평화스러운'을 의미한다. 예수님이 평화의 본질인 평화의 왕이다.

엡2:14-18 그는 우리의 화평이신지라 둘로 하나를 만드사 중간에 막힌 담을 허시고 원수된 것 곧 의문에 속한 계명의 율법을 자기 육체로 폐하셨으니 이는 이 둘로 자기의 안에서 한 새 사람을 지어 화평하게 하시고 또 십자가로 이 둘을 한 몸으로 하나님과 화목하게 하려 하심이라 원수 된것을 십자가로 소멸하시고 또 오셔서 먼데 있는 너희에게 평안을 전하고 가까운데 있는 자들에게 평안을 전하셨으니 이는 저로 말미암아 우리 둘이 한 성령 안에서 아버지께 나아감을 얻게 하려 하심이라.

솔로몬은 예수님의 예표이고 스바여왕은 구속함을 받은 하나님의 백성을 의미한 것이다.

눅11:31 심판 때에 남방 여왕이 일어나 이 세대 사람을 정죄하리니 이는 그가

솔로몬의 지혜로운 말을 들으려고 땅 끝에서 왔음이어니와 솔로몬보다 더 큰이 가 여기 있으며

요셉을 알지 못하는 새왕(출1:8) 바로의 불행의 원인

요셉 יוֹסֵף(3130, 요세프) 요세프(명남)는 '하나님께서 더하실 것이다'를 의미하며(창 30:23), 요셉이라고 이름을 지은 연유는 '하나님이 나의 부끄러움을 씻으셨다'라는 의미로 지었으며. 라헬이 출산하지 못한 것을 부끄럽게 생각한 것이다.

부끄러움 חֶרְפָּה(2781 헤르파) חֶרְפָּתִי: 명사 여성 단수-1인 공성 단수, 하라프 חָרַף(2778: 비난하다, 꾸짖다)에서 유래했으며, '비난, 질책, 모욕, 치욕, 조롱, 조소, 경멸'을 의미한다.

아들을 생산치 못하여 언니 레아에게 비난과 조롱을 받되 자신의 능력 밖의 일로 심적 고통을 부끄럽다는 말로 표현한 것으로 하나님과 남편에게 소외되었다고 하는 마음의 상처가 원인인 것 같다.

이러한 라헬에게 하나님이 그 비난에서 벗어나도록 근본적 해결로써 요셉을 낳게 하신 것이다. 아들의 이름을 하나님께서 더하실 것이다라고 한 의미는 계속적 출산의 문이 열렸다고 하는 소망으로 지은 이름이다.

창30:24 그 이름을 요셉이라 하니 여호와는 다시 다른 아들을 내게 더하시기를 원하노라 함이었더라

יוֹסֵף(3130, 요세프) '하나님께서 더하실 것이다'를 의미론으로 보려면 חֶרְפָּה(2781, 헤르파) '비난, 치욕, 조롱, 조소'와 함께 연계하여 해석하여야 한다. 왜냐하면 요셉이라고 이름을 지은 동기가 바로 헤르파이기 때문이다.

주님은 자기 백성의 모든 부끄러움 חֶרְפָּה(2781, 헤르파)을 담당하신 것으로 인자로 이땅에 오시어 자기 몸을 찢어 죄를 담당하신 주님을 나타낸 것이다.

분리하여 보면,

모퉁이 돌이신 주님이 못 박힌 손에 의하여 사람들의 죄를 전수받아 자신의 몸을 찢어 생명의 양식이 되고 부활의 주님을 의미한다.

신32:26 פָּאָה(6284, 파아) 조각 내다, 조각조각 찢다. פֵּאָה(6285, 페아) 모퉁이 corner, 편 side (파아와 페아를 동일 어근으로 봐야 한다)

마26:26 저희가 먹을 때에 예수께서 떡을 가지사 축복하시고 떼어 제자들을 주시며 가라사대 받아 먹으라 이것이 내 몸이니라 하시고.

떼어 κλάω(2806, 클라오) 자르다, 부수다, 쪼개다.

모퉁이 돌

벧전 2:6 경에 기록하였으되 보라 내가 택한 보배롭고 요긴한 모퉁이 돌을 시온에 두노니 저를 믿는 자는 부끄러움을 당치 아니하리라 하였으니.

יוֹסֵף(3130, 요세프) 숫자를 통합적으로 보면,

10손+6사람, 못+60하나님이 사람이 되심+80부활의 완성=156.

156은 심판하시고 구원하시는 인자되는 주님이다.

노아홍수 심판에서 보면 150은 창7:24.8:3 물이 일백 오십일을 땅에 창일하였더라(홍수심판), 물이 땅에서 물러가고 점점 물러가서 일백 오십일 후에 감하고(구원)로 되고, 6은 인자의 수인 동시에 하나님과 사

람사이를 연결하는 중보의 수이기도 한 것이다.

100은 약속 성취의 수이며,

창21:5 아브라함이 그 아들 이삭을 낳을 때에 백세라

창17:19 하나님이 가라사대 아니라 네 아내 사라가 정녕 네게 아들을 낳으리니 너는 그 이름을 이삭이라 하라 내가 그와 내 언약을 세우리니 그의 후손에게 영원한 언약이 되리라

50은 희년의 수이며 큰 안식년의 수이고 성령 강림의 수이기도 하다.

레25:11 그 오십년은 너희의 희년이니 너희는 파종하지 말며 스스로 난 것을 거두지 말며 다스리지 아니한 포도를 거두지 말라

라헬은 단순하게 아들을 더한다는 소망을 피력 하였으나 하나님은 라헬의 부끄러움을 요셉을 통한 주님救贖의 은총으로 영원한 萬萬 복을 받은 것이다.

바로왕의 불행 원인은 요셉의 이름이 의미하는 심판과 구원을 모른다는 것이다.

온전한 십일조는 하나님의 집 양식이다.

십일조의 개념은 먼저 하나님의 것에 주목해야 하며, 하나님의 것에 주목하되 하나님의 집 양식에 초점이 있으며, 그 양식은 사람과 관계가 없는 그리스도의 몸과 관계가 있다.

그리스도 자신이 참된 양식이므로 하나님의 것 십일조는,

주님의 구속(救贖)이 들어있는 성별된 하나님 자신의 것이므로 인간이 임의로 자기 수입으로 잡을 것이 아니고 하나님의 것을 구별하여 드리는 것이다.

말3:10 만군의 여호와가 이르노라 너희의 온전한 십일조를 창고에 들여 나의 집에 양식이 있게 하고 그것으로 나를 시험하여 내가 하늘 문을 열고 너희에게 복을 쌓을 곳이 없도록 붓지 아니하나 보라

온전한 כֹּל(3605, 콜) 모두, 전체, 완전함. 온전한 십일조는 하나님의 집의 양식이다.

양식 טֶרֶף(2964, 테레프) 먹이, 식물, 잎사귀 同-טָרָף(2965, 타라프) 새로 뜯긴, 갓 딴. טְרֵפָה(2966, 테레파) 테레파(명여)는 테레프(טֶרֶף, 2964)의 여성형이며, '찢겨진 것, (야수들에 의해) 찢겨진 짐승, 찢긴 고기'를 의미한다.

양식에 대한 의미론

창3:15 내가 너로 여자와 원수가 되게하고 너의 후손도 여자의 후손과 원수가 되게 하리니 여자의 후손은 네 머리를 상하게 할 것이요 너는 그의 발꿈치를 상하게 할 것이니라 하시고

이 구절의 뜻은 사탄의 머리를 교회의 머리되신 주님이 발꿈치를 상하시면서 완전 박살내시고 부활하신 의미가 있다. 양식 טֶרֶף

9(사탄) 200(교회의 머리이신 주님) 80(사망을 이기고 부활하심)

예수님은 먹이 식물 잎사귀로,

사53:2 그는 주 앞에서 자라나기를 연한 순 같고 마른 땅에서 나온 줄기 같아서 고운 모양도 없고 풍채도 없은즉 우리의 보기에 흠모할만한 아름다운 것이 없도다.

목마른 자 물로 나아오라

사55:1,2 너희 목마른 자들아 물로 나아오라 돈 없는 자도 오라 너희는 와서 사 먹되 돈 없이, 값 없이 와서 포도주와 젖을 사라 너희가 어찌하여 양식 아닌 것을 위하여 은을 달아 주며 배부르게 못할 것을 위하여 수고하느냐 나를 청종하라 그리하면 너희가 좋은 것을 먹을 것이며 너희 마음이 기름진 것으로 즐거움을 얻으리라.

엡1:21,22 모든 정사와 권세와 능력과 주관하는 자와 이 세상 뿐 아니라 오는 세상에 일컫는 모든 이름 위에 뛰어나게 하시고 또 만물을 그 발 아래 복종하게 하시고 그를 만물 위에 교회의 머리로 주셨느니라 교회는 그의 몸이니 만물 안에서 만물을 충만케 하시는 자의 충만이니라

십일조는 하나님의 집의 양식으로 야수같이 된 유대인의 모함과 로마군에 의하여 십자가에 처형되어 주님의 몸을 찢겨 생명의 양식이 되는 救贖의 뜻이 들어 있다.

참된 양식

요6:55-58 내 살은 참된 양식이요 내 피는 참된 음료로다 내 살을 먹고 내 피를 마시는 자는 내 안에 거하고 나도 그 안에 거하나니 살아계신 아버지께서 나를 보내시매 내가 아버지로 인하여 사는 것같이 나를 먹는 그 사람도 나로 인하여 살리라

이것은 하늘로서 내려온 떡이니 조상들이 먹고도 죽은 그것과 같지 아니하여 이 떡을 먹는 자는 영원히 살리라

출16:31,32 이스라엘 족속이 그 이름을 만나라 하였으며 깟씨 같고도 희고 맛은 꿀 섞은 과자 같았더라 모세가 가로되 여호와께서 이같이 명하시기를 이것을

오멜에 채워서 너희 대대 후손을 위하여 간수하라
이는 내가 너희를 애굽 땅에서 인도하여 낼 때에 광야에서 너희에게 먹인 양식을 그들에게 보이기 위함이니라 하셨다 하고.

양식 מָן(4478, 만) 만나 manna

하나님의 집에 양식이 있게 하고

양식인 하나님의 복음이 살아 있도록 교회를 섬기는 하나님의 사람들이 생활이 되도록 십일조로 섬겨줘야 하며, 교회의 기타 선교사업과 성도들의 교회중심의 사업에 쓰여 지도록 하는 근본 대책이다. 하나님은 사람을 통한 일반 헌금과 차원을 달리한 구분된 하나님 자신의 것으로 하나님의 교회를 운영케 하신 것이다. 특히 십일조는 하나님의 것으로 처음부터 정하여진 구분된 거룩한 물질임을 명심하여야 하는 것이다.

흔히 십일조는 의무헌금이라고 하는데 그 정의가 좀 어색하다. 의무는 자신의 의지와 책임의 뜻이 있지만 십일조는 의무의 범위를 넘어 하나님의 것을 하나님께 전하는 것뿐이다.

그러므로 십일조는 그냥 십일조라고 말하지 말고 수식어를 넣어 하나님의 것 십일조라고 해야지 마치 강제적인 일반 십일조와 구분되는 것이다.

혹자는 하나님의 것을 하나님에게 드리는 것을 강제적으로 드리게 한다고 하는데 그렇게 하면 마치 하나님을 강도 취급하는 뉘앙스가 있다. 하나님의 것 십일조는 강제가 아니고 마땅하며 정당한 행위인 것이므로 강조한다고 하여 강제가 아니다. 하나님의 것을 안 내는 사람이 오히려 강도요 도적이다.

그러므로 교회는 주저하지 말고 복음이 들어 있는 하나님의 것 십일조를 은혜롭고 복되게 잘 전하며 실천케 하여 교회가 하나님의 복된 약속을 누리게 하여야 하는 것이다.

십일조에는 복음이 없고 마치 구약시대에만 강조된 규범 정도로 이해하면 율법에 내재된 복음도 모르고, 은혜도 모른 상태에서 하나님의 것인 십일조를 가르칠 수가 없으며 하나님에게는 도둑이 되고 하나님 앞을 가로 막는 걸림돌이 되는 무식한 지도자가 되는 것이다.

그러므로 십일조는 드리기 전부터 이미 구분된 하나님의 성물(聖物)인 것이다. 다만 하나님의 성물(聖物)을 드린 것 뿐임으로 인간 자신을 개입하여서는 안 되는 것이다.

또한 하나님의 것 십일조를 드린다는 것은 직업과 수익활동에 이미 거룩한 하나님의 사역도 함께 하고 있다는 증명이다.

한 분이신 하나님

신6:4 이스라엘아 들으라 우리 하나님 여호와는 오직 하나인 여호와시니

אחד יהוה(3068 예호와) 한 분인 여호와 אֱלֹהִים(엘로힘) אֶחָד(에하드) 한 분인 하나님

4+8+1=13. 5+6+5+10=26 능력을 나타내는 신이라 하여 다 하나님이 아니다. 하나님처럼 보이려는 사탄, 마귀, 귀신을 분별하여야 한다.

신령한 사람(고전2:11)

하나님께로 온 영

창2:7 여호와 하나님이 흙으로 사람을 지으시고 생기를 그 코에 불어 넣으시니

사람이 생령이 된지라

짐승의 영과 사람의 영

전3:21 인생의 혼은 위로 올라가고 짐승의 혼은 아래 곧 땅으로 내려가는 줄을 누가 알랴(땅속에 지옥이 있다는 것은 비성서적임 인생의 혼은 위로 올라감)

신령한 사람은 하나님 나라에 상달되는 하나님의 형상 즉 예수님을 닮는 삶을 사는 것이다. 반면 육에 속한 사람은 예수님을 닮는 것과 상관없이 땅의 짐승처럼 세상 중심으로 사는 사람이다.

짐승 בְּהֵמָה(929, 베헤마) (네발가진) 짐승, 야수, 가축

짐승처럼 살면 짐승처럼 된다는 것은 단순 짐승이 아니다. 하나님 나라로 상달될 수 없는 삶을 말하는 것이지 사람의 혼이 땅으로 내려가는 것이 아니고 불신자의 영혼이라도 땅으로는 내려가지 않고 영들이 가는 음부가 따로 있다.

눅16:22-24 이에 그 거지가 죽어 천사들에게 받들려 아브라함의 품에 들어가고 부자도 죽어 장사되매 저가 음부에서 고통 중에 눈을 들어 멀리 아브라함과 그의 품에 있는 나사로를 보고 불러 가로되 아버지 아브라함이여 나를 긍휼히 여기사 나사로를 보내어 그 손가락 끝에 물을 찍어 내 혀를 서늘하게 하소서 내가 이 불꽃 가운데서 고민하나이다

야수 이성적이지 못한 사람

유다서1:10-16 이 사람들은 무엇이든지 그 알지 못하는 것을 훼방하는도다 또 저희는 이성 없는 짐승 같이 본능으로 아는 그것으로 멸망하느니라

화 있을찐저 이 사람들이여, 가인의 길에 행하였으며 삯을 위하여 발람의 어그러

진 길로 몰려 갔으며 고라의 패역을 좇아 멸망을 받았도다.

저희는 기탄없이 너희와 함께 먹으니 너의 애찬의 암초요 자기 몸만 기르는 목자요

바람에 불려가는 물 없는 구름이요 죽고 또 죽어 뿌리까지 뽑힌 열매 없는 가을나무요 자기의 수치의 거품을 뿜는 바다의 거친 물결이요 영원히 예비된 캄캄한 흑암에 돌아갈 유리하는 별들이라

아담의 칠세 손 에녹이 사람들에게 대하여도 예언하여 이르되

보라 주께서 그 수만의 거룩한 자와 함께 임하셨나니 이는 뭇사람을 심판하사 모든 경건치 않은 자의 경건치 않게 행한 모든 경건치 않은 일과 또 경건치 않은 죄인의 주께 거스려 한 모든 강퍅한 말을 인하여 저희를 정죄하려 하심이라 하였느니라

이 사람들은 원망하는 자며 불만을 토하는 자며 그 정욕대로 행하는 자라 그 입으로 자랑하는 말을 내며 이를 위하여 아첨하느니라

신령하지 못한 삶은 비이성적이며 짐승처럼 사는 것이고 신령한 사람은 주님 안에 거하는 하나님 나라가 있는 사람이다.

시내산과 골고다 언덕의 공통점은 진정한 하나님의 영광이 있는 장소이다.

부활, 변화, 영광

출19:16 제 삼일 아침에 우뢰와 번개와 빽빽한 구름이 산 위에 있고 나팔 소리가 심히 크니 진중 모든 백성이 다 떨더라 34:29,30 모세가 그 증거의 두 판을 자기 손에 들고 시내산에서 내려오니 그 산에서 내려올 때에 모세는 자기가 여호와와 말씀하였음을 인하여 얼굴 꺼풀에 광채가 나나 깨닫지 못하였더라 아론

과 온 이스라엘 자손이 모세를 볼 때에 모세의 얼굴 꺼풀에 광채 남을 보고 그에게 가까이 하기를 두려워하더니

마27:51-54 이에 성소 휘장이 위로부터 아래까지 찢어져 둘이 되고 땅이 진동하며 바위가 터지고 무덤들이 열리며 자던 성도의 몸이 많이 일어나되 예수의 부활 후에 저희가 무덤에서 나와서 거룩한 성에 들어가 많은 사람에게 보이니라 백부장과 및 함께 예수를 지키던 자들이 지진과 그 되는 일들을 보고 심히 두려워하여 가로되 이는 진실로 하나님의 아들이었도다 하더라

마17:2 저희 앞에서 변형되사 그 얼굴이 해 같이 빛나며 옷이 빛과 같이 희어졌더라

주님이 못 박혀 돌아가신 골고다(마27:33)에 생명나무가 서있다.

출24:17 산 위의 여호와의 영광이 이스라엘 자손의 눈에 맹렬한 불 같이 보였고 창3:24 이같이 하나님이 그 사람을 쫓아내시고 에덴동산 동편에 그룹들과 두루 도는 화염검을 두어 생명나무의 길을 지키게 하시니라 (맹렬한 불이나 화염검을 둔 곳은 접근치 못함)

לַהַט(3858, 라하트) 불꽃, 마법 불꽃, (검)의 날'을 의미한다.

마27:50-53 예수께서 다시 크게 소리 지르시고 영혼이 떠나시다 이에 성소 휘장이 위로부터 아래까지 찢어져 둘이 되고 땅이 진동하며 바위가 터지고 무덤들이 열리며 자던 성도의 몸이 많이 일어나되 예수의 부활 후에 저희가 무덤에서 나와서 거룩한 성에 들어가 많은 사람에게 보이니라

주님의 죽음이 있는 골고다에 생명의 복음이 있고 벌거숭이 메마른 바위의 산 폐허 죽은 산 호렙산(시내산)에 주님 구속(救贖)의 영광이 있었

다.(예수님의 예표인 모세가 중보 역할을 한 것이다)

호렙산 חֹרֵב(2722, 호레브) 호레브(호렙)는 시내산의 다른 이름으로, 하라브(חָרֵב, 2717)에서 유래하였으며 황폐한 지역, 메마른 산, 죽음의 산이다. 겟세마네κρανίον(2898, 크라니온) 해골이란 뜻으로 죽음의 장소를 생명의 장소로 바꾼 것이다.

여호와께서 자기의 비밀을 알리실 때(암3:7)

주 여호와께서는 자기의 비밀을 그 종 선지자들에게 보이지 아니하시고는 결코 행하심이 없으시리라

하나님의 비밀 סוֹד(5475, 소드) 의논, 협의, 조언, 집회 소드(명남)는 본래 '확신의 말'을 의미하며(참조: '은밀히 말하다'를 의미하는 아랍어 사와다), 여기서 '의논, 협의' counsel이란 의미가 되었으며, '권고, 조언, 집회, 모임'이란 의미도 가진다.

창18:17 여호와께서 가라사대 나의 하려는 것을 아브라함에게 숨기겠느냐

소나 양으로 예물을 드릴 지니라(레1:2)

이스라엘 자손에게 고하여 이르라 너희 중에 누구든지 여호와께 예물을 드리려거든 생축 중에서 소나 양으로 예물을 드릴찌니라

소, 수소의 제물에 관한 뜻

소 בָּקָר(1241, 바카르) 바카르는 주로 '황소'를 의미하지만, 황소, 암소, 어린 암소 그리고 송아지를 포함한 가축에 사용되었다. 바카르는 양이나 염소 같은 작은 짐승을 나타내는 "떼"와 구별된다.

同-①בּוֹקֵר(951, 보케르) 목자 herdsman 바카르(בָּקַר, 1239)에서 유래했으며 '목자' herdsman를 의미한다. 암7:14. ② בָּקַר(1239, 바카르) 찾다, 구하다, 조사하다. ③ בֹּקֶר(1242, 보케르) 새벽, 아침 ④ בִּקֹּרֶת(1244, 빅코레트) 심판, 형벌 바카르(בָּקַר, 1239)에서 유래했으며 '심판, 형벌'을 의미한다.레 19:20 소는 이처럼 한 어근에서 다양하게 표현되는 것은 제물 되는 주님救贖의 성격을 잘 드러내고 있다.

가죽을 벗기고(레1:16)

그는 또 그 번제 희생의 가죽을 벗기고 각을 뜰 것이요

벗기다 פָּשַׁט(6584 파샤트) וְהִפְשִׁיט 와우 계속법-히필 완료 3인 남성 단수. 벗기다, 침입하다, 급습하다.

하나님이 사역동사로 가죽을 벗기도록 시킨 것이다. 자기백성을 구원하시려고 하늘의 영광을 버리신 것도 사실 가죽이 벗겨지는 것으로 비유가 될 수 있으며 인류의 더러운 죄를 다 벗겨주시려고 주님 자신이 죄를 담당하여 벗겨주신 고난의 모습이 또한 그렇다.

인간의 죄를 덮어주시는 옷이 바로 주님의 몸을 벗겨 나온 희생의 가죽으로 만든 옷이다. 물론 이 내용은 비록 제물의 가죽이지만 주님을 예표한 것이므로 그렇게 상징한 것이다.

마9:16,17 생베 조각을 낡은 옷에 붙이는 자가 없나니 이는 기운 것이 그 옷을 당기어 해어짐이 더하게 됨이요 새 포도주를 낡은 가죽 부대에 넣지 아니하나니 그렇게 하면 부대가 터져 포도주도 쏟아지고 부대도 버리게 됨이라 새 포도주는 새 부대에 넣어야 둘이 다 보전되느니라.

창3:7,21 이에 그들의 눈이 밝아 자기들의 몸이 벗은 줄을 알고 무화과나무 잎을 엮어 치마를 하였더라 여호와 하나님이 아담과 그 아내를 위하여 가죽옷을 지어 입히시니라

최초 주님의 구속사건 (창3:14–16)

여호와 하나님이 뱀에게 이르시되 네가 이렇게 하였으니 네가 모든 육축과 들의 모든 짐승보다 더욱 저주를 받아 배로 다니고 종신토록 흙을 먹을지니라 내가 너로 여자와 원수가 되게하고 너의 후손도 여자의 후손과 원수가 되게 하리니 여자의 후손은 네 머리를 상하게 할 것이요 너는 그의 발꿈치를 상하게 할 것이니라 하시고 또 여자에게 이르시되 내가 네게 잉태하는 고통을 크게 더하리니 네가 수고하고 자식을 낳을 것이며 너는 남편을 사모하고 남편은 너를 다스릴 것이니라 하시고

뱀에 대한 저주(요16:33)

이것을 너희에게 이름은 너희로 내 안에서 평안을 누리게 하려함이라 세상에서는 너희가 환난을 당하나 담대하라 내가 세상을 이기었노라 하시니라

뱀을 저주하였다는 것은 사탄을 근본적인 면에서는 멸망시킨 것을 말씀하는 것이며 그러므로 주님은 세상을 이겼으므로 담대하라고 하신 것이다. 세상을 이겼다는 것은 마귀의 세력(사망권세)에서 이겼다는 것이다.

뱀에 대한 저주 내용은,

창3:15 내가 너로 여자와 원수가 되게하고 너의 후손도 여자의 후손과 원수가 되게 하리니 여자의 후손은 네 머리를 상하게 할 것이요 너는 그의 발꿈치를 상

하게 할 것이니라 하시고

뱀의 머리는 사탄이다. 이 사탄을 완전히 짓이겨 박살내어 버린 것이다.

뱀 נָחָשׁ(5175, 나하쉬) 나하쉬(נָחַשׁ, 5172: 점을 치다)에서 유래했다. 뱀을 알려면 그 성격에서 찾는 것이 중요하다.

뱀의 성격(창3:1)

עָרוּם(6175, 아룸) 교활한, 간교한, 영리한, 슬기로운

여호와 하나님의 지으신 들짐승 중에 뱀이 가장 간교하더라 뱀이 여자에게 물어 가로되 하나님이 참으로 너희더러 동산 모든 나무의 실과를 먹지 말라 하시더냐

사탄의 나쁜 성격은 사람에게도 잘 나타나고 있다. 사람도 교활하고 간교한 사람은 뱀에게 내린 저주받은 삶에서 떠나야 하는 것이다. 세상을 불행하게 만드는 사탄의 원색적 성격이다.

이간으로 화목을 깨고 사악한 주장을 하게 하고 악한 사상으로 교육하여 진실을 거짓으로 바꾸는 역할을 하는 자는 사탄에게 이용당하는 것을 알아야 하는 것이다.

가장 핵심은 복음을 이간하여 예수님의 대적자가 되거나 이단 사이비가 되게 하는 것이다. 이렇게 복음 자체를 외곡하여 복음과 바꾼 자가 성령을 훼방한 자이다. 왜냐하면 성경은 성령의 감동으로 기록하였기 때문이다.

성령 훼방

아담과 하와에게 준 복음은 선악과를 따먹으면 죽는다는 것이다.

창2:17 선악을 알게하는 나무의 실과는 먹지 말라 네가 먹는 날에는 정녕 죽으리라 하시니라.

그런데 따먹어도 된다니,

창3:4,5 뱀이 여자에게 이르되 너희가 결코 죽지 아니하리라 너희가 그것을 먹는 날에는 너희 눈이 밝아 하나님과 같이 되어 선악을 알줄을 하나님이 아심이니라.

이것이야 말로 이단 사이비인 것이요 성령을 훼방한 죄다. 그러므로 뱀은 죄 사함을 받지 못하고 멸망의 상징이 된 동물이다. 오늘날 뱀 같은 복음을 왜곡시킨 자는 죄 사함 받을 수 없는 것이 당연함은 복음이 없고 믿음 자체가 가짓됨인 나름 평생 예수 이름 부르나 성령 훼방죄에서 벗어날 길이 없다.

훼방 βλασφημέω(987, 블라스페메오) 중상하다, 비방하다 slander, defame, 모독하다 blaspheme 신성모독.

막3:29누구든지 성령을 훼방하는 자는 사하심을 영원히 얻지 못하고 영원한 죄에 처하느니라 하시니.

חָרַף(2778, 하라프) 비난하다, 조롱하다, 모욕하다, 무시하다, 수확기를 보내다, 획득하다. 주님의 救贖을 비난 조롱하는 것은 火印맞은 심령이다.(왕하19:4)

불신자도 하나님에 관하여 직접 비난하지는 않는다. 그저 안 믿거나 몰라서 단순 반대하는 것 뿐인데 모르면서 자신의 식견을 정확한 진리라고 주장하는 반면 주님을 악하게 판단하는 사고방식이다.

저주 받은 사탄은 지금도 간교하게 지식인에게는 지식으로 종교인에게는 종교로 기타 대상에 따라 적절하게 간교한 짓을 끊임없이 우는 사자처럼 돌아다니며 삼킬 자를 찾고 있다.

뱀이 배로 다닌다는 것은 저주의 모습이다.

배 גָּחוֹן(1512, 가혼) 同-גִּיחַ(1518, 기아흐) 갑자기 나타나다, 튀어나오다, 왈칵 흘러나오다 터뜨리다 끌어내다(시22:10) 돌진하다 쇄도하다 습격하다(삿20:3)

기아흐는 값없이 흘러나오는 기혼강의 물과 함께 복음으로 상징되는데 배를 하늘 양식인 복음으로 채워야 하는데 그렇지 못한 것이 저주다.

> 마4:4예수께서 대답하여 가라사대 기록되었으되 사람이 떡으로만 살것이 아니요 하나님의 입으로 나오는 모든 말씀으로 살 것이라 하였느니라 하시니

종신토록 흙을 먹고 산다는 데 저주의 핵심이 있는 것이다.

흙 עָפָר(6083, 아파르) 마른 흙, 먼지, 티끌. 종신토록 흙을 먹고 산다는 것은 복음을 먹지 못하고 흙에서 살다 흙으로 돌아가는 삶을 의미한다고 보는 것이다.

> 롬1:21-25 썩어지지 아니하는 하나님의 영광을 썩어질 사람과 금수와 버러지 형상의 우상으로 바꾸었느니라 그러므로 하나님께서 저희를 마음의 정욕대로 더러움에 내어 버려두사
>
> 저희 몸을 서로 욕되게 하셨으니 이는 저희가 하나님의 진리를 거짓 것으로 바꾸어 피조물을 조물주보다 더 경배하고 섬김이라 주는 곧 영원히 찬송할 이시로다 아멘

하나님의 말씀을 먹고 살면 하나님 나라로, 땅의 것 위주로 살면 땅으로 돌아가는 것이다. 이 말씀은 성도의 부활과 대조되는 것으로 즉 육체가 생명의 부활이 못되고 심판의 부활이 되어 멸망하는 것을 의미하는 것이다.

결국은 저주의 대상이 뱀을 통하여 보여주는 사탄의 자녀들을 통칭한 말씀이다.

요8:44 너희는 너희 아비 마귀에게서 났으니 너희 아비의 욕심을 너희도 행하고자 하느니라 저는 처음부터 살인한 자요 진리가 그 속에 없으므로 진리에 서지 못하고 거짓을 말할 때마다 제 것으로 말하나니 이는 저가 거짓말장이요 거짓의 아비가 되었음이니라.

하와가 받는 고난과 주님과의 구속(救贖)적 관계(창3:16)

또 여자에게 이르시되 내가 네게 잉태하는 고통을 크게 더하리니 네가 수고하고 자식을 낳을 것이며 너는 남편을 사모하고 남편은 너를 다스릴 것이니라 하시고

주님과 교회는 신랑과 신부의 관계가 된다(엡 5:22-24)

아내들이여 자기 남편에게 복종하기를 주께 하듯하라 이는 남편이 아내의 머리됨이 그리스도께서 교회의 머리 됨과 같음이니 그가 친히 몸의 구주시니라 그러나 교회가 그리스도에게 하듯 아내들도 범사에 그 남편에게 복종할찌니라

해산의 수고와 주님의 고난 (요16:21,22)

여자가 해산하게 되면 그 때가 이르렀으므로 근심하나 아이를 낳으면 세상에 사람 난 기쁨을 인하여 그 고통을 다시 기억지 아니하느니라 지금은 너희가 근심하나 내가 다시 너희를 보리니 너희 마음이 기쁠 것이요 너희 기쁨을 빼앗을 자가 없느니라

산자의 어머니 하와는 아이를 낳는 고통으로 새 생명을 탄생시킨 기

뿜과 주님이 십자가 고난을 통하여 자기 백성을 영생의 생명으로 거듭 나게 하신 것은 주님의 구속에 참여하는 영생의 은혜인 것이다.

여자의 잉태하는 고통은 주님 救贖의 고난을 예표함인 동시에 주님의 고난에 동참하는 의미가 있는 것이다.

아담부부의 저주는 주님이 대신하여 주신 것이다.(창3:20,21)

아담이 그 아내를 하와라 이름하였으니 그는 모든 산 자의 어미가 됨이더라 여호와 하나님이 아담과 그 아내를 위하여 가죽옷을 지어 입히시니라

하와의 잘못된 믿음(창4:1)

아담이 그 아내 하와와 동침하매 하와가 잉태하여 가인을 낳고 이르되 내가 여호와로 말미암아 득남하였다 하니라

여호와로 말미암아 אֵת(854, 에트) 에트(전치사)는 '~와 함께 with, together with'를 의미한다.

여호와로 말미암았다는 것은 하나님이 주셨다라는 보편적 자녀 생산을 말한 것이 아니고 하나님으로 생산한 것이 된 것이다. 결국 신약성경으로 보면 성령으로 잉태하였다는 것이 된다.

왜 하와는 이토록 무리한 믿음을 가졌을까라고 볼 때 창3:15 여자의 후손이 뱀의 머리를 밟아 죽여 원수 갚는 장면이 나온다.

이때 하와의 마음속에 자신이 그 여자가 되기를 원하였던 것으로 볼 수밖에 없다. 그러나 하와는 하나님의 말씀을 충분히 이해하였지만 미련한 욕심이 그렇게 만든 것 같다.

분명히 하나님은 여자의 후손이라고 말씀하였지 직속 아들이라고 말씀하지 않은 것이다.

뱀의 후손과 여자의 후손이라고 한 것은 이미 하와가 아님을 밝히 말씀하신 것이다. 후손이란 어느 때의 후손이라고 정하지 않았지만 분명 그것은 하나님이 정하신 때인 것이지 사람이 임의로 정하는 후손이 아님이다.(창3:15)

후손 זֶרַע(2233, 제라) 씨, 씨 뿌리기, 자손, 소산. 이 후손과 득남 ן בֵּ(1121, 벤) 아들, 아이, 손자와는 표현이 다르다. 직접 아들을 줄 때는 창17:22 יָלַד(3205, 얄라드) '낳다, 생기게 하다, 산고를 겪다'를 사용하거나 창18:14 בֵּן(1121, 벤) '아들, 아이, 손자'를 사용하는 것이다.

여호와께 능치 못한 일이 있겠느냐 기한이 이를 때에 내가 네게로 돌아오리니 사라에게 아들이 있으리라

하와는 구원받은 후에도 정신을 못 차린 것 같다. 오늘날로 말하면 한때나마 이단이 되었던 것이다. 보통사람을 예수님이라고 하면 그것이 이단이다.

성경에는 없지만 고대사 관점에서 보면 니므롯의 아내 세미라미스도 이렇게 하여 아들을 담므스 신으로 만들고 자신은 여신이 된다.

아담의 땀 흘리는 삶(창3:19)

네가 얼굴에 땀이 흘러야 식물을 먹고 필경은 흙으로 돌아가리니 그 속에서 네가 취함을 입었음이라 너는 흙이니 흙으로 돌아갈 것이니라 하시니라

땀 זֵעָה(2188, 제아) 땀. 제아(명여)는 예자(יָזַע, 3154)스미어 나오게 하다의 뜻이며 '땀'을 의미한다. 同-זוּעַ(2111, 주아) (두려움으로) 떨다, 흔들다, 뒤흔들어 놓다. 괴롭히다.

זְוָעָה(2113, 제와아) 공포, 떨림, 전율함, 공포나 전율의 대상 제와아(명여)는 주아(זוּעַ, 2111)에서 유래했으며, '공포, 떨림, 전율함, 공포나 전율의 대상'을 의미한다. 떨리는 것' 즉 전율이나 공포의 대상을 표현한다(대하 29:8, 사 28:19, 렘 15:4, 렘 24;9, 렘 29:18, 렘 34:17).

제와아는 하나님의 심판의 결과인 하나님의 백성을 묘사하기 위해 사용되었다. 하나님의 심판의 범위와 혹독함은 그것을 지켜보는 열방들에게 소름이 끼칠 정도로 무서운 것이었다.

얼굴에 땀이 흘러야 식물을 먹는다는 것은 땀에 대한 어원적 이해를 올바로 하는 것이 중요한 것이다. 노동의 땀을 통하여 상징하는 영적 의미를 알아야 하나다는 것이다.

땀 흘리는 삶은 기도하는 삶이다.(눅22:44)

예수께서 힘쓰고 애써 더욱 간절히 기도하시니 땀이 땅에 떨어지는 피방울 같이 되더라

죄와 싸우는 모습이다.(히12:4)

너희가 죄와 싸우되 아직 피흘리기까지는 대항치 아니하고

삶의 목적이 먹는 데 있는 것이 아니고 영생의 삶을 사는 데 있는 것이므로 참된 양식인 주님의 고난에 동참하는 삶인 것이다. (고전10:31,빌2:12,13)

그런즉 너희가 먹든지 마시든지 무엇을 하든지 다 하나님의 영광을 위하여 하라""그러므로 나의 사랑하는 자들아 너희가 나 있을 때 뿐아니라 더욱 지금 나 없을 때에도 항상 복종하여 두렵고 떨림으로 너희 구원을 이루라 너희 안에서 행하시는 이는 하나님이시니 자기의 기쁘신 뜻을 위하여 너희로 소원을 두고 행하게 하시나니

아담의 땀 흘리는 삶을 올바로 적용하는 것은 빌2:12,13의 삶을 사는 것이다.

수고하며 עִצָּבוֹן(6093, 잇차본) 고통, 노역, 수고. 잇차본(명남)은 아차브(עָצַב , 6087)에서 유래했으며, '아픔, 고통, 노역, 수고'를 의미한다.

同-מַעֲצֵבָה(4620, 마아체바) 고통(의 장소). 마아체바(명여)는 아차브(עָצַב, 6087: 괴롭히다, 고통을 주다, 상처를 입히다, 슬프게 하다)에서 유래했으며, '고통, 고통의 장소'를 의미한다. 사 50:11에서 한 번 나온다.

불을 피우고 횃불을 둘러 띤 자여 너희가 다 너희의 불꽃 가운데로 들어가며 너희의 피운 횃불 가운데로 들어갈찌어다 너희가 내 손에서 얻을 것이 이것이라 너희가 슬픔 중에 누우리라.

עַצֶּבֶת(6094, 앗체베트) 고통, 상처, 근심. 아차브(עָצַב, 6087: 괴롭히다, 고통을 주다)에서 유래했으며, '상처, 고통, 아픔, 근심, 슬픔'을 의미한다.(욥 9:28, 시 16:4, 시 147:3, 잠 10:10, 잠 15:13)

수고하여야 한다는 것은 주님의 고난에 동참하는 것을 말하며 주님의 영광에 참여할 수 있는 영생의 양식을 소화할 수 있는 것이다.(요 6:68)

수고의 의미론 עִצָּבוֹן(6093, 잇차본) 수고하며-고통, 노역, 눈 샘물(소견 생각) 낚시 바늘(아픔 슬픔) 160 עָצַ 주님의 못 박힌 손으로 구원 받은 집=58 בוֹן 160 안식과 부활이며 58도 희년(안식의 성취50)과 부활8로 둘 다 안식과 부활이다.

아담의 수고는 사실상 저주가 아니라 저주를 이기고 영생을 주신 주님 救贖의 은혜를 입어 영생을 주신 약속인 것이다.

히브리어 알파벳 숫자의 상징

5+2=7 오병이어의 수. 안식일6+1=7. 1=하나님의 수. 6=사람의 수(고리, 못). 6+1=7 하나님이 함께하는 사람. 4=4복음 에덴의 네 강(창2:11-14) 네 생물(계4:6 겔1:5) 4×10=40 광야 40년. 2=수2:1두 사람의 정탐꾼으로 증인의 수. 협력의 수(마18:10) 3=삼위일체의 수 . 13은 하나님의 수이다. 5=희년의 기초 수

한 분 하나님은 완전하신 전능의 하나님 수이다. 8=부활의 수 (안식후 첫날 노아의 8식구 할례8일만에), 100×4=400년 애굽의 종살이 40×10=광야 생활의 10배. 9=6+3. 3은 하나님의 속성, 6은 사람의 수=사람이 하나님 노릇 하는 수이며, 9=10에서 1 부족한 피조물 한계의 수이며 사탄을 상징하기도 하는 수이다. 10은(계2:10참고) 시험의 수이며 승리의 수이고, 완전수이고 충성을 의미한다고도 볼 수 있다.

사탄의 10머리(계13:1)는 자신을 완전한 하나님처럼 나타내는 사탄의 처음 타락한 교만의 상징이다.

위 숫자의 의미는 다소 주관성이 있으므로 참고 정도로 보셔서 취사 선택의 유익이 있기를 바랍니다.

실망한 자의 말은 바람에 날아감 (욥6:26)

너희가 말을 책망하려느냐 소망이 끊어진 자의 말은 바람 같으니라

יָאַשׁ(2976, 야아쉬) 절망하다 ראפסד 단념시키다 낙담시키다 실망하다 소망이 없다.

안식년을 준비한 6년의 복 (레25:18-22)

너희는 내 법도를 행하며 내 규례를 지켜 행하라 그리하면 너희가 그 땅에 안전히 거할 것이라 땅은 그 산물을 내리니 너희가 배불리 먹고 거기 안전히 거하리라 혹 너희 말이 우리가 만일 제 칠년에 심지도 못하고 그 산물을 거두지도 못하면 무엇을 먹으리요 하겠으나 내가 명하여 제 6년에 내 복을 너희에게 내려 그 소출이 삼년 쓰기에 족하게 할찌라

너희가 제 팔년에는 파종하려니와 묵은 곡식을 먹을 것이며 제 구년 곧 추수하기까지 묵은 곡식을 먹으리라

6년은 안식년의 한 해가 부족한 해로서 한 사람의 생애로 보면 하나님 나라 가기 직전의 개인 종말로 봐도 되고 인류의 종말로 봐도 무방하다.

안식년이 의미하는 바는 영원한 천국이다. 진정한 안식은 바로 하나님 나라에 들어가는 것이다.

계21:1-4 또 내가 새 하늘과 새 땅을 보니 처음 하늘과 처음 땅이 없어졌고 바

다도 다시 있지 않더라

또 내가 보매 거룩한 성 새 예루살렘이 하나님께로부터 하늘에서 내려오니 그 예비한 것이 신부가 남편을 위하여 단장한 것 같더라

내가 들으니 보좌에서 큰 음성이 나서 가로되 보라 하나님의 장막이 사람들과 함께 있으매 하나님이 저희와 함께 거하시리니 저희는 하나님의 백성이 되고 하나님은 친히 저희와 함께 계셔서 모든 눈물을 그 눈에서 씻기시매

다시 사망이 없고 애통하는 것이나 곡하는 것이나 아픈 것이 다시 있지 아니하리니 처음 것들이 다 지나갔음이러라.

6년 שִׁשִּׁי(8345, 쉿쉬, 서수)는 셰쉬(שֵׁשׁ , 8337: 여섯)에서 유래했으며, '여섯째 sixth'를 의미한다.(창 1:31, 창 30:19, 창 16:5, 레 25:21 등)

同-שׂוּשׂ(7797, 수스) 크게 기뻐하다, 기뻐하다. (부정사 절대형) 빛나다 유쾌하다 몹시 즐거움

a. 수스(동사)는 기본어근이며, '크게 기뻐하다, 기뻐 날뛰다 exult, 기뻐하다 rejoice'를 의미한다.

이 단어는 신명기에서 복과 저주에 대한 모세의 경고에 사용되었다(신 28:63과 신 30:9에 각각 2회, 모두 4회). 3회는 여호와께서 이스라엘 백성이 자기 율법에 순종할 때 그들에게 복 주시기를 기뻐하시는 분으로 묘사되었으며, 1회는 불순종할 때 그들을 멸망시키기를 기뻐하신다고 경고한다.

b. 이 단어는 선지서들에서 이스라엘이 하나님의 기쁨의 대상이 된다는 것을 묘사한다. 하나님은 이스라엘 백성을 기뻐하시고(사62:5, 사

65:19, 습3:17) 그들에게 기쁨으로 복 주신다(렘32:41).

c. 이 단어는 시편에서 이스라엘이 하나님을 기뻐하시는 것을 묘사한다.

시 70:4에서 "주를 찾는 모든 자로… 기뻐하고 즐거워 하게 하시며" 라고 표현한다.

시 119편에서 기자는 큰 기쁨 중에 하나님의 기록된 말씀에 대한 즐거움을 표현한다.

"나는 주의 말씀을 즐거워 하나이다"(시119:162)

마찬가지로 선지서에서도 백성들이 여호와의 구원에 대해 즐거워한다고 표현하였다.

"내가 여호와로 인하여 크게 기뻐하며 내 영혼이 나의 하나님으로 인하여 즐거워하리니"

이는 그가 구원의 옷으로 내게 입히시며 의의 겉옷으로 내게 더하심이 신랑이 사모를 쓰며 신부가 자기 보물로 단장함 같게 하셨음이라"(사61:10, 사65:19, 사66:14)

6년은 영원한 안식에 들어가기 전 모든 것을 다 준비한 해이다. 인생의 말년이 사실 초년보다 결정적으로 중요하며 종말의 때를 준비하는 믿음이 믿음 중의 결정적 믿음이다.

심지어 주님과 함께 십자가에 달린 한편 강도도 최종 개인 종말을 맞이하여 회개하고 주님 영접함으로 영원한 낙원의 안식에 들어간 것이다.

눅23:39-43 달린 행악자 중 하나는 비방하여 가로되 네가 그리스도가 아니냐 너와 우리를 구원하라 하되 하나는 그 사람을 꾸짖어 가로되 네가 동일한 정죄

를 받고서도 하나님을 두려워 아니하느냐
우리는 우리의 행한 일에 상당한 보응을 받는 것이니 이에 당연하거니와 이 사람의 행한 것은 옳지 않은 것이 없느니라 하고 가로되 예수여 당신의 나라에 임하실 때에 나를 생각하소서 하니
예수께서 이르시되 내가 진실로 네게 이르노니 오늘 네가 나와 함께 낙원에 있으리라 하시니라.

6년의 복을 받은 사람들(末年의 福)

아브라함(창25:1-8)

아브라함(1대)이 후처를 취하였으니 그 이름은 그두라라 그가 시므란과 욕산과 므단과 미디안과 이스박과 수아를 낳았고
욕산은(2대) 스바와 드단을 낳았으며 드단의 자손은 앗수르 족속과 르두시 족속과 르움미 족속이며 미디안의 아들은 에바와 에벨과 하녹과 아비다와 엘다아니 다 그두라의 자손이었더라
아브라함이 이삭에게 자기 모든 소유를 주었고자기 서자들에게도 재물을 주어 자기 생전에 그들로 자기 아들 이삭을 떠나 동방 곧 동국으로 가게 하였더라
아브라함의 향년이 일백 칠십 오세라 그가 수가 높고 나이 많아 기운이 진하여 죽어 자기 열조에게로 돌아가매

아브라함은 이미 100세 때 노후하여 자녀 생산의 가망이 없던 사람이다. 하나 오히려 말년에 복을 받아 175세까지 장수하면서 후처 그두라를 통하여 맏아들 욕산을 그리고 손자까지 본 것이니. 이미 100세를 정점으로 건강이 다하였으나 이삭을 낳음과 동시에 건강의 복, 젊음

의 복을 누리면서 말년을 무탈하게 잘 지내고 행복하게 삶을 마감한 것이다. 이야말로 6년의 복 즉 말년의 복을 누린 שִׁשִּׁי(8345, 쉿쉬) 여섯째 sixth שׂוּשׂ(7797, 수스) 크게 기뻐하다, 기뻐하다(사35:1) 빛나고 유쾌한 삶의 복을 받은 것이다.

다니엘(12:13)

너는 가서 마지막을 기다리라 이는 네가 평안히 쉬다가 끝날에는 네 업을 누릴 것임이니라

바울(딤후4:6-8))

관제와 같이 벌써 내가 부음이 되고 나의 떠날 기약이 가까웠도다 내가 선한 싸움을 싸우고 나의 달려갈 길을 마치고 믿음을 지켰으니 이제 후로는 나를 위하여 의의 면류관이 예비되었으므로 주 곧 의로우신 재판장이 그 날에 내게 주실 것이니 내게만 아니라 주의 나타나심을 사모하는 모든 자에게니라

바울은 말년에 순교를 앞두고 이처럼 하나님 나라의 면류관을 보면서 숭고한 말년을 빛나게 맞이한 사람이다. 하나님이 주신 사명을 여한이 없이 다한 사람의 말년은 이처럼 하늘의 소망으로 충만한 복을 누리는 생애를 받아드리는 것이다.

아브라함이나 다니엘처럼 세상의 평안은 없으나 하나님 나라의 영광으로 빛난 바울의 말년 즉 6년의 시간이다.

복음전파자의 말을 경청한 자가 능력 있는 믿음을 가진다.(막5:25-28)

소문을 듣고 (막5:27)

예수의 소문을 듣고 무리 가운데 섞여 뒤로 와서 그의 옷에 손을 대니

듣고 ἀκούω (191 아쿠오) ἀκούσασα 동분사, 과거, 능동, 주격, 여성, 단수: 소문을 듣다, 경청하다, 주의하다, 들어서 깨닫다.

지금 당장 처음 듣는 것이 아니고 계속 들어오던 것을 결정적으로 받아드린 것이다(동 분사 과거능동). 혈루병을 고치려고 사람이 할 수 있는 방법을 다 동원하여 치료하였으나 결국 실패하고 오히려 더 악화된 상태에서 지금까지 주님에 대하여 듣고 흘려버린 복음이 진실로 받아드려진 것이다.

복음은 이처럼 모든 것 위에 뛰어난 증거가 독보적으로 들어나게 되어 있는 것이다. 그 어떤 종교도 복음의 본질을 대신할 수 없게 되어 있다. 복음은 오직 예수님에만 해당된 것이다. 다만 흉내정도 내나 허상일뿐이다.

옷에 손을 댄 것이 믿음의 근본이 아니다. 옷에 손을 댄 것은 믿음의 상태에 따른 상황의 적응 행도인 것이다. 만약 그 여인이 많은 군중에 섞여 있지 않고 주님을 개별적으로 만날 수 있는 자유로운 환경이라면 주님의 옷자락을 살며시 만질 이유가 없다 직접 주님의 손을 잡든지 그 앞에 엎드려 간구하든지 하였을 것이다.

주님은 어떤 환경이든지 그 사람의 처지대로 믿음을 가지고 접근하면 믿음대로 함께하여 주심을 잊지 말아야 하는 것이다.

듣고 **שָׁמַע**(8085, 샤마) 듣다 hear. 샤마(동사)는 기본어근이며, '듣다 hear'를 의미하며, '경청하다 listen to, 순종하다 obey'

혈루증

ῥύσις(4511, 뤼시스) 흐름, 흘러나옴. 同-ῥέω(4483, 레오) 말하다 say.

피가 잘 응고되지 못하고 계속 흐른다는 것은 사실 죽음에 이를 수 있는 병이다. 동의어로 영적의미로 살펴보면 이 여인의 혈루병을 통하여 주님의 음성(말)을 들을 수 있는 것이다. 죄인을 구속하여 주신 주님의 보혈은 지금도 쉬지 않고 계속 흐르고 있는 핏소리가 들려야 하는 것이다.

죄인의 생명은 지금도 흐르는 피처럼 없어지는 생명이지만 죄인을 구속(救贖)하여 주신 주님의 흐르는 생명의 피, 아낌없이 흐르는 생명의 복음이 수혈되는 사람은 영원히 죽지 않는 피의 복음을 받아 다시는 죽지 않는 영생을 받음으로 죽음의 혈루병에서 구원 받는 것이다.

하나님의 말씀을 경청하여 듣는 것은 만 가지 죽음의 세력을 이기고 구원 받는 것이다. 소리가 들린다고 하여 듣는 것이 아니다. 경청한다는 것은 순종, 복종, 깨달음 등이 된 상태다.

하나님의 말씀이 경청 되면 믿음의 역사가 일어나 놀라운 기적과 은혜와 새로움과 소망이 있다.

화액 전에 취하여 감을 입는 의인(사57:1)

의인이 죽을찌라도 마음에 두는 자가 없고 자비한 자들이 취하여 감을 입을찌라도 그 의인은 화액 전에 취하여 감을 입은 것인줄로 깨닫는 자가 없도다

화액 רַע(7451, 라)

나쁜, 악한, 악, 악한 것. 라(형용사)는 라아(רָעַע, 7489)에서 유래했으

며, '나쁜, 해로운 bad, 악한 evil'을 의미한다.

의인 צַדִּיק(6662, 찻디크) 의로운, 공정한, 올바른, 공의로운. 창 6:9,

자비 חֶסֶד(2617, 헤세드) 친절, 인자, 자비, 자애. 의인과 자비한 것은 같이 묶어진 인격이다. 이 두 단어의 조합은 의인에 대하여 자비함에 대하여 잘 표현되고 있다. 이로 보건데 공정한 의인의 자비가 올바른 자비며 또한 공의로운 자비가 올바른 자비이다.

하나님은 의인을 화액 전에 데려가신다고 하셨다 그것도 일반적으로 깨닫지 못한다고 하셨다. 하나님 앞에 의롭게 산다는 것이야 말로 죽음의 은총, 삶의 은총을 받는 세상 삶의 종말론적 복을 받은 것이다.

흔히들 죽을 때 편안하게 쉽게 죽을 것을 원하는 것이 대부분이다. 그렇게 되려면 먼저 공의롭고 인자한 사람이 되어야 한다.

이런 사람은 크게는 주님 재림 때 들림을 받을 것이고 일반적일 때는 화액 전에 데려감을 입는 복을 누릴 것이다.

공의와 자비를 의미론으로 보면

공의 צַדִּיק(6662, 찻디크) 의로운, 공정한, 올바른- 의로움 공정함의90.100=이삭을 낳을 때 사라가 90세이고 아브라함의 나이가 צָחַק(6711, 차하크)창17:19 100세다. **צק** 의도하는 것은 다윗의 반열에 들어가는 것으로 예수님의 족보에 들어가는 다윗의 자음 숫자값이 14이다. דָּוִד(다위드) דו(10+4=14)것이다.

자비 חֶסֶד(2617, 헤세드) 친절, 인자, 자비, 자애

생명의 문 되는 주님이 죄 짐을 담당하시는 것이다. 그러므로 공의롭

고 자비로운 삶이란 주님의 사랑을 실천하는 사람이다.

주님이 내 죄를 사하심 같이 나에게 죄지은 사람을 용서하는 것은 공의와 자비를 가진 사람 즉 의인이며 자비로운 사람이다.

구원의 사람(호1:1)

웃시야와 요담과 아하스와 히스기야가 이어 유다 왕이 된 시대 곧 요아스의 아들 여로보암이 이스라엘 왕이 된 시대에 브에리의 아들 호세아에게 임한 여호와의 말씀이라

호세아의 아버지 브에리

브에리בְּאֵרִי(882, 베에리) 베에리(명남)는 베에르(בְּאֵר , 875)에서 유래했으며, '나의 우물'을 의미한다.

우물과 연관된 사례

창21:30,31 아비멜렉이 아브라함에게 이르되 이 일곱 암양 새끼를 따로 놓음은 어찜이뇨 아브라함이 가로되 너는 내 손에서 이 암양 새끼 일곱을 받아 내가 이 우물 판 증거를 삼으라 하고 두 사람이 거기서 서로 맹세하였으므로 그곳을 브엘세바라 이름하였더라

창24:10,11이에 종이 그 주인의 약대 중 열 필을 취하고 떠났는데 곧 그 주인의 모든 좋은 것을 가지고 떠나 메소보다미아로 가서 나홀의 성에 이르러 그 약대를 성밖 우물 곁에 꿇렸으니 저녁 때라 여인들이 물을 길러 나올 때이었더라

창29:10 야곱이 그 외삼촌 라반의 딸 라헬과 그 외삼촌의 양을 보고 나아가서 우물 아구에서 돌을 옮기고 외삼촌 라반의 양떼에게 물을 먹이고 그가 라헬에게 입맞추고 소리내어 울며

출2:15 바로가 이 일을 듣고 모세를 죽이고자 하여 찾은지라 모세가 바로의 낯을 피하여 미디안 땅에 머물며 하루는 우물 곁에 앉았더라

민21:16-18거기서 브엘에 이르니 브엘은 여호와께서 모세에게 명하시기를 백성을 모으라 내가 그들에게 물을 주리라 하시던 우물이라

그 때에 이스라엘이 노래하여 가로되 우물 물아 솟아나라 너희는 그것을 노래하라 이 우물은 족장들이 팠고 백성의 귀인들이 홀과 지팡이로 판 것이로다 하였더라 광야에서 맛다나에 이르렀고

창26:17-25 이삭이 그곳을 떠나 그랄 골짜기에 장막을 치고 거기 우거하며 그 아비 아브라함 때에 팠던 우물들을 다시 팠으니 이는 아브라함 죽은 후에 블레셋 사람이 그 우물들을 메웠음이라

이삭이 그 우물들의 이름을 그 아비의 부르던 이름으로 불렀더라 이삭의 종들이 골짜기에 파서 샘 근원을 얻었더니 그랄 목자들이 이삭의 목자와 다투어 가로되 이 물은 우리의 것이라 하매 이삭이 그 다툼을 인하여 그 우물 이름을 에섹이라 하였으며

또 다른 우물을 팠더니 그들이 또 다투는고로 그 이름을 싯나라 하였으며 이삭이 거기서 옮겨 다른 우물을 팠더니

그들이 다투지 아니하였으므로 그 이름을 르호봇이라 하여 가로되 이제는 여호와께서 우리의 장소를 넓게 하셨으니 이 땅에서 우리가 번성하리로다 하였더라

이삭이 거기서부터 브엘세바로 올라갔더니 그 밤에 여호와께서 그에게 나타나 가라사대 나는 네 아비 아브라함의 하나님이니 두려워 말라

내 종 아브라함을 위하여 내가 너와 함께 있어 네게 복을 주어 네 자손으로 번성케 하리라 하신지라

이삭이 그곳에 단을 쌓아 여호와의 이름을 부르고 거기 장막을 쳤더니 그 종들이 거기서도 우물을 팠더라

우물은 하나님 백성들의 삶의 밀접함과 함께 특별한 의미가 있다 그 대표적인 예로 배필을 처음 만난 장소로 나타나있으며 이삭 야곱 모세 등이 그런 사례다.(창24:10, 29:10,출2:5)

우물은 신랑과 신부가 되는 길의 첫 만남의 장소로 상징성이 있다.

그 상징은 신랑 되신 예수님과 신부되는 성도 즉 교회의 만남이다.

요4:6,7거기 또 야곱의 우물이 있더라 예수께서 행로에 곤하여 우물 곁에 그대로 앉으시니 때가 제 육시쯤 되었더라 사마리아 여자 하나가 물을 길러 왔으매 예수께서 물을 좀 달라 하시니

17,18 여자가 대답하여 가로되 나는 남편이 없나이다 예수께서 가라사대 네가 남편이 없다 하는 말이 옳도다 네가 남편 다섯이 있었으나 지금 있는 자는 네 남편이 아니니 네 말이 참되도다.

우물가에서 만난 사마리아 여자는 5명의 남편이 있었으나 지금 함께 동거하는 사람도 남편이 아니라고 주님이 말씀하셨다.

여기에서 생각할 것은 호적상의 문제로 말한 것이 아니다. 물론 부부의 기본 심성에 대한 지적이라고 보는 것이 일반적이겠으나 여기에는 깊은 구속(救贖)사의 뜻이 함축된 것이다.

진정한 남편은 바로 예수님이라는 것을 나타내고 있는 것을 예배와 연결시키고 있음을 볼 수가 있다.

요4:25,26 여자가 가로되 메시야 곧 그리스도라 하는 이가 오실 줄을 내가 아노니 그가 오시면 모든 것 을 우리에게 고하시리이다. 예수께서 이르시되 네게 말하는 내가 그로라 하시니라

주님은 자신의 백성들을 주님 자신과 한 몸으로 인정하고 있다. 그것은 바로 사람이 주님으로 부터 나왔다는 증거이다.

이 원리는 창2:22-24의 말씀의 원리와 부합된 것이다.

여호와 하나님이 아담에게서 취하신 그 갈빗대로 여자를 만드시고 그를 아담에게로 이끌어 오시니 아담이 가로되 이는 내 뼈 중의 뼈요 살 중의 살이라 이것을 남자에게서 취하였은즉 여자라 칭하리라 하니라 이러므로 남자가 부모를 떠나 그 아내와 연합하여 둘이 한 몸을 이룰찌로다

선지자 호세아의 아버지 브에리는 나의 우물이란 의미와 걸맞게 아들 호세아와 예수님과의 관계를 이어주는 우물의 역할을 한 것이다.

호세아הוֹשֵׁעַ(1954, 호셰아)

호셰아(명남)는 야샤(יָשַׁע, 3467: 구원하다, 구조하다)에서 유래했으며 구원자를 의미한다.

호세아는 주님과 하나되는 데서 이루어지는 것이 호세아 즉 구원이 성립 되는 것이다. 그러므로 구원이란 바로 주님과 하나가 되는 것이다.

호세아의 사명과 삶의 의미(1:2)

여호와께서 비로소 호세아로 말씀하시니라 여호와께서 호세아에게 이르시되 너는 가서 음란한 아내를 취하여 음란한 자식들을 낳으라 이 나라가 여호와를 떠나 크게 행음함이니라

구원을 의미하는 호세아에게 음란한 아내를 주신 것은 하나님의 구원계획을 직접 실천하는 삶을 살게 한 이름이다.

이러한 삶은 구속주로 오신 주님의 삶과도 일치한 것이다. 죄인을 사랑한 삶이나 음란한 아내를 사랑한 삶이 일치한 것이다. 이러한 주님의 救贖사적 사랑의 깊은 뜻이 들어간 이름을 모르고 호세아는 왜 음란한 아내를 얻으라고 하였는지 의아해 할 수도 있는 것이다.

음란한 זְנוּן(2183, 자눈) 간음 fornication

세상이 타락의 극치가 되면 간음은 일상화 돼있어 죄로 인정하지도 않는다. 노아시대도 그렇고 소돔 고모라시대로 그렇고 오늘날 유교적 윤리가 지배하던 동방예의지국이란 호칭을 듣는 대한민국도 성인의 화간은 법정 죄에서 아예 자율로 맡겨 버린 상태다.

심지어 동성애도 유엔에서 조차 차별금지법에 넣어서 동성애를 하나의 소수의 성으로 인정하고 있는 실정이다.

호세아를 통하여 음란한 세대를 버리지 않고 끝까지 구원하시려는 하나님의 애타는 사랑을 공유하도록 호세아를 선지자로 세우신 것이다.

오늘날 혼전 성관계는 이미 묵시적으로 문제 삼지 않고 있는 세대다. 혼전이라도 남녀가 교제를 트게 되면 의례히 자유롭게 결혼이 전제가 아니면서도 마치 부부 이상 성적으로 자유로워지는 것을 볼 수가 있다. 극도의 타락한 시대에 호세아의 심정을 닮아 하나님의 심정을 공유하여 최선을 다하여 하나님의 백성을 구원하는데 최선을 다하여야 하는 것이다.

또한 영적 간음은 육신의 간음으로도 나타남을 간과하지 말아야 하는 것이다. 영적인 간음도 이런 차원에서 주님의 종들이 혼탁 하지 말고 진리에서서 하나님의 뜻을 이행하여야 하는 것이다.

호3:1-5 여호와께서 내게 이르시되 이스라엘 자손이 다른 신을 섬기고 건포도 떡을 즐길찌라도 여호와가 저희를 사랑하나니 너는 또 가서 타인에게 연애를 받아 음부된 그 여인을 사랑하라 하시기로 내가 은 열 다섯개와 보리 한 호멜 반으로 나를 위하여 저를 사고 저에게 이르기를 너는 많은 날 동안 나와 함께 지내고 행음하지 말며 다른 남자를 좇지 말라 나도 네게 그리하리라 하였노라 이스라엘 자손들이 많은 날 동안 왕도 없고 군도 없고 제사도 없고 주상도 없고 에봇도 없고 드라빔도 없이 지내다가 그 후에 저희가 돌아와서 그 하나님 여호와와 그 왕 다윗을 구하고 말일에는 경외하므로 여호와께로 와 그 은총으로 나아가리라

זְנוּן(2183, 자눈) 간음 fornication(호1:1)과 חַנּוּן(2587, 한눈) 은혜로운, 자비로운 (욜:13)의 차이

자눈과 한눈은 단어의 처음 자음 하나 차이로 그 뜻이 아주 상반되어 있다. 간음과 은혜로운, 자비로운의 차이다. ┌ 헤이트는 생명 보호, 울타리의 의미가 있고 ┌ 무기, 먹을 것, 음식, 양식, 말씀을 의미한다.

여기서 깨달아야 할 것은 남녀 성의 기본개념이다. 성은 은혜로 보는 생명과 보호의 대상이다. 그러나 성을 자신의 욕망을 채우는 음식처럼 생각하면 간음이 되는 것이다. 성은 생육하고 번성하는 생명의 탄생기관으로 경건하게 지켜져야 할 생식기관이다.

번제물로 상달될 수 있는 내장과 정강이(레1:9)

그 내장과 정갱이를 물로 씻을 것이요 제사장은 그 전부를 단 위에 불살라 번제를 삼을찌니 이는 화제라 여호와께 향기로운 냄새니라

내장 קֶרֶב(7130, 케레브) 본래는 가장 가까운 부분 내부, 중앙, 한 가

운데 전치사와 함께 ~사이에, 전에.

인체 또는 동물의 신체 내부(들), 인간 집단들의 내부, 사회 구조(예: 도시)의 내부 등을 의미하였다. 이 단어는 또 '가운데에, 사이에, 중에' in the midst, among라는 뜻의 전치사 구실을 할 때가 많다(합 3:2, 민 14:13).

同-קָרַב(7126, 카라브) 가까이 오다, 접근하다, 들어가다, 가까이 당기다(겔36:8)

케레브는 중앙을 중심하여 가장 가까운 부분을 의미하며 예를 들면 화살이 과녁에 적중하는 것과 같은 것이다. 하나님을 중심하여 가장 가까운 부분 즉 하나님과의 일치점으로 보면 가장 적합하다고 하겠다.

내장을 물로 씻는다는 것은 하나님에게 가까이 나아 주님의 피로 깨끗하게 회개한 심령을 의미하는 것이다.

קָרַב(7126, 카라브)와 תָּוֶךְ(8432, 타웨크) 중앙, 한 가운데. 타웨크(명남)는 '중앙, 한 가운데 midst'를 의미한다. 창2:9 타웨크는 같은 중앙의 뜻이 있으나 다른 개념이다.

향기로운 냄새(레1:17)

또 그 날개 자리에서 그 몸을 찢되 아주 찢지 말고 제사장이 그것을 단 윗 불 위의 나무 위에 살라 번제를 삼을찌니 이는 화제라 여호와께 향기로운 냄새니라

נִיחוֹחַ(5207, 니호아흐) 진정시킴, 달램, 기쁘게 함, 평온케 함.

同-הֲנָחָה(2010, 하나하) 휴식을 줌 하나하(명여)는 누아흐(נוּחַ , 5117:

휴식하다, 쉬다)에서 유래했으며, '휴식을 줌'을 의미한다. מְנוּחָה(4496, 메누하) 안식처, 안식 נֹחַ(5146, 노아흐) 노아 Noah 노아흐(명남)는 누아흐(נוּחַ, 5117: 쉬다, 안식하다)에서 유래했다.

שָׁבַת(7673, 샤바트) 그치다, 중지하다, 쉬다 샤바트(동사)는 '쉬다(휴식), 그치다, 그만두다, 중지하다'를 의미하는 창2:2의 안식과 향기의 안식은 차이가 있다. 향기의 안식은 휴식의 안식이지만 창조를 완성하신 후의 안식은 '그치다'라는 의미로 니호아흐의 안식과 다르다.

하나님이 火祭를 받으시며 향기롭다고 말씀하신 것은 제물을 통한 그리스도의 구속하심에서 오는 안정감이라고 표현하는 것이 옳은 것이다. 향기라고 번역되어 무슨 꽃향기처럼 생각하는 것은 본말의 의미가 아니다.

소제

מִנְחָה(4503, 민하) 선물, 공물, 제물 민하(명여)는 사용되지 않은 어근 마나흐(מָנַח 빌려주다, 선물을 주다)에서 유래했으며, '선물 gift, 공물 tribute, 제물 offering'을 의미한다.

대부분의 사람들은 히브리어 어근 마나흐(מָנַח)에서 유래하였다고 단정한다. 아랍어 마나하는 일정한 기간 동안 '어떤 사람에게 어떤 것(암낙타, 염소, 양, 혹은 한 구획의 땅)을 빌려주다'라는 전문적인 의미를 지니고 있으며

따라서 차용자가 빌린 것에서 나온 소산물을 자유롭게 사용할 수 있고(예: 소산, 우유, 수확 곡물 등), 그후 본래의 소유물을 되돌려 주는 것이

다. 이때 수확물은 무료로 주는 선물이 된다.

창43:26 요셉이 집으로 오매 그들이 그 집으로 들어가서 그 예물מִנְחָה(4503, 민하) 선물, 공물, 제물을 그에게 드리고 땅에 엎드리어 절하니.

소제의 성격은 하나님에게 드리는 선물의 성격이되 구속의 은총에 대한 답례에 있으며 본질은 하나님의 것을 인정하여 하나님에게 돌려 드리는 것이다.

그 돌려드리는 것은 바로 온전히 하나님께 영광을 돌리는 것이며 죄인을 구원하는 것은 오직 주님 밖에 없는 것을 고백하는 의미가 소제에 들어있는 성격이다.

요6:68 시몬 베드로가 대답하되 주여 영생의 말씀이 계시매 우리가 뉘게로 가오리이까

주님의 십자가에 동참하는 삶에 비교할 수가 있다.

고전15:31 형제들아 내가 그리스도 예수 우리 주 안에서 가진바 너희에게 대한 나의 자랑을 두고 단언하노니 나는 날마다 죽노라.

롬14:8 우리가 살아도 주를 위하여 살고 죽어도 주를 위하여 죽나니 그러므로 사나 죽으나 우리가 주의 것이로라

소제에 사용되는 기름과 유향

기름 שֶׁמֶן(8081, 셰멘) 샤만(שָׁמַן , 8080: 살찌다)에서 유래했으며, '기름짐(기) fate, 기름 oil'을 의미한다. 기름은 번영을 상징한다.

모세는 아셀에게 "그 발이 기름에 잠길지로다"(신 33:24)라고 축복한다.

하나님의 백성에 대한 하나님의 특별한 축복이 신 32:13에 주어져 있는데, 심지어 바위까지도 꿀과 기름을 생산한다고 한다. 즉 불모지이고 생산이 않되는 것까지도 하나님의 축복 아래서는 풍성한 수확을 내게 될 것이다(욥 29:6).

기름은 기쁨과 즐거움을 상징한다(사 61:3, 시 45:7). 여기서 기쁨의 기름은 하나님의 특별한 은총 아래 거하는 자의 복된 상태이다.

소제에 기름을 붙는 것은 성령의 임함도 되지만 풍성한 하나님의 구속의 사랑이 들어간 것을 의미한 것이다.

유향 לְבוֹנָה(3828, 레보나, 명, 여)는 라벤(3835: 희다)에서 유래했으며, 보스웰리아 카르테리(Boswellia Carterii)라는 유향 나무의 진(gum)에서 나는 향기로운 향을 의미한다. 그 황갈색의 진이 건조되었을 때, 흰 분말은 유향 방울을 형성한다.

잘 부숴지며 반짝거리며 쓴 맛이 나는 유향은 값비싼 향이지만 피웠을 때는 만족감을 준다. 정결을 상징한 백색은 주님에 의를 의미하며 유향의 향기는 하나님의 공의를 만족시키는 의미가 있다.

소제에 기름과 유향을 붙는 것은 하나님의 축복하심과 하나님의 구속하심을 나타낸 것이다.

대대로 지킬 영원한 규례(레24:1-3)

"여호와께서 모세에게 일러 가라사대 이스라엘 자손에게 명하여 감람을 찧어 낸 순결한 기름을 켜기 위하여 네게로 가져오게 하고 끊이지 말고 등잔불을 켤찌며 아론은 회막안 증거궤 장 밖에서 저녁부터 아침까지 여호와 앞에 항상 등잔불을 정리할찌니 너희 대대로 지킬 영원한 규례라"

감람 זַיִת(2132, 자이트) 감람나무, 올리브

同-זִיו(2122, 지우) 빛남, 광채. 지우(명남, 아람어)는 아카드어에서 유래한 차용어이며 히브리어 지우(זִו , 2099)에 해당하며, '빛남, 광채, 광휘, 탁월함'을 의미한다(단 5:6, 단 5:9, 단 5:10, 단 7:28). 감람나무는 빛이신 주님을 상징하는 나무다.

요1:4 그 안에 생명이 있었으니 이 생명은 사람들의 빛이라

창1:3 하나님이 가라사대 빛이 있으라 하시매 빛이 있었고는 주님이 빛으로 나타나신 것이다. 광야에서 반석으로 나타나시어 함께 하신 것처럼, 감람나무 되신 주님에게 나온 기름을 부어 왕 선지자 제사장으로 세우신 것이다.

슥4:2-6 그 등대 곁에 두 감람나무가 있는데 하나는 그 주발 우편에 있고 하나는 그 좌편에 있나이다 하고 내게 말하는 천사에게 물어 가로되 내 주여 이것들이 무엇이니이까 내게 말하는 천사가 대답하여 가로되 네가 이것들이 무엇인지 알지 못하느냐 내가 대답하되 내 주여 내가 알지 못하나이다 그가 내게 일러 가로되 여호와께서 스룹바벨에게 하신 말씀이 이러하니라 만군의 여호와께서 말씀하시되 이는 힘으로 되지 아니하며 능으로 되지아니하고 오직 나의 신으로 되느니라

왕 제사장 선지자는 주님에게로부터 나오는 성령으로 사역하는 직책이며 두 감람나무는 신구약 성경이 다 주님을 통하여 생명의 빛을 발하는 것이다.

구약을 우편으로 신약을 좌편으로 보면 되는 것이다. 구약은 주님자체가 약속으로 신약은 약속의 성취로 보면 된다.

행7:56 말하되 보라 하늘이 열리고 인자가 하나님 우편에 서신 것을 보노라 한대

스데반이 행전7:1-보면 아브라함에서부터 약속된 성경을 전파하고 최종 그리스도를 증거하고 순교하면서 구속 사업을 완성하시고 본연의 위치 하나님의 우편에 서신 그리스도를 본 것이다.

사람보다 하나님을 순종하는 것이 마땅하니라(행5:29) 마16:21 살아나야 할(마땅히)

마땅하니라 δεῖ(1163, 데이) 반드시 ~해야 한다 it must be.동직설 현재 능동 3인 단수

동사 데이는 '반드시… 해야 한다, 필요한 것이다'라는 뜻으로서 무엇이라고 딱히 규정되지 않은 어떤 것의 강제를 의미한다. 이 비인칭 동사형은 그러한 강제력을 발휘하는 사물의 이름을 밝히지 않으므로, 그 정확한 의미는 문맥과 그러한 필연성에서 초래되는 강제의 종류에 따라 정해진다. 믿음의 정석은 하나님의 말씀을 그 무엇보다 우선하는데 있는 것이다.

단3:18그리 아니하실찌라도 왕이여 우리가 왕의 신들을 섬기지도 아니하고 왕의 세우신 금 신상에게 절하지도 아니할 줄을 아옵소서

그가 찔림은 우리의 허물을 인함이요(사53:5)

찔림 חָלַל(2490, 할랄) 꿰뚫다, 꿰찌르다, 피리를 불다, 더럽히다

할랄(동사)은 기본어근이며, '꿰뚫다, 꿰찌르다, 관통하다'를 의미한다. 할랄은 형용사 할랄(חָלָל , 2491)처럼 주로 사람들의 치명적인 상처를 의미하고 있다. 이 단어는 2회, 도망가는 뱀을 가리키며, 라합을 쳐서 죽이는 하나님의 행위와 병행된다(사 51:9, 욥 26:13).

라합 רַהַב(7294, 라하브) 폭풍우, 거만, 교만, 라합. 기생라합과는 다른 용어다. רָחָב(7343, 라하브) 라합 Rahab(인)라하브(명여)는 라하브(רָחַב , 7337)에서 유래했으며, '넓은, 풍부한'을 의미한다.

십일조에 관한 추가 설명

창14:17-20 아브람이 그돌라오멜과 그와 함께 한 왕들을 파하고 돌아올 때에 소돔왕이 사웨 골짜기 곧 왕곡에 나와 그를 영접하였고 살렘왕 멜기세덱이 떡과 포도주를 가지고 나왔으니 그는 지극히 높으신 하나님의 제사장이었더라 그가 아브람에게 축복하여 가로되 천지의 주재시요 지극히 높으신 하나님이여 아브람에게 복을 주옵소서 너희 대적을 네 손에 붙이신 지극히 높으신 하나님을 찬송할찌로다 하매 아브람이 그 얻은 것에서 십분 일을 멜기세덱에게 주었더라.

살렘 שָׁלֵם(8004, 샬렘) 샬렘은 샬람(שָׁלַם , 7999)에서 유래했으며, '평화로운'을 의미한다. 어원상의 해석을 하고 있는 필로는 살렘 왕조를 '평강의 왕'이라고 부르며 환영하고 있다

멜기세덱 מַלְכִּי-צֶדֶק(4442, 말키-체데크) '왕'을 의미하는 멜렉과 '의로운'을 의미하는 체데크으로부터 형성되었다.

시 110:4 여호와는 맹세하고 변치 아니하시리라 이르시기를 너는 멜기세덱의 반차를 좇아 영원한 제사장이라 하셨도다.

이 구절은 구세주로 기대되는 제사장인 왕이 아론의 반차가 아니고 옛 멜기세덱의 반차를 좇아 만들어진 새로운 사제직에 임명되리라는 것을 암시한다. 그리스도교 이전과 초기 그리스도교 시대에 이 시편의

본문은 유대인들에 의해 구세주적인 의미로 해석되었다.

히 5:6, 히 5:10에서 그리스도는 "영원히 멜기세덱의 반차를 좇는 제사장"이라는 사실을 나타낸다.히 7:3에서 멜기세덱은 제사장 족보에서 완전히 독립된 제사장직을 행사했다.

멜기세덱의 부모, 조상, 자식과 후손은 레위 지파의 경우와 같이 레위의 후예가 아니고 그들은 모세가 언급조차 하지 않았다. 따라서 멜기세덱은 비사제적 유대지파의 후손인 구세주 대제사장을 예시하고 있다. 멜기세덱은 그가 다른 사람을 계승한 것도 아니고, 그 자신이 직분을 계승받은 것도 아니므로 항상 제사장 직분을 행사한다.

멜기세덱이 성만찬을 하고 아브라함에게 축복한 것이다.

창14:18-20 살렘왕 멜기세덱이 떡과 포도주를 가지고 나왔으니 그는 지극히 높으신 하나님의 제사장이었더라 그가 아브람에게 축복하여 가로되 천지의 주재시요 지극히 높으신 하나님이여 아브람에게 복을 주옵소서 너희 대적을 네 손에 붙이신 지극히 높으신 하나님을 찬송할찌로다 하매 아브람이 그 얻은 것에서 십분 일을 멜기세덱에게 주었더라

아브라함은 성만찬을 하고 축복한 멜기세덱을 십일조를 드릴 대상으로 알아본 것이다.

주었더라 נָתַן (5414 나탄) וַיִּתֶּן־ 와우 계속법-칼 미완 3인 남성 단수.

아브람이 와우 즉시 법으로 십일조를 드린 것은 이미 십일조가 하나님의 것인 줄 알고 있다는 것이다. 미래를 현재로 성취하되 과거로부터 진

행에 오던 것을 현재에 완성하고 미래로 나가는 것이 와우 즉시 법이다.

출애굽에서 얻은 물질 사용(출36:3-7)

출애굽에서 얻은 물질 사용은 모든 성도의 물질관을 보여주는 표본인 것이다. 구속론에 속한 물질관인 것이다.

출11:2,3,35,36 백성에게 말하여 남녀로 각기 이웃들에게 은. 금패물을 구하게 하라 하시더니 여호와께서 그 백성으로 애굽 사람의 은혜를 받게 하셨고 또 그 사람 모세는 애굽국에서 바로의 신하와 백성에게 심히 크게 뵈었더라

이스라엘 자손이 모세의 말대로 하여 애굽 사람에게 은금 패물과 의복을 구하매 여호와께서 애굽 사람으로 백성에게 은혜를 입히게 하사 그들의 구하는대로 주게 하시므로 그들이 애굽 사람의 물품을 취하였더라

광야를 진행하던 이스라엘 백성은 은금 보화가 있으나 쓸 곳이 없으니 자연히 물욕도 의미가 없다. 하나님의 성도는 본질적으로 세상 광야의 나그네 생활이란 것을 인지하여야 하는 것이다. 하나님은 우리 성도가 쓸 곳이 없을 정도로 근본적 환경을 만들어 주실 것이다.

의식주(衣食住) 해결과(마6:29-34) 자연재해까지 막아주시는 것이다.

말3:11,12 만군의 여호와가 이르노라 내가 너희를 위하여 황충을 금하여 너희 토지 소산을 멸하지 않게 하며 너희 밭에 포도나무의 과실로 기한 전에 떨어지지 않게 하리니

너희 땅이 아름다와지므로 열방이 너희를 복되다 하리라 만군의 여호와의 말이니라.

출36:3-7 그들이 이스라엘 자손의 성소의 모든 것을 만들기 위하여 가져 온 예

물을 모세에게서 받으니라 그러나 백성이 아침마다 자원하는 예물을 연하여 가져 오는 고로

성소의 모든 일을 하는 지혜로운 자들이 각기 하는 일을 정지하고 와서 모세에게 고하여 가로되 백성이 너무 많이 가져 오므로 여호와의 명하신 일에 쓰기에 남음이 있나이다.

모세가 명을 내리매 그들이 진중에 공포하여 가로되 무론 남녀하고 성소에 드릴 예물을 다시 만들지 말라 하매 백성이 가져오기를 정지하니 있는 재료가 모든 일을 하기에 넉넉하여 남음이 있었더라.

광야의 성막 건축할 때도 하나님이 준비하여 주신 물질로 성막을 짓게 하신 것이다.

십일조의 사용 용도(느12:44-47)

그 날에 사람을 세워 곳간을 맡기고 제사장들과 레위 사람들에게 돌릴 것 곧 율법에 정한대로 거제물과 처음 익은 것과 십일조를 모든 성읍 밭에서 거두어 이 곳간에 쌓게 하였노니 이는 유다 사람이 섬기는 제사장들과 레위 사람들을 인하여 즐거워함을 인함이라 저희는 하나님을 섬기는 일과 결례의 일을 힘썼으며 노래하는 자들과 문지기들도 그러하여 모두 다윗과 그 아들 솔로몬의 명을 좇아 행하였으니 옛적 다윗과 아삽의 때에는 노래하는 자의 두목이 있어서 하나님께 찬송하는 노래와 감사하는 노래를 하였음이며 스룹바벨과 느헤미야 때에는 온 이스라엘이 노래하는 자들과 문지기들에게 날마다 쓸 것을 주되 그 구별한 것을 레위 사람들에게 주고 레위 사람들은 그것을 또 구별하여 아론 자손에게 주었느니라

십일조를 맡은 직분 자들(느13:12,13)

이에 온 유다가 곡식과 새 포도주와 기름의 십일조를 가져다가 곳간에 들이므로 내

가 제사장 셀레먀와 서기관 사독과 레위 사람 브다야로 고지기를 삼고 맛다냐의 손자 삭굴의 아들 하난으로 버금을 삼았나니 이는 저희가 충직한 자로 인정됨이라 그 직분은 형제들에게 분배하는 일이었느니라

십일조의 정신(마23:23)

화 있을찐저 외식하는 서기관들과 바리새인들이여 너희가 박하와 회향과 근채의 십일조를 드리되 율법의 더 중한바 의와 인과 신은 버렸도다 그러나 이것도 행하고 저것도 버리지 말아야 할찌니라

의 κρίσις(2920, 크리시스) 결정, 판단. 마6:33의 의로움과는 다른 것을 명심해야 하는 것이다. δικαιοσύνη(1343, 디카이오쉬네) 의로움, 의. 십일조 정신의 의는 하나님의 공의에 속한 의인 것이다.

인 ἔλεος(1656, 엘레오스) 불쌍히 여김, 동정, 자비.

신 πίστις(4102, 피스티스) 믿음 faith. 의와 인 과 신은 십일조의 정신으로 곧 주님의 救贖이 들어 있는 물질로 알고 드리는 것이다.

십일조의 시험

시험 בָּחַן (974 바한) וּבְחָנוּנִי 접속사-칼 명령 남성 복수-1인 공성 단수, 검사하다, 시험하다, 입증하다. '검사하다, 자세히 보다'(시 11:5, 시 139:23, 욥 7:18), '시험해보다'(시 11:4).

히12:5-8에 시사되어 있는 바와 같이, 이러한 검사나 시험을 받는 것은 하나님의 백성이 되는 특권의 일부분이다.

시험하라는 말씀을 혹자는 수사적 용법이라고 하여 의미를 두지 않

으려고 하는데, 그것은 자신의 세련된 한국식 번역이지 참 뜻이 아닐 뿐 아니라 하나님의 말씀을 약화시키는 지식을 앞세운 거짓된 말이다. 시험하라는 말씀은 능동 명령형인 것을 알아야 하는 것이다.

십일조는 하늘 문이 열리는 것이다. 야곱의 벧엘 교회 성립과 연결된 것이다(말3:10 창28:11,12)

"만군의 여호와가 이르노라 너희의 온전한 십일조를 창고에 들여 나의 집에 양식이 있게 하고 그것으로 나를 시험하여 내가 하늘 문을 열고 너희에게 복을 쌓을 곳이 없도록 붓지 아니하나 보라
한 곳에 이르러는 해가 진지라 거기서 유숙하려고 그곳의 한 돌을 취하여 베개하고 거기 누워 자더니 꿈에 본즉 사닥다리가 땅위에 섰는데 그 꼭대기가 하늘에 닿았고 또 본즉 하나님의 사자가 그 위에서 오르락 내리락하고"

하늘 문을 열고פָּתַח(6605, 파타흐) 열다 open. 시작하다, 쟁기로 갈다, 새기다, 나타나다, 쏟아져 나오다, 끌어내다, 해방시키다, 뚜껑을 열다, 구멍을 내다.

십일조는 구속론의 정신이 들어 있어 하나님과 사이에 주님의 십자가 사다리로 축복의 통로가 있는 하나님의 것 십일조다.

십일조와 거제(擧祭)(민18:25,26)

여호와께서 모세에게 일러 가라사대 너는 레위인에게 고하여 그에게 이르라 내가 이스라엘 자손에게 취하여 너희에게 기업으로 준 십일조를 너희가 그들에게서 취할 때에 그 십일조의 십일조를 거제로 여호와께 드릴 것이라

거제תְּרוּמָה(8641, 테루마) 기증물, 제물. 테루마(명여)는 룸(רוּם ,

7311)에서 유래했으며, '기증물 contribution, 제물 offering'을 의미한다. 테루마의 용법은 대략 테누파(תְּנוּפָה, 8573)의 용법과 유사하다.

테누파는 직무를 이행하는 제사장을 위해 지정해 둔 제물들의 부분(몫)을 가리키는 용어로 사용된다.

테루마는 일반적으로 다음과 같은 것들을 나타낸다: 성막 건축을 위해 바친 물질들(출 25:2-3), 성전 건축을 위해 바사왕과 그 밖의 사람들이 드린 헌물(스 8:25), 반세겔의 속량금(출 30:13), 제사장들에게 주도록 정해 놓은 십일조의 십일조(민 18:25-32).

십일조는 하나님께 들어 올리는 거제에 속한 물질임을 명심하여야 하는 것이다. 하나님의 것을 하나님에게 올려드리며 영광을 돌림(거제의 의미)

십일조מַעֲשֵׂר(4643, 마아세르)와 헌물을 하나님의 것으로 동등하게 봄

십일조에 대한 오해가 있는데 그것은 다름 아닌 모든 것이 하나님의 것인데 십일조도 그 모든 것에 포함되므로, 십일조를 모든 것이 하나님의 것이라는 증거로 구분하여 드린다고 생각하는 것이다. 그렇다면 헌물도 모든 것에 들어간다는 말밖에 안되는 것이다.

헌물이란 하나님께 드려진 성물로 구분된 것이다. תְּרוּמָה(8641, 테루마) 기증(寄贈)물은 돈이 될 만한 물건을 대가 없이 보내거나 부쳐주는 것을 의미한다. 헌물(獻物)을 의미할 때는 기증물로 해석하는 일반적 의미로 하지 말고 제물로 직역하여야 맞는 것이다.

십일조는 헌물과 같이 일반적 의미의 모든 것이 하나님의 것이란 개념과 다른 이미 하나님의 것으로 구분된 헌물의 성격이 있다.

그러므로 수입의 십분의 일은 하나님에게 드리든 안 드리든 구분된

하나님의 것으로 헌물의 성격이 내제된 물질인 것이다.

십일조와 헌물의 문법 구조

나의 것אָנֹכִי(595, 아노키) וְאֹתִי 접속사-대격표시-1인 공성 단수. 십일조הַמַּעֲשֵׂר 관사-명사 남성 단수. 헌물וְהַתְּרוּמָה 접속사-관사-명사 여성 단수, 접속사로 십일조와 헌물은 성격상 같이 연관된 것이다.

그러므로 십일조와 헌물을 거룩하게 구분된 물질로 알아야지 타 물질과 같이 모든 것이 하나님의 것이라는 논리 속에 넣는 것은 구분된 것과는 별개인 것이다. 한정 관사와 단수를 사용한 것은 지정된 것을 의미하는 것이다.

십일조는 구속의 복음이 들어 있다

민18:25,26 거제(擧祭) 십일조의 십일조를 드림. 제사장이 받은 십일조 중 십일조도 구분하여 드림. 창14:18-20 살렘왕 멜기세댁이 아브람에게 성만찬을 함으로 살렘왕의 신분이(평화의 왕) 잘 표현된 것이고 이어서 아브람은 십일조를 바칠 대상에게 드린 것이다.

멜기세댁왕을 진정한 제사장으로 인정한 것이다. 제사장이란 직분 자체가 주님의 救贖을 보여주는 직책인 것이다.

제사장 כֹּהֵן(3548, 코헨) 제사장, 주요공직자 혹은 우두머리, 통치자, 제식을 행하는자, 최고 지도자.

레16:32-34 대 속죄일 그 기름 부음을 받고 위임되어 그 아비를 대신하여 제사장의 직분을 행하는 제사장은 속죄하되 세마포 옷 곧 성의를 입고 지성소를 위하여 속죄하며 회막과 단을 위하여 속죄하고 또 제사장들과 백성의 회중을 위하여 속죄할지니 이는 너희의 영원히 지킬 규례라

이스라엘 자손의 모든 죄를 위하여 일년 일차 속죄할 것이니라 아론이 여호와께서 모세에게 명하신대로 행하니라

아브람이 드린 십일조는 제사장 직분의 救贖으로 이어진 헌물의 성격이 있는 물질인 것이다.

십일조는 하나님의 집 양식이다(말3:10)

양식 טֶרֶף(2964, 테레프) 찢겨진 것 먹이, 식물, 잎사귀.

同-[시 111:5] 여호와께서 자기를 경외하는 자에게 양식을 주시며 그 언약을 영원히 기억하시리로다 טְרֵפָה(2966, 테레파) 찢겨진 짐승, 찢긴 고기. 찢겨진 것 주님은 야수같이 된 사람들에 의하여 몸이 찢겨지고 상하여 죽으시므로 자신을 내어주시는 생명의 양식이 된 것이다. 창 3:15 발꿈치를 상하게שׁוּף(7779, 슈프) 상하게 하다, 분쇄하다, 박살내다 입을 크게 벌리다 물어뜯다.

참된 양식 (요6:35,51-57)

예수께서 가라사대 내가 곧 생명의 떡이니 내게 오는 자는 결코 주리지 아니할 터이요 나를 믿는 자는 영원히 목마르지 아니하리라

나는 하늘로서 내려온 산 떡이니 사람이 이 떡을 먹으면 영생하리라 나의 줄 떡은 곧 세상의 생명을 위한 내 살이로라 하시니라

이러므로 유대인들이 서로 다투어 가로되 이 사람이 어찌 능히 제 살을 우리에게

주어 먹게 하겠느냐 예수께서 이르시되 내가 진실로 진실로 너희에게 이르노니 인자의 살을 먹지 아니하고 인자의 피를 마시지 아니하면 너희 속에 생명이 없느니라 내 살을 먹고 내 피를 마시는 자는 영생을 가졌고 마지막 날에 내가 그를 다시 살리리니

내 살은 참된 양식이요 내 피는 참된 음료로다 내 살을 먹고 내 피를 마시는 자는 내 안에 거하고 나도 그 안에 거하나니 살아계신 아버지께서 나를 보내시매 내가 아버지로 인하여 사는것 같이 나를 먹는 그 사람도 나로 인하여 살리라

십일조와 출애굽(출12:6-10)

십일조는 주님의 구속(救贖)에 속한 양식이며 물질인 것과 같이 출애굽은 온전히 주님의 구속(救贖)을 여실히 잘 보여주는 내용이다.

출12:6-10 이 달 십사일까지 간직하였다가 해 질 때에 이스라엘 회중이 그 양을 잡고 그 피로 양을 먹을 집 문 좌우 설주와 인방에 바르고 그 밤에 그 고기를 불에 구워 무교병과 쓴 나물과 아울러 먹되(אָכַל(398, 아칼, 먹다, 삼키다, 음식) 날로나 물에 삶아서나 먹지 말고 그 머리와 정강이와 내장을 다 불에 구워 먹고 아침까지 남겨 두지 말며 아침까지 남은 것은 곧 소화하라

출애굽을 위한 양식은 일반 음식과 다른 구속의 의미가 있는 것처럼 십일조 역시 일반 물질과 구분된 구속에 속한 물질이며 헌물이다. 출애굽의 양식과 십일조의 양식은 구속의 의미가 들어있다는 것에서는 일맥상통하다는 것을 알아야 하는 것이다.

한 가지 인식할 것은 출애굽할 때 주신 물질도 주님의 구속에 속한 물질이다(출11:1,3)

여호와께서 모세에게 이르시기를 내가 이제 한 가지 재앙을 바로와 애굽에 내린 후에야 그가 너희를 여기서 보낼찌라 그가 너희를 보낼 때에는 여기서 정녕 다 쫓아 내리니 백성에게 말하여 남녀로 각기 이웃들에게 은, 금패물을 구하게 하라 하시더니 여호와께서 그 백성으로 애굽 사람의 은혜를 받게 하셨고 또 그 사람 모세는 애굽 국에서 바로의 신하와 백성에게 심히 크게 뵈었더라

하나님의 창고로 들어간 출애굽의 재물(출36:1-7)

십일조는 하나님의 창고에 들어가는 물질이기에 하나님의 것이라고 한 것이다. 말3:10의 창고אוֹצָר(214, 오차르) 보물, 보고, 곳간, 창고. 오차르(명남)는 아차르(אָצַר, 686: 저축하다, 저장하다)에서 유래했으며, '보물, 보고, 곳간, 창고'를 의미한다. (마6:19-21)

너희를 위하여 보물을 땅에 쌓아 두지 말라 거기는 좀과 동록이 해하며 도적이 구멍을 뚫고 도적질하느니라 오직 너희를 위하여 보물을 하늘에 쌓아 두라 거기는 좀이나 동록이 해하지 못하며 도적이 구멍을 뚫지도 못하고 도적질도 못하느니라 네 보물 있는 그 곳에는 네 마음도 있느니라

십일조는 하늘의 재물 즉 하나님의 것이며 보물인 것이다.

광야 40년의 성막 중심의 삶 자체가 구속(救贖)론의 삶이다.(느9:21)

사십년 동안을 들에서 기르시되 결핍함이 없게 하시므로 그 옷이 해어지지 아니하였고 발이 부릍지 아니하였사오며

광야 40년 삶의 주 양식은 만나이다.

만나는 바로 하늘 양식이지 땅에서 나온 양식이 아니며 주님 역시 흙에서 만든 사람이 아니고 성령으로 잉태하신 하나님 나라에서 육신을

입고 오신 人子인 것이다.

요6:38,39 내가 하늘로서 내려온 것은 내 뜻을 행하려 함이 아니요. 나를 보내신 이의 뜻을 행하려 함이니라 나를 보내신 이의 뜻은 내게 주신 자 중에 내가 하나도 잃어버리지 아니하고 마지막 날에 다시 살리는 이것이니라.

광야 40년의 구속론적 삶의 증거

수5:11,12 유월절 이튿날에 그 땅 소산을 먹되 그 날에 무교병과 볶은 곡식을 먹었더니 그 땅 소산을 먹은 다음 날에 만나가 그쳤으니 이스라엘 사람들이 다시는 만나를 얻지 못하였고 그 해에 가나안 땅의 열매를 먹었더라

유월절 이튿날부터 땅의 소산을 먹은 다음 날부터 만나가 그쳤다는 것은 광야 40년 救贖받은 삶으로 천국 입성으로 상징된 가나안에 들어감으로 구속의 성취를 보여준 것이다.

눅22:16 내가 너희에게 이르노니 이 유월절이 하나님의 나라에서 이루기까지 다시 먹지 아니하리라 하시고

유월절逾越節(넘을유 넘을월 철절)פֶּסַח(6453, 페사흐) 유월절 Passover(파서버)πάσχα(3957, 파스카). 파사흐(פָּסַח, 6452: 넘어가다, 뛰어넘다)에서 유래했으며, '유월절 Passover'을 의미한다.

출 12장에 의하면 유월절은 한 해의 첫달(아빕월 = 3월/4월) 15일에 거행하게 되어 있었다.

그 달 제 10일에 각 가정이 흠 없는 1년 된 어린 양 수컷을 취한다. 이 어린 양을 14일 황혼 때에 잡아, 고기를 먹는 그 집의 두 문설주와 안방에 그 피를 뿌렸다. 다음날인 15일에 무교절이 시작되었다. 이스라

엘이 애굽을 떠나기에는 보름달 밤이 매우 유리하였다.

'유월절 어린 양'은 이스라엘 족속의 조상들이 애굽을 떠날 준비를 하면서 멸망의 천사가 그 피를 보고 그들의 거처를 넘어가도록, 어린 양을 잡아 먹고 집 문설주에 그 피를 바르라고 하나님이 명하시고 이스라엘 백성이 그렇게 한 그 날을 기념하여, 이스라엘 족속이 관습적으로 니산월(유대력의 첫 달) 제 14일에 잡아서 먹었던 어린 양을(출 12장 이하, 민 9장, 신 16장) 가리킨다(막 14:12, 눅 22:7, 출 12:21).

십자가에 못 박혀 죽으신 그리스도가 죽임 당한 유월절 어린 양에 비유된다(고전 5:7).

유월절은 피만 중요한 것이 아니고 어린 양의 고기를 먹는 그 집의 문설주에 그 피를 바르라고 하심을 간과하면 안 된다.

왜냐하면 유월절은 어린 양을 먹는 것과 문설주에 피를 바르는 것이 일치가 되지 않으면 그 의미가 없을 뿐 아니라 유월절이 이루어 질 수가 없는 즉 救贖의 성취가 안 되는 것이다.

눅22:19,20 또 떡을 가져 사례하시고 떼어 저희에게 주시며 가라사대 이것은 너희를 위하여 주는 내 몸이라 너희가 이를 행하여 나를 기념하라 하시고 저녁 먹은 후에 잔도 이와 같이 하여 가라사대 이 잔은 내 피로 세우는 새 언약이니 곧 너희를 위하여 붓는 것이라(참고: 고전11:26,27)

십일조와 구속론

십일조가 구속론에 들어 있다는 것은 바로 하나님의 창고에 양식이 된다는 점이다. 양식은 바로 주님 자체이며 교회의 본질에 들어 있는 것이다.

하나님의 백성의 영적 주식은 바로 하나님의 입에서 나오는 말씀이 곧 양식인 것이다.

마4:4 예수께서 대답하여 가라사대 기록되었으되 사람이 떡으로만 살것이 아니요 하나님의 입으로 나오는 모든 말씀으로 살 것이라 하였느니라 하시니

부정한 것 טָמֵא(2931, 타메) 더러운, 부정한 타메(טָמֵא, 2930)에서 유래했으며, '더러운, 부정한'을 의미한다. 도덕적으로 오염된 불결 불명예스러운 이 단어는 구약성경에서 87회 나온다(레 5:2, 레 7:19, 레 7:21, 레 11:4-47, 수 22:19, 대하 23:19, 렘 19:13, 호 9:3, 암 7:17).

하나님에게 제물이 될 수 없는 동물은 부정하게 보며 즉 더럽게 여긴다. 여기에는 귀한 뜻이 있다. 그것은 죄에 오염된 인간을 상징한 것이다.

그리스도의 구속함을 받지 못한 사람은 부정한 사람이다. 하나님이 받으신다는 것은 이처럼 귀하고 의롭고 정결한 것이다.

하나님이 받지 않는 이방인의 삶의 방식을 받아들인다는 것은 하나님 앞에 부정된 삶이 되는 것이다.

사순절

주님의 사랑에 감동된 사람(요12:1-8)

주님의 죽으심을 앞둔 소망의 증거와 참 기쁨의 잔치와 주님의 장례를 준비하는 구원받은 자의 주님을 향한 사랑과 물질 중심의 가치관이 대조적으로 표현된 내용이다.

나사로의 부활과 주님의 사랑의 감동 사이에 주님의 죽으심이 있기

에 부활도, 사랑의 감동도, 기쁨의 잔치도 열리게 된 것이다.

1. 부활과 기쁨을 주는 주님의 죽으심

유월절 πάσχα(3957, 파스카) 명사 속격 중성 단수. 넘어가다. '유월절 어린 양', 즉 이스라엘 족속의 조상들이 애굽을 떠날 준비를 하면서 멸망의 천사가 그 피를 보고 그들의 거처를 넘어가도록, 어린 양을 잡아 먹고 집 문설주에 그 피를 바르라고 하나님이 명하신 그 날을 기념하여, 이스라엘 족니산월(유대력의 첫 달) 제 14일에 잡아서 먹었던 어린 양을(출 12이하; 민 9장; 신 16장) 가리킨다.

유월절 엿새 전이면 주님이 고난 받아 죽는 날이 유월절인데 주님은 자신의 처절한 고통의 날을 남겨두고 부활을 증거하고 주님의 사랑을 증거하는 잔치 자리가 되게 하신 것이다.

2. 죽음을 넘기는 죽음

죄인의 죽음을 주님이 대신 죽으심으로 넘기신다는 뜻이다. 죽음을 넘기지 못한 사람은 자신의 종말을 고백하는 삶을 산다.

"허무한 인생 없어지면 그만 죽어봐야 안다 돈이면 다이다"라며 하나님에 대하여 무관심하다.

유월절이 있는 사람은 허무한 인생이 넘어가고 죽음이 넘어가도 유월절 양되신 예수님 없이는 천국 갈 수가 없다는 것을 안다.

유월절이 있는 사람은 인생을 허무하다 하지 않고 영생 길을 가게 되므로 허무하지 않고 짧은 인생의 삶에서 하나님의 뜻을 찾으면서 살게 되고 돈으로 살 수 없는 믿음의 삶에 충실하여 하나님을 가장 사랑하면서 사는 것이다.

3. 주님의 죽으심에 동참하는 사랑

주님의 장사를 준비한 마리아.

장사 ἐνταφιασμός(1780 엔타피아스모스) ἐνταφιασμοῦ 명사 속격 남성 단수. 매장 준비. 매장한다는 것은 요12:24의 말씀과 같이 주님과 함께 생명의 열매 맺는 일에 자신을 드리는 사랑의 표현이다.

내가 진실로 진실로 너희에게 이르노니 한 알의 밀이 땅에 떨어져 죽지 아니하면 한 알 그대로 있고 죽으면 많은 열매를 맺느니라

영원한 생명을 막는 것은 사탄의 욕망이다. (요12:9-11)

유대인의 큰 무리가 예수께서 여기 계신 줄을 알고 오니 이는 예수만 위함이 아니요 죽은 자 가운데서 살리신 나사로도 보려 함이러라 대제사장들이 나사로까지 죽이려고 모의하니 나사로 까닭에 많은 유대인이 가서 예수를 믿음이러라

부활을 막는 것은 부활을 일회적 사건으로 보며 부활을 믿는 자에게 임하는 보편적 현실을 믿지 못하기 때문이며, 오히려 자신들의 죽은 믿음을 산 믿음으로 보이게 하기 위하여 죽은 믿음으로 산 믿음의 근거를 막으려 하는 사탄의 심성으로 부활의 증거를 없애려 한 것이다.

예수님도 보고, 죽은 자 가운데 살리신 나사로도 보려고 온 유대인

보려고 온 것은 좋으나 본질의 목적이 다르므로 구원을 보고도 오히려 구원을 막으려는 것은 복을 화로, 소망을 절망으로, 천국을 지옥으로 만드는 불행한 심성이다.

Βηθανία(963, 베다니아) 베다니 Bethany에 사는 나사로

베다니아는 베트 아니야(가난하고 고통 받는 자들의 집, 아나냐의 집)를 의

미하며, 한글개역 성경에서 "베다니"라고 번역했다.

베다니는 예루살렘의 동쪽 3㎞의 지점에 위치한 마을로 감람산의 동쪽 경사면에 자리 잡고 있다. 오늘날에도 베다니에는 사람들이 정착하여 살고 있으며, 그 주민은 약 1,000명 정도이다.

나사로Λάζαρος(2976, 라자로스) '하나님이 돕다'를 의미한다. 사는 지역의 이름과 자신의 이름처럼 가난하고 고통 받는 지역에 살지만 자신의 이름처럼 하나님이 돕는 사람이 바로 나사로인 것이다.

죽은 자 가운데서 살린 나사로

가운데서 ἐκ, ἐξ(1537, 에크) ~에서(부터), ~의 때부터, ~ 때문에.

죽음에서부터 살아난 것을 정확하게 표현된 단어로 부활이란 죽음이 없이는 성립될 수 없는 것이다. 죽음은 완전 절망이며 부활을 아는 것은 완전한 소망이자 죽음을 이기는 능력이다.

나사로를 죽이려고 모의한 목적의 실패(요12:10,11)

대제사장들이 나사로까지 죽이려고 모의하니 나사로 까닭에 많은 유대인이 가서 예수를 믿음이러라

아무리 나사로를 죽이려 하여도 나사로를 의미하는 이름의 뜻처럼 하나님이 돕는 사람을 어떻게 할 수는 없는 것이다.

롬8:31-39 그런즉 이 일에 대하여 우리가 무슨 말 하리요 만일 하나님이 우리를 위하시면 누가 우리를 대적하리요 자기 아들을 아끼지 아니하시고 우리 모든 사람을 위하여 내어주신 이가

어찌 그 아들과 함께 모든 것을 우리에게 은사로 주지 아니하시겠느뇨 누가 능

히 하나님의 택하신 자들을 송사하리요 의롭다 하신 이는 하나님이시니

누가 정죄하리요 죽으실 뿐아니라 다시 살아나신 이는 그리스도 예수시니

그는 하나님 우편에 계신 자요 우리를 위하여 간구하시는 자시니라 누가 우리를 그리스도의 사랑에서 끊으리요 환난이나 곤고나 핍박이나 기근이나 적신이나 위험이나 칼이랴

기록된 바 우리가 종일 주를 위하여 죽임을 당케 되며 도살할 양 같이 여김을 받았나이다 함과 같으니라 그러나 이 모든 일에 우리를 사랑하시는 이로 말미암아 우리가 넉넉히 이기느니라

내가 확신하노니 사망이나 생명이나 천사들이나 권세자들이나 현재 일이나 장래 일이나 능력이나 높음이나 깊음이나 다른 아무 피조물이라도

우리를 우리 주 그리스도 예수 안에 있는 하나님의 사랑에서 끊을 수 없으리라

하나님의 아들 예수님을 증거하는 나사로의 부활 증거를 막기 위하여 나사로를 죽이려는 대제사장들은 확실하게 마귀에게 사로잡힌 잘못된 믿음의 소유자들이다.

이런 대제사장들이 마귀의 사람들이 된 것은 정신이 없어서도 아니고 잘못된 성경관 때문이다. 그것은 메시야를 성경의 바른 해석에서 찾지 않고 고착된 전통의 관습에 매여 있었기 때문이다.

성경의 바른 해석은 처음부터 메시야 약속의 救贖 사건 중심으로 이어져 내려오는 것이다. 여기에서 이탈하면 그 때부터 고착된 전통에서 해어 나오지 못하는 것이다.

성경을 아무리 바르게 해석 하여도 문맥 자체에 그치고 메시야 약속의 성취는 결부시키지 못하게 되는 것이다.

> 마11:3-9 예수께 여짜오되 오실 그이가 당신이오니이까 우리가 다른이를 기다리오리이까 예수께서 대답하여 가라사대 너희가 가서 듣고 보는 것을 요한에게 고하되
> 소경이 보며 앉은뱅이가 걸으며 문둥이가 깨끗함을 받으며 귀머거리가 들으며 죽은 자가 살아나며 가난한 자에게 복음이 전파된다 하라
> 누구든지 나를 인하여 실족하지 아니하는 자는 복이 있도다 하시니라 저희가 떠나매 예수께서 무리에게 요한에 대하여 말씀하시되 너희가 무엇을 보려고 광야에 나갔더냐
> 바람에 흔들리는 갈대냐 그러면 너희가 무엇을 보려고 나갔더냐 부드러운 옷 입은 사람이냐 부드러운 옷을 입은 자들은 왕궁에 있느니라
> 그러면 너희가 어찌하여 나갔더냐 선지자를 보려더냐 옳다 내가 너희에게 이르노니 선지자보다도 나은 자니라

위의 말씀처럼 당시 나사로를 죽이려고 모의한 대제사장들의 영적 상태를 짐작할 수 있는 구절의 말씀인 것이다.

> 요1:46 나다나엘이 가로되 나사렛에서 무슨 선한 것이 날 수 있느냐 빌립이 가로되 와 보라 하니라

이 말씀에서도 메시야관이 잘못된 것을 알 수가 있다.

메시야가 화려하게 등장할 것으로 기대한 것으로 보인다. 대단히 잘못된 메시야관이다. 주님은 지금도 우리에게 찾아오시되 마5:1-12의 산상 수훈의 말씀대로 오심을 기억하여야 하는 것이다.

메시야관이 타락한 기점

구약과 신약의 중간시대인 b.c 430-로마시대인 b.c63년부터 그리스

도 시대까지이다.

바사시대 b.c430-332, 헬라시대 b.c 331-167, 독립시대 b.c167-63, 로마시대 b.c 63년부터 400년의 중간시대 기간 중에 정통적 메시야관이 타락한 것으로 보인다.

그 원인은 외세의 오랜 폭압과 정책으로 혁명적 사관으로 변질되므로 강력하고 전투적 메시야관을 가진 것으로 보이며,

성경대로 이루어진 메시야의 현실적 존재를 나약하게 보고 외면하므로 성경의 중심에서 빗나가기 시작한 것으로 추측되는 것이다.

예수님에 대한 가룟 유다의 실망, 한편 강도의 메시야관 성경은 올바로 적용하면서도 알아보지 못한 것은 시대적 기류의 혁명적 고정 관념으로 외면한 것으로 보인다.

마2:4-6 왕이 모든 대제사장과 백성의 서기관들을 모아 그리스도가 어디서 나겠느뇨 물으니 가로되 유대 베들레헴이오니 이는 선지자로 이렇게 기록된바 또 유대 땅 베들레헴아 너는 유대 고을 중에 가장 작지 아니하도다 네게서 한 다스리는 자가 나와서 내 백성 이스라엘의 목자가 되리라 하였음이니이다

태초

בְּרֵאשִׁית(베레쉬트) 전치사-명사 여성 단수. 흔들다는 뜻의 어근에서 유래하였으며 첫째의 시작, 제일의 것, 중요한 의미가 있는 정적 상태의 태초가 아니라 동적(動的)상태의 모습이다.

베레쉬트는 합성어로 된 복합적 의미가 있는데 히브리어는 이렇게 단어와 숫자까지 이루어진 복합적 의미를 지닌 심오한 뜻이 있다. 시간의 시작이라는 뜻만 있는 것이 아니고 복합적 어휘의 의미로는 첫째,

아들, 가시, 나무, 언약, 불, 신부라고 하는 의미가 들어 있다.

결과적으로 한 단어가 한 문장의 형태를 이루며 그 한 문장을 풀어보면 창조주인 하나님의 아들이 가시 면류관을 머리에 쓰고 십자가에 달려 돌아가시어 부활의 첫 열매가 되시며 신부인 교회에 성령의 불을 보내고 구원하시는 언약의 복합적 뜻이 들어있는 말씀이다.

종려나무와 주님(요12:12-16)

종려나무가지

사11:1,2 이새의 줄기에서 한 싹이 나며 그 뿌리에서 한 가지가 나서 결실할 것이요여호와의 신 곧 지혜와 총명의 신이요 모략과 재능의 신이요 지식과 여호와를 경외하는 신이 그 위에 강림하시리니.

시92:12 의인은 종려나무 같이 번성하며 레바논의 백향목 같이 발육하리로다 여호와의 집에 심겼음이여 우리 하나님의 궁정에서 흥왕하리로다.

종려나무 תָּמָר(8558, 타마르) 대추야자. 타마르(명남)는 토메르(תֹּמֶר , 8560)와 어원이 동일하며, '종려나무, 대추야자'를 의미한다.

중동 지방에서 발견되는 가장 키가 크고 가장 우아한 모든 나무들 중에서 종려나무(phoenix dactylifera)는 구약성경 시대에 여러가지 많은 용도로 사용되었다.

종려나무는 지계표(삿 1:16)로 사용되었으며, 그늘과 과일을 제공해 주었다(출 15:27을 보라). 그리고 또한 건축 자재로 사용되었으며(느 8:15 이하) 성전의 장식 무늬의 모델이 되기도 했다(왕상 6:29, 겔 40:16).

몇몇 학자들의 주장에 따르면 종려나무는 "생명나무"로 간주되었다고 하는데, 이 종려나무는 성소의 벽기둥의 표면과 징두리 벽판의 상단에 조각되었다.

同-תַּמְרוּר(8564, 타므루르) 똑바로 선 기둥 상수리나무와도 연계가 됨 אַיִל(352, 아일) 수양, 기둥, 지도자. 테레빈 나무 아일, 기둥. 벽 기둥 아일은 '벽면에서 돌출한 기둥, 벽 기둥'을 의미한다.

구약성경에서 아일은 왕상 6:31에 한 번 나오며, 겔 40-41장에 21회 나온다.

열왕기상에 의하면 이 "기둥"이나 "지주"는 5면으로 되어 있었으며 성전의 내소 입구에 있었다고 한다. 에스겔서에 묘사된 바와 같이, 이 것들은 종려나무로 장식되었으며(겔 40:31), 성전 지역의 문이나 성전 현관과 관련되어 있었다.

종려나무 되며 생명나무 되시는 주님으로부터 구원이 나온다는 의미의 구원을 상징하는 종려나무 가지이다.

40년의 광야 생활에서 주님은 반석으로, 만나로, 종려나무로 나타나셔서 함께 하신 것이다.

출15:27 그들이 엘림에 이르니 거기 물샘 열 둘과 종려 칠십주가 있는지라 거기서 그들이 그 물 곁에 장막을 치니라.

광야 40년의 나그네 생활에도 주님은 구원의 완전함과 안식의 평안과 거룩함으로 함께 하신 것은 바로 종려나무 70주를 통하여 잘 계시하여 주신 것이다.

요15:5, 사11:1,2 나는 포도나무요 너희는 가지니 저가 내 안에, 내가 저 안에 있으면 이 사람은 과실을 많이 맺나니 나를 떠나서는 너희가 아무것도 할 수 없음이라. 포도나무에서 나온 가지는 바로 주님에게서 나온 구원의 생명이며 곧 구

원 자체다

종려주일 (요12:27-29)

주님이 세상에 오신 목적

지금 내 마음이 민망하니 무슨 말을 하리요 아버지여 나를 구원하여 이 때를 면하게 하여 주옵소서 그러나 내가 이를 위하여 이 때에 왔나이다.

아버지여 아버지의 이름을 영광스럽게 하옵소서 하시니 이에 하늘에서 소리가 나서 가로되 내가 이미 영광스럽게 하였고 또 다시 영광스럽게 하리라 하신대 곁에 서서 들은 무리는 우뢰가 울었다고도 하며 또 어떤이들은 천사가 저에게 말하였다고도 하니

주님이 받은 사명(使命)

주님은 고난의 잔을 받을 때 아버지 하나님께 받은 使命을 답하심으로 고난을 기꺼이 감수하는 준비를 완료하신 것이다.

죄 값의 형벌은 권세나 능력이나 달변으로 해결할 수 있는 것이 아니다. 그러므로 하나님은 자기 자신에게 정직하고 성실한 공의에 하나님인 것이다.

죽음은 죽음으로 해결되는 것이다

인간이 죄 값으로 해결할 수 있는 것은 죽음의 형벌 외에는 없다. 인간은 본래 영생의 생명인 하나님의 형상으로 지음 받았기 때문에 죄를 지은 것도 영원한 형벌이며 죽는 것도 영원한 죽음인 것이다.

영생의 인생이 받는 죽음이란 의식의 단절이 아니고 영원한 멸망의 고통이다. 그 만큼 인생은 고귀한 가치와 생명을 지닌 존재인 것이다.

그 존재의 고귀함 만치 그에 따른 형벌 역시 참혹한 절망과 고통이다.

육신이 살았을 때 당하는 고통은 死後의 형벌에 비하면 고통에서나 소망에서 완전 천국인 것이다. 그러므로 세상사는 것이 한스럽고 고통스러워도 사후의 지옥에 비하면 환상의 천국인 것이니 공연히 죽고 싶다거나 죽음을 자처하는 사탄의 속삭임에 감정을 뺏기지 말아야 하는 것이다.

주님은 자신의 의로움으로 죄인들의 죽음과 형벌을 대신하시므로 이 사실을 믿는 사람들의 죽음을 죽이시므로 죽음은 죽음으로 해결하여 주신 것이 주님의 죽으심인 것이다.

그러므로 죽고 싶다는 사람은 세상 방식의 삶을 말한 것이고 거듭난 사람은 믿음으로 사는 사람이기에 세상의 소망이 끊어져도 천국 소망으로 세상을 인내하고 극복하는 천국 시민으로 사는 사람을 말씀 하신 것이다.

영광된 종려 주일은 고난을 이기는 영광의 계시인 것이다

주님을 태우고 예루살렘 성에 입성하여 호산나 찬양과 환대는 고난을 앞에 둔 영광의 본질을 계시한 것으로,

슥9:9 시온의 딸아 크게 기뻐할찌어다 예루살렘의 딸아 즐거이 부를찌어다 보라 네 왕이 네게 임하나니 그는 공의로우며 구원을 베풀며 겸손하여서 나귀를 타나니 나귀의 작은 것 곧 나귀새끼니라

말씀하시고 있다. 영광이 전제된 고난인 것이다. 주님의 속죄 고난이 없이는 천국의 영광도 구원도 없는 것이다.

주님을 태운 나귀는 주님의 사역에 쓰임 받는 召命자의 예표인 것이다

召命-"임금이 신하를 부르는 명령"소명자들은 주님의 12제자들을 비롯한 주님의 사역에 쓰임 받는 모든 성도들이다.

마10:38 또 자기 십자가를 지고 나를 좇지 않는 자도 내게 합당치 아니하니라.

마11:29 나는 마음이 온유하고 겸손하니 나의 멍에를 메고 내게 배우라 그러면 너희 마음이 쉼을 얻으리니.

십자가는 바로 고난 받으신 생명의 주님 자체인 것이다. 십자가가 멍에이며 그 멍에는 오히려 고통에서 영원한 생명과 안식으로 쉼을 얻게 하는 사망을 이기는 권세이며 능력이며 마귀의 권세를 깨부수는 철장 권세가 되는 것이며 영광의 세 예루살렘에 주님과 함께 들어가는 영광의 주님이 되시는 것이다.

마21:1-7 저희가 예루살렘에 가까이 와서 감람산 벳바게에 이르렀을 때에 예수께서 두 제자를 보내시며 이르시되 너희 맞은편 마을로 가라

곧 매인 나귀와 나귀 새끼가 함께 있는 것을 보리니 풀어 내게로 끌고 오너라 만일 누가 무슨 말을 하거든 주가 쓰시겠다 하라 그리하면 즉시 보내리라 하시니

이는 선지자로 하신 말씀을 이루려 하심이라 일렀으되 시온 딸에게 이르기를 네 왕이 네게 임하나니 그는 겸손하여 나귀, 곧 멍에 메는 짐승의 새끼를 탔도다 하라 하였느니라

제자들이 가서 예수의 명하신대로 하여 나귀와 나귀 새끼를 끌고 와서 자기들의 겉옷을 그 위에 얹으매 예수께서 그 위에 타시니.

나귀 חֲמוֹר(2543, 하모르) (숫)나귀 (he)-ass ὄνος(3688, 오노스)

하모르(명남)는 하마르(חָמַר , 2560: 붉다)에서 유래했으며, '(숫)나귀'

(he)-ass를 의미한다.

짐을 지는 짐승, 수송수단(창 42:26, 수 9:4, 삼상 16:20, 삼상 25:18, 삼하 16:1, 대상 12:40, 느 13:15), 교통수단(왕상 2:40, 왕상 13:13, 삼하 17:23, 출 4:20, 수 15:18, 삼상 25:20, 삼하 16:2) 그리고 밭을 가는 짐승(신 22:10)으로서 사람에게 봉사하였다. 이 짐승은 굽이 갈라지지 않고 새김질도 하지 않기 때문에 먹기에 부정한 생물들 중의 하나이다.

나귀는 평화나 겸허와 관련되어 있었으며(삼하 19:27) 이렇게 해서 슥 9:9, 마 21:5, 마 21:7에서는 메시야와 관련을 맺게 된 것이다.

나귀는 붉은 색을 의미한 주님의 피를 바른 색이며, 주님의 은혜를 보답하는 봉사의 상징이며, 부정된 이방 백성이 믿음으로 구원받은 상징의 짐승이다.

벳바게 Βηθφαγή(967, 베드파게) 베드파게는 '어린 무화과의 집'을 의미하며, 한글 개역 성경에서 '벳바게'라고 음역했다.

무화과 תְּאֵן(8384, 테엔) 무화과, 무화과나무 무화과 나무는 감람나무와 달리 가을에 잎을 내고 봄(3월 하순)에 꽃을 피운다. 이른 무화과는 3월에 열리기 시작하여 5월에 익는다(참조: 사 28:4). 새 가지에 열리는 늦은 무화과는 늦은 여름에 익으며, 8월 중순에서 10월까지 수확한다.

사38:21 이사야는 이르기를 한 뭉치 무화과를 취하여 종처에 붙이면 왕이 나으리라 하였었고.

막11:20-26 저희가 아침에 지나갈 때에 무화과나무가 뿌리로부터 마른 것을 보고 베드로가 생각이 나서 여짜오되 랍비여 보소서 저주하신 무화과나무가 말랐나이다.

막11:13,14 멀리서 잎사귀 있는 한 무화과나무를 보시고 혹 그 나무에 무엇이 있을까 하여 가셨더니 가서 보신즉 잎사귀 외에 아무 것도 없더라 이는 무화과의 때가 아님이라 예수께서 나무에게 일러 가라사대 이제부터 영원토록 사람이 네게서 열매를 따 먹지 못하리라 하시니 제자들이 이를 듣더라.

무화과는 열매 중심의 과일로 번영과 평화를 상징하고 꽃은 열매 속에 있어 겉에서 보이지 않는 겸손과 단맛은 자신을 들어내지 않고 오직 열매로 모든 것을 말하는 구원받은 하나님의 백성이 오직 주님의 영광만을 위한 상징적 나무로 보아도 지나친 표현이 아니다.

주님이 세상에 오신 목적을 이루심

주님은 자신을 한 알의 밀로 비유하시고 자기 백성의 죄 짐을 짊어지시고 죽었다가 부활하실 것을 이렇게 비유로 제시하신 것이다.

주님이 받으실 고난을 피하여도 될 것 같으면 전능하신 주님이 얼마든지 피하였다. 민망하다는 것은 ταράσσω(5015, 타랏소) '함께 뒤흔들다, 분기시키다, 선동하다, 어지럽히다, 불안하게 하다'의 뜻으로 דָּלַח(1804, 달라흐) 혼탁하게 하다, 흙탕물이 되게 하다(겔32:2)

주님의 마음이 얼마나 괴로운지 알만한 내용이다. 그러나 자기백성을 구원하시는 주님의 사명과 소망의 영광이 이 모든 괴로움을 극복 하시고 승리하신 것이다.

하나님의 뜻을 이루는 자는 사망의 고통도 이기고 불안과 공포, 혼란의 고통도 이기고 영광된 하나님의 뜻에 순종하여 주님의 고난에 동참하는 것이다.

주님이 세상에 오신 목적이 바로 이러한 혼란의 민망함을 이기고 진정한 생명과 영광과 구원을 이루시려고 오신 것이다.

하나님의 백성도 주님의 뜻을 따라 믿음의 참된 진수로 사탄의 세력을 이기고 승리하는 삶을 사는 것이 바로 주님을 태우고 예루살렘에 입성한 나귀처럼 십자가를 지고 천성을 향하여 나아가는 것이다. 우리의 등에 주님을 태우지 않으면 천성의 예루살렘성에 들어갈 수가 없는 것이다.

행여 십자가의 짐을 벗으려 한다는 것은 주님을 떠나 혼자 예루살렘성에 들어가려는 나귀 꼴이 되는 것이다 이렇게 되면 들어갈 수도 없으며 그 어떤 의미도 없고 가치 없는 버림받는 존재가 되는 것이다. 십자가를 지고 천성을 향하여 나아가 주님의 영광에 한께 참여하는 성도가 되어야 하는 것이다.

주님이 받은 우렛소리같고 천사의 소리처럼 들린 하나님의 응답(요 12:29-31)

곁에 서서들은 무리는 우뢰가 울었다고도 하며 또 어떤 이들은 천사가 저에게 말하였다고도 하니 예수께서 대답하여 가라사대 이 소리가 난 것은 나를 위한 것이 아니요 너희를 위한 것이니라 이제 이 세상의 심판이 이르렀으니 이 세상 임금이 쫓겨나리라

이 응답은 주님을 위한 것이 아니고 곁에 서있던 무리들을 위한 응답이라고 말씀하셨다. 이단 중 주님이 십자가의 고난을 피하지 못하여 마치 하나님을 원망한 것처럼 해석하는데 이 말씀에 근거하여 밝혀진 것

처럼 저들의 해석은 부분 문자적으로 해석한 자기방식의 無知에서 나온 성경의 근본도 모른 데서 나온 해석이다.

> 마27:46 제 구시 즈음에 예수께서 크게 소리질러 가라사대 엘리 엘리 라마 사박다니 하시니 이는 곧 나의 하나님, 나의 하나님, 어찌하여 나를 버리셨나이까 하는 뜻이라.

육신을 입으신 예수님이 가장 고통스러워하던 때 최고 절정의 순간이자 주님의 지상목적의 완성 과정임을 응답하신 것인데, 이 내용은 주님 자신이 계획한 것이며 또한 스스로 실천하신 것으로 주님에게는 이런 응답 자체가 필요 없지만 이 사실을 증거할 주변의 사람들에게 들리도록 한 응답인 것이다.

이세상의 심판이 이르렀으니(요12:31)

이 세상 τούτου(5127, 투투) 3778의 단수 남성 및 중성의 속격. (강조적 의미도 있음) κόσμος(2889, 코스모스) 질서 order, 꾸밈, 장식 adornment , 세계(세상) world.

심판 κρίσις(2920, 크리시스) 결정, 판단.

同 κατάκριμα(2631, 카타크리마) 형벌, 처벌 punishment, 정죄, 선고 condemnation. מִשְׁפָּט(4941, 미쉬파트) 심판, 재판, 공의, 법령 등

심판이 이르렀다는 것은 주님의 구속의 은총이 임한 것으로 주님의 救贖을 외면하는 것은 심판에 들어가는 것을 의미하는 말씀인 것이다.

영원한 죽음에 처한 인생들의 죄를 해결하신 이후부터 정식 심판이

들어간 것이다. 심판에 들지 않으려면 주님의 구속하심을 받아들여야 하는 것이다. (출12:12,13. 22.23)

내가 그 밤에 애굽 땅에 두루 다니며 사람과 짐승을 무론하고 애굽 나라 가운데 처음 난 것을 다 치고 애굽의 모든 신에게 벌을 내리리라 나는 여호와로라

내가 애굽 땅을 칠 때에 그 피가 너희의 거하는 집에 있어서 너희를 위하여 표적이 될찌라 내가 피를 볼 때에 너희를 넘어가리니 재앙이 너희에게 내려 멸하지 아니하리라

너희는 우슬초 묶음을 취하여 그릇에 담은 피에 적시어서 그 피를 문 인방과 좌우 설주에 뿌리고 아침까지 한 사람도 자기 집 문밖에 나가지 말라

여호와께서 애굽 사람을 치려 두루 다니실 때에 문 인방과 좌우 설주의 피를 보시면 그 문을 넘으시고 멸하는 자로 너희 집에 들어가서 너희를 치지 못하게 하실 것임이니라

이때의 심판은 출애굽 당시의 10번째 재앙에 해당하는 의미와 연결된 것이다.

본질이 다른 제물(삼상6:4) 5:10-12

이에 그들이 하나님의 궤를 에그론으로 보내니라 하나님의 궤가 에그론에 이른즉 에그론 사람이 부르짖어 가로되

그들이 이스라엘 신의 궤를 우리에게로 가져다가 우리와 우리 백성을 죽이려 한다 하고 이에 보내어 블레셋 모든 방백을 모으고 가로되

이스라엘 신의 궤를 보내어 본처로 돌아가게 하고 우리와 우리 백성 죽임을 면케 하자 하니 이는 온 성이 사망의 환난을 당함이라 거기서 하나님의 손이 엄중하시므로 죽지 아니한 사람들은 독종으로 치심을 받아 성읍의 부르짖음이 하늘에 사무쳤더라

하나님의 언약궤를 다곤 신전에 옮긴 것이 원인이 되어 재앙을 받은 것을 알되 그 죄의 속함을 받는 방법을 모르는 것은 마치 죄인이 죄를 대신한 것과 같은 원리인 것이다.

이방인의 제사가 이러한 수준에 머물러 있는 것을 알 수가 있는 근거가 되고 있음이다.

죄의 속함은 하나님이 지정하신 오직 주님을 상징한 정결한 짐승가운데서 만이 속죄 제물이 되는 것이다.(창7:2,3. 레1:1,11:1-47)

너는 모든 정결한 짐승은 암 수 일곱씩, 부정한 것은 암 수 둘씩을 네게로 취하며 공중의 새도 암 수 일곱씩을 취하여 그 씨를 온 지면에 유전케 하라

블레셋 사람들이 금 독종 다섯과 금 쥐 다섯을 드린 것은 그 심성의 뜻은 알지만 자신들의 방식대로 한 것이므로 속죄의 근본과는 다른 것이다. 속죄는 뉘우친다고 하여 되는 것이 아니고 죄의 값과 형벌을 알아야 하는 것으로 죽음은 죽음을 대신할 수 있어야 하고 죄의 값은 바로 형벌로서 영원한 멸망 상태에서 나오지 못하는 영원한 죽음이란 것을 몰랐다는 것이다.

금독종 זָהָב(2091, 자하브) 금 gold 금에 대한 대부분의 언급은 성막이나 솔로몬의 성전, 궁전과 관련되어 있다. 언약궤는 정금으로 싸여졌으며 그 주위에 금테가 둘려져 있다(출 25:11). 등대는 정금을 쳐서 만들었으며, 등대의 밑판과 줄기와 가지도 정금을 쳐서(미크샤) 만들었다(출 37:17, 출 37:22).

그룹도 역시 금을 쳐서 만들었다(출 25:18). 금실은 대제사장의 에봇을 짓는데 사용되었다(출 28:6).

同-וָו(2053, 와우) 갈고리 hook 와우(명남)는 히브리 문자의 6번째 문

자 이름이며, '갈고리 hook, 거리 못 peg, 핀 pin'을 의미한다.

구약성경에서 이 단어는 13회 나오며, 장막의 휘장을 고정시키는 은 갈고리와 금 갈고리에 대해 사용되었다(출 26:23, 출 26:27, 출 27:10, 출 27:11, 출 27:17, 출 36:36, 출 36:38, 출 38:10, 출 38:11, 출 38:12, 출 38:17, 출 38:19, 출 38:28).

금과 갈고리 즉 주님을 십자가에 처형한 못과 연결할 때 주님의 救贖하심과 연결이 되는 것이다 주님의 십자가 없는 금은 주님의 구속과는 상관없는 세상 영광을 위한 금에 속할 뿐임인 것이다. 그러므로 하나님의 성전에 쓰인 금은 바로 וָו(2053, 와우)의 의미인 주님의 구속(救贖)이 들어있는 것이다.

독종 עֹפֶל(6076, 오펠) 오벨, 요새, 성채, 종창, 종양 오펠(명남)은 아팔(עָפַל, 6075)에서 유래했으며, '언덕, 작은 산, 요새, 성채'를 의미한다.

사실 성채로 보는 것이 타당할 것 같은데 독종으로 번역한 것이다. 어찌 되었던 그 속에 죄인의 본질인 종양 덩어리로 본다는 것에서는 동의할 만한 것이다. 자신이 죄인인 줄 안다고 하여 죄인이 죄인을 대신할 수는 없는 것이다.

중요한 것은 자신들의 의지가 들어있는 제물이 아니고 오직 자신들의 의지와 상관없는 죄와 상관없는 제물이 있어야 하는데 그 제물은 다름 아닌 하나님 자신인 예수 그리스도 밖에 없다는 사실을 예표하는 제물 밖에 없는 것이다.

그러므로 독종을 쓸 것이 아니고 제물을 바로 알고 죄인 개개인 스스로가 제물에 동참할 때 올바른 제사의 속건제가 성립된 것이다. 하지만 이방인은 이방인 방식 수준에서 해결된 것일 뿐 속죄와는 거리가 먼 것이다.

더구나 금쥐 다섯이란 것은 아주 가증한 제물로 저들의 본질에서 탈피한 제물이 못되는 것이다. 오늘날 제아무리 수양을 하고 선을 쌓는다고 하여도 땅을 해롭게 하는 생쥐의 삶을 탈피할 수 있는, 죄 사함 받는 의인이 되는 것은 불가능한 것이다.

쥐 **עַכְבָּר**(5909, 아크바르) 새앙쥐 mouse 레 11:29에서 새앙쥐는 부정한 동물로 규정되었다.

> 땅에 기는바 기는 것 중에 네게 부정한 것은 이러하니 곧 쪽제비와 쥐와 도마뱀 종류와

더구나 쥐와 금은 구속론으로 보면 아무런 연관성이 없는 것이다. 재료가 좋다고 하여 다 거룩하게 되는 것이 아니고 그 본질에 맞아야 되는 것이다. 마치 금 그릇으로 오물통을 만든 것과 같은 것이다.

창조하다

בָּרָא(1254, 바라) 칼(능동) 완료 3인 남성 단수. 만들다, 창조하다 create 찍어내다(나무를), 선택하다, 먹이다, 부치다, 뚱뚱한(하게하다)의 기본 어근이 있다.

בַּר(1249, 바르) 깨끗한, 순결한(잠14:4) 정결한 알곡 곡식 상속자 맏아들의 뜻이 있는 합성어이며 자음의 의미로 보면 '집, 머리, 예수님'이라는 의미가 들어 있어 예수님이 머리가 되신 집이라는 뜻이 있다.

결론적으로 교회의 의미가 있으며(엡1:22) 창1:1의 창조는 완료된 완전 창조로서 덧붙이거나 도와야할 필요가 없는 완벽한 창조인 것이다. 완전한 창조의 근본을 보이는 형체로 인식한다면 그것은 대단한 오류다. (히11:1) 완전함은 하나님의 말씀에 있지 보이는 것에 있지 않기 때

문이며. (사40:8) 창조 질서의 기본 중심은 피조물로는 하나님의 형상으로 창조된 사람이며 (창1:28,2:19) 사람은 바로 인자로 오신 예수님의 형상을 닮았기 때문이다.

완전 창조의 말씀에는 순결한 한 알의 밀 되시고 교회의 머리 되신 예수님이 들어있어 교회가 탄생하였고 하나님 나라의 상속자인 맏아들 예수님이 들어있는(계1:5히1:6) 완전한 창조의 주된 영적의미는 교회가 완전 창조에 해당하며 사람이 하나님의 백성이 될 때 십자가 희생의 구속을 다 이루어 완전한 창조의 모습인 교회가 되는 것이다 (요19:28-30). 이런 완전한 창조를 보려고 모든 피조물들이 탄식하며 고대한 것이다(롬8:19-23).

창조의 기본 어근인 찍어내다(마18:8) 선택하다 먹이다 부치다 뚱뚱하게 하다라는 것은 세상의 가치관에서 찍어내어 단절시킨 하나님의 백성으로 선택 받아 살찐 말씀의 꼴을 먹는 풍요로운 삶이 들어 있다(마4:4). 이런 완전한 창조에서 주님의 구속의 뜻을 찾는 것이 바로 하나님의 영광이므로 단순하게 물리적 형체로만 하나님의 창조근본을 보지 말 것은 물리적 형체의 궁극적 목적이 주님이 머리되신 집, 즉 신부된 교회이기 때문이다. 그러므로 창조를 무에서 유라고 하는 평면적 해석에서 더 나아가 영생의 계획까지 창조된 것을 볼 수 있어야 하는 것이다,(요6:68)

하나님이 가라사대 빛이 있으라 하시매 빛이 있었고(창1:3)

빛을 첫째 날 창조한 것이 아니라 이미 창조된 것이 첫째 날에 나타난 것이다. 빛אוֹר(216, 오르) 빛이 있었고 הָיָה (1961 하야) וַיְהִי־ 와우 계속법-칼 미완 3인 남성 단수.

'있었고'라는 것은 be동사에 해당하는 것으로 이미 과거에 있던 것이 일어난 것이다. 그러므로 한글 성경도 창조라는 말을 쓰지 않고 일어나라고 말한 것이다. 그러므로 원문대로 보면 첫째 날 창조한 것이 아니고 창1:1의 완전한 창조에서 나와 있어진 것 즉 나타난 것이라고 봐야 하는 것이다. 빛,조명,발광체,행복,밝은,맑은, 어두움의 세력은 빛 되신 예수님이 나타나면 물러가는 것이 바로 창조질서인 것이다.

그러므로 행복해지면 우울과 불행이 물러가고 밝은 모습 앞에 어두운 모습이 힘을 쓸 수가 없다. 주님의 사람은 밝은 모습으로 어둠의 세력을 제압하기 위하여 소망의 빛으로 살아야 하는 것이다.(롬5:1-5) 빛으로 날이 되는 것이지 날이 빛 되게 한 것이 아니다. 어두움이 물러가지 않는다면 시간만 갈 뿐이지 날이 될 수는 없는 것이다. 그러므로 세월을 죽이는 어두움의 삶이 되지 말고 빛의 삶으로 하나님 나라를 이루는 열매 맺는 날을 살아야 하는 것이다.

하나님이 가라사대 땅은 풀과 씨 맺는 채소와 각기 종류대로 씨 가진 열매 맺는 과목을 내라 하시매 그대로 되어(창1:11)

내라 דָּשָׁא(1876, 다샤)**תַּדְשֵׁא** 히필 미완 3인 여성 단수(jus). 싹트다, 푸른 싹이 다샤(동사)는 기본어근이며 '싹트다, 생기다 spout, 내밀다 shoot, 푸른 싹이 자라다 grow green'를 의미한다.

싹트는 곳의 출처는 바로 땅이라는 것이다. 땅은 창조의 생명이 들어있는 것으로 땅에 속한 것들의 모체다. 싹트는 것도 하나님이 푸른 싹을 내도록 사역을 시킨 것이지(히필 미완) 식물 자신이 알아서 자연적으로 된 것이 아님을 명백하게 나타낸 것이다. 하나님이 식물에게 부여하신 사명인 것이다. 하나님이 부여한 사역을 전제로 한 자연법칙이지 식물의 독자적 자연법칙을 말하는 것은 하나님을 모르는 사람들의 과학일 뿐이다.

물들은 생물로 번성케 하라(창1:20)

번성케 하는 것이 물들이다. 그렇다면 물에 대한 의미를 살펴볼 필요가 있는 것이다.

물 **מַ֫יִם**(4325, 마임)을 자음 의미로 보면 가운데 자음 요드는 손을 의미함과 여호와 하나님의 첫 자음의 된다. 그리고 첫 자음 맴과 셋째 자음 맴은 40이라는 숫자 값을 가지고 있다. 40은 이스라엘이 출애굽하여 광야에서 40년을 보내었으며, 40의 10배는 400년으로 애굽의 종살이 기간이며 이스라엘의 광야 생활의 10배가 된다. 광야 생활이 아무리 고되어도 종살이의 십분의 1밖에 안 되는 것이다.

중간 자음 요드의 숫자 값은 10이고 10은 만수(滿數)(계2:10)를 의미하고 애굽에 내린 재앙도 10가지 재앙으로 10은 종결의 수이기도 한 것이다. 물은 심판 정화의 의미도 있다. 10의 의미는 하님의 권능의 손이 붙잡는 기간이기도 한 것이다.

아무리 환난이 와도 10일간의 인내는 하나님의 손이 붙잡아 주는 기간인 것이다. 이때 온전히 하나님을 의지하고 있으면 시험을 이기는 것이다. 그러나 하나님의 손을 벗어나 자신의 의지대로 하면 시험에 지게 되어있다. 마임(물)의 자음 중 가운데 하나님의 권능의 손이 있고 양 옆의 40+40은 80으로 부활수의 충만함을 의미하고 있다.

즉 40년의 광야 믿음을 통과한 세대가 다음세대 40년의 믿음을 가지고 부활에 참여하는 의미로 해석하여도 무난할 것이며, 40년의 광야 믿음을 통과하고 정화되어 희게 된 성도의 옳은 행실로 부활에 참여할 수 있는 의미도 있다.

그러므로 물들로 생물을 풍성케 한다는 것은 물의 생명력 가운데 하나님의 권능의 손이 주장하는 생명력이 있으며 이 물은 성령을 상징하여 영혼을 살리는 데도 사용되고 있다.

물과 하늘은 שָׁמַיִם(8064, 샤마임) 하늘들로 단어 어휘 자체도 첫 자음 쉰을 빼고 같음을 볼 수 있다. 첫 자음 쉰은 불 분리 약자로 관계 대명사 관계 접속사 소유격에 상응한 접두어로 쓰기도 하는 것이다. 쉰은 경배자 성도를 의미하고 있으며 물 가운데תָּוֶךְ(8432, 타웨크) 중앙, 한 가운데(창 1:6.3:3)궁창이 있다는 것은 물의 포괄성이 하늘을 담고 있음이다. 근본 하늘에서 내려오는 것으로 사실과 윗물은 하늘인 궁창에서 분리되어 내려오는 것으로 영적인 면에서 강한 의미가 있다. 그러므로 생명을 풍성케 하는 물의 성분에 이런 하나님의 생명의 섭리가 내제된 것이다.

하늘의 의미는 생명의 하나님이 경배 받으시는 곳이며 물이 생명을 번성케 한다는 것은 물이 생명이 되어주기 때문이다. 물과 피를 흘리셔 생명을 주신 예수님의 구속과도 일맥상통하는 것이다. 물은 자음의 배열로 보면 하나님 우편과 좌편에 앉은 성도의 모습을 연상케 되므로 광야 40년을 통과한 세대가 가나안의 삶 즉 이 땅에서 하나님 나라의 시민의 삶을 살아 부활에 참여한 성도들의 영화로운 모습이 나타나 있다. 물은 이처럼 영원한 삶의 상급 있는 삶으로 생명을 풍성케 하는 생명이 되어주는 것이다.

하나님 나라 역시 물과 뗄 수 없는 관계다.

계21:6. 22:1-5 또 내게 말씀하시되 이루었도다 나는 알파와 오메가요 처음과 나중이라

내가 생명수 샘물로 목마른 자에게 값없이 주리니, 또 저가 수정 같이 맑은 생명수의 강을 내게 보이니 하나님과 및 어린 양의 보좌로부터 나서 길 가운데로 흐르더라 강 좌우에 생명 나무가 있어 열 두가지 실과를 맺히되 달마다

그 실과를 맺히고 그 나무 잎사귀들은 만국을 소성하기 위하여 있더라 다시 저주가 없으며 하나님과 그 어린 양의 보좌가 그 가운데 있으리니 그의 종들이 그를 섬기며 그의 얼굴을 볼 터이요 그의 이름도 저희 이마에 있으리라 다시 밤이 없겠고 등불과 햇빛이 쓸데없으니 이는 주 하나님이 저희에게 비취심이라 저희가 세세토록 왕 노릇 하리로다

מַ֫יִם(4325, 마임) 물의 자음 형태는 네모가 반듯하여 마치 계21:16의 예루살렘 성곽의 모양을 닮은 것이다. 하나님 나라는 물의 생명으로 품고 있는 모습이 마치 궁창을 품고 있는 물의 모습과도 흡사한 것이다.

물은 하늘과 떨어질 수 없는 포괄적 바탕으로 하늘의 성분을 담고 있는 것이다. 그러므로 물과 하늘의 단어도 거의 같은 모양을 취하였다고 본다.

처음 익은 것(레2:12)

처음 익은 것으로는 그것을 여호와께 드릴찌나 향기로운 냄새를 위하여는 단에 올리지 말찌며

처음 רֵאשִׁית(7225, 레쉬트) 첫째, 처음, 시작, 최초, 최상의 것.

동-רֹאשׁ(7218, 로쉬) 머리 head, 꼭대기, 우두머리, 총계, 시작, 처음 등.

처음이라고 하는 진정한 뜻은 교회의 머리이신 그리스도로 시작한 것을 의미하는데 태초의 처음은 그리스도로 시작한 창조의 섭리가 들어 있기 때문이다. 처음이란 그리스도로 시작한 교회의 시작과도 같으며 천지창조의 시작과도 같은 것이다. 그러므로 하나님의 창조목적은 교회에 있으며 그 교회는 그리스도의 사람 즉 하나님의 백성이 되는데 있는 것이다. 최상의 것은 그리스도로 시작하는 것이며 나로부터 시작하는 것은 רֵאשִׁית(7225, 레쉬트)가 아니고 하나님을 대적한 가인과 니므롯의(창4:5.10:8) 방식인 것이다.

익은 것 קָרְבָּן(7133, 코르반) 제물, 헌물, 예물. 카라브(קָרַב, 7126: 가까이 오다, 접근하다)에서 유래했으며, 가까이 가져오는 것, 즉 드려진 것 특별히 하나님께 드려진 것을 가리킨다.

하나님께 가까이 갈 수 있는 의미를 익은 것으로 번역한 것 같다. 코르반을 그런 의미에서 보면 태초와 떨어질 수 없는 관계로 주님의 구속(救贖)의 완성에 참여하는 의미가 있다 하나님께 드림으로 시작하는 것은 곧 그리스도로 시작하는 믿음의 자세인 것이다.

구속주(救贖主) 야웨 하나님과 엘로힘 하나님

출6:2 나는 여호와로라

여호와 יהוה 야웨 출3:14הָיָה(, 하야) ~이 일어나다, ~이 되다, ~이다. 존재하다, 되다, 발생하다에서 유래된 말이며 문자(자음)의 개별 의미로는 손을 보라, 못을 보라는 의미가 있으며 문장으로 보면 못 박힌 손을 보라는 뜻이 된다.

야웨의 뜻 속에 죄인을 구원하시는 구속(救贖)의 뜻이 있어 출애굽해야 하는 이스라엘의 지도자 모세에게 야웨라는 이름의 의미를 부각시킨 것이다. 그러므로 나는 스스로 있는 자라고 하는 설명만으로는 충분할 수가 없는 것이다. 야웨는 바로 죄인을 구속하여 주신 예수님의 모습인 것이다.

이스라엘 민족을 출애굽시킴으로 세상 죄에서 구원하시어 하나님 나라의 백성으로 살게 하시려는 구속גָּאַל(가알.되 사다, 속량하다, 구속하다)의 은총을 나타낸 이름이 야웨인 것이다. 그러므로 나는 여호와로라고 알리신 것이다.(출6:3,6)

엘로힘을 아버지, 어머니 하나님으로 부르는 이단과 이방신도 하나님과 동등되게 보려는 오류

하나님 אֱלֹהִים(430, 엘로힘)을 사람 부부처럼 아버지가 있으니 자연스럽게 어머니 하나님도 있다고 보려는 어리석음과 잘못된 신학적 경향에 기반을 둔 그 원인은 바로 엘로힘이 변화명사 복수어미가 있음을 근거한 것으로 엘로힘이 복수어미로 된 것은 맞으나 히브리어의 특수성(장엄형을 복수 어미로 표현한 것)과 문장의 구성법을 모르는 데서 온 무지의 소치다. 엘로힘을 받는 동사가 단수이므로 복수가 될 수 없고 남녀 혼성으로 된 공성이 아닌 남성 장엄 연장형 고유명사일 뿐이므로(창1:1,21:17,수24:19등) 어머니 하나님은 있을 수 없다.

이방신의 경우 같은 엘로힘을 사용하였지만 복수 분리어미와 소유격을 사용하여 구분하였고(삿11:24,왕상11:5, 왕하1:2) 이방신을 하나님처럼 섬긴다는 의미로 사용한 것이다. 하나님을 말씀한 엘로힘은 사실상 고유명사로 변화명사, 남성, 복수형을 붙인 장엄형의 고유한 속성으로 전능하신 하나님, 반석 되신 하나님, 사랑의 하나님, 진노의 하나님 등으로 표현할 수 있기 때문이며 명확한 것은 삼위일체의 하나님으로 하나님만의 고유한 속성을 가졌다는 것이다.

예루살렘 יְרוּשָׁלַיִם(3389, 예루샬라임) 평화의 터전(슥8:3)

예루살렘이 평화의 터전이 되는 것은 그 내면에 쏘다(화살), 물같이 흐르다, 가르치다, 안전하다, 보답하다, 배상하다, 끝내다, 완성하다, 반환하다, 회복시키다 등의 의미가 내제되어 있기 때문이다

내가 세상에 화평을 주러 온 줄로 생각지 말라 화평이 아니요 검을 주러 왔노라 (마10:34)

εἰρήνη(1515, 에이레네) 평화, 복지, 번영שָׁלוֹם(7965, 샬롬)창26:31과 같은 말씀으로(눅2:14) 일반적 평화의 출발과 다른 것이다. 그러므로 예루살렘의 평화는 마7:24의 반석πέτρα(4073, 페트라) 바위, 반석 rock. 명사 페트라(Homer 이후)는 크고 견고한 '바위, 바윗 덩어리, 절벽', 재료로써의 '돌'을 의미하며 심지어 '바위가 많은 산악지대'를 의미하기도 한다. 페트라는 또한 비유적 의미로 확고함, 부동성 및 견고함, 마음이 '완고함'에 대해 사용되었다. 페트로스는 페트라와 동일한 의미로 사용되기도 하지만 일반적으로 보다 작은 바위, 돌들 또는 조각돌들을 가리키는데 사용되었다.

예루살렘이 평화의 터전인 것은 반석 되신 예수님의 구속하심의 은혜를 나타낸 평화인 것이다. 이 평화는 주님이 자기 백성을 구속하기 위하여 싸워 이김으로 주어진 평화이므로 주님의 피 값으로 얻어진 평

화인 것이다.

그러므로 일반적 평화에 의미가 아니고 싸워 쟁취한 평화이며 이 평화는 사탄과 싸우는 안전한 요새로서의 평화인 것이다. 주님이 구속하여 주신 은총의 고난에 동참함으로 유지되는 평화인 것이다 진정한 예루살렘에 거하는 삶은,

> 엡6:12,13 마귀의 궤계를 능히 대적하기 위하여 하나님의 전신갑주를 입으라 우리의 씨름은 혈과 육에 대한 것이 아니요 정사와 권세와 이 어두움의 세상 주관자들과 하늘에 있는 악의 영들에게 대함이라

믿음의 예루살렘은 이스라엘에 있는 것이 아니고 사탄과 싸워 이기는 삶의 요새인 주님 안에 거하는 구속함을 받은 삶을 의미한 것으로 이런 믿음의 삶이 영원한 새 예루살렘의 삶으로 이어지는 것이다.

도망하는 날이 겨울이나 안식일이 되지 않도록 기도하라(마24:20)

겨울 χειμών(5494, 케이몬) '겨울 winter' 퍼붓는것과 같은 폭풍우에서 유래하였고 수도(水道)의 개념으로 많은 눈, 비가 오는 계절로 원리상으로 비라고 보면 된다. 그러나 일반적 겨울의 의미와는 비슷하나 특이한 점이 많다.

홍수 מַבּוּל(3999, 맙불) 홍수 흐름의 의미로 학자들 중에는 맙불이 아카디아 어근 (파괴하다)와 와부부(wabubu: 선풍, 폭풍우)에서 나온 것으로 추정하고 있다. יָבָל(2989, 야발)은 יָבַל(2986, 야발)에서 유래했으며, '개울, 시내'를 의미한다.(창7:6)

도망하는 때를 노아홍수에 해당하는 날씨로 봄이 신구약의 원어적으

로 타당한 것이다. 그러므로 노아시대에 홍수가 날 때 이미 방주의 문이 닫힌 후이다(창7:10-13,16). 방주가 닫히고 홍수가 터져 나올 때 후회한들 무슨 의미가 있으며 도망한들 어디로 가겠는가? 그러므로 겨울이란 구원의 때가 지나가기 전 방주에 들어가라는 것으로 겨울은 바로 구원의 때를 놓친 시기를 의미한 것이다.

안식일 **שַׁבָּת**(7676, 샵바트) 샤바트(그치다, 끝내다, 쉬다)에서 파생한 것이며 동의어로는 **מִשְׁבָּת**(4868, 미쉬바트) 전멸, 멸망 이 단어는 애 1:7에서 한 번 나오며, 예루살렘의 '파괴(멸망)'에 대해 사용되었다.

예루살렘이 환난과 군박을 당하는 날에 옛날의 모든 즐거움을 생각함이여 백성이 대적의 손에 빠지나 돕는 자가 없고 대적은 보고 그 황적함을 비웃도다.

안식에 들어가지 못한 안식은 의미 없는 것이다. 주님의 재림 때는 이미 안식에 들어간 자가 되어야지 기회를 놓친 다음의 안식은 받아 들여 지지 않는 안식일인 것이다.

참고로 오늘날의 주일은 안식에 들어간 날인 것이므로 안식에 들어가기 위한 날이 아닌 이미 안식에 들어간 사람들이 지키는 날이다 (호2:11, 마13:30,히7:18) 진정한 안식은 진정한 믿음의 소유자가 되는 것이다.

주님 재림 때 참된 알곡의 救贖史적 믿음에 들어가지 못하여 성령의 사람이 못되면 주일을 지킨들 의미가 없는 것이다.

그러므로 겨울이나 안식일에 도망한다는 것은 어리석은 다섯 처녀의 비유처럼 기름을 준비하지 못하여 애통하는 것과 같은 맥락의 표현방법인 것이다.

그날들을 감하지 아니할 것이면 모든 육체가 구원을 얻지 못할 것이나 (마24:22)

감하지 κολοβόω(2856, 콜로보오) 짧게 자르다, 절단하다. 그날들은 대 환난을 말하는 것이며 대 환난의 고통이 창세로부터 현재까지와 이 후로도 없는 전무후무한 것은 유래없는 극단적 고통을 당하여 살해됨을 생각하기 쉬우나 분명한 것은 그런 류의 고통이 아니다.

아무리 고통이 심하여도 죽기 밖에 더 하겠는가? 이런 고통은 인류사에 많이 나타나 있다. 성경은 이런 고통이 구원을 막을 수 없다고 한 것이다(롬8:31-39.히11:36-37). 순교당한 믿음의 선진들에 대하여 평하기를 이런 사람들을 세상이 감당치 못한다고 하였다(11:38).

이렇게 상세하게 알려주셨는데도 세상 전쟁이나 악한 권력자의 박해가 심하여 감당치 못하는 것처럼 해석하는 것은 하나님의 구원의 완전성을 부인하는 격이 되는 것이니 조심하여야 하는 해석인 것이다.

귀신이 성령보다 마치 더 주도적인 것처럼 온통 귀신판으로 만드는 이단과 유사한 사고방식인 것이다.

창세로부터 전무후무한 환난에 대한 내용은 마24:29-31에 나타나 있다. 그 날을 감한다는 것은 바로,

그 날 환난 후에 즉시 해가 어두워지며 달이 빛을 내지 아니하며 별들이 하늘에서 떨어지며 하늘의 권능들이 흔들리리라

이는 천체의 정체와 별들의 낙하다. 이런 환경에서 택하신 백성들에게는 오히려 영광의 자리로 옮겨지는 시간이다. 이러한 환경에서 버림받는 사람은 구원에서 제외된 사람이니 구원과는 거리가 먼 것이다.

감한다는 것은 이러한 환경에서 짧게 잘라 구원받음을 의미한 것으

로 보아야 함이 타당하리라(저가 큰 나팔소리와 함께 천사들을 보내리니 저희가 그 택하신 자들을 하늘 이 끝에서 저 끝까지 사방에서 모으리라).

환난 후라는 것은 환난은 당하는 사람에게는 현실이나 환난의 내용이 중요한 것이다. 환난도 배후가 영광이라면 고난도 끝나는 고난이며 소망의 고난이다. 중요한 것은 고난 자체의 감각보다 소망이 없는 멸망의 고난이므로 그 고난의 강도가 더욱 처절한 것이다.

그럼으로 환난 후(배후, 대격)μετά(3326, 메타)를 환난과 분리하여 해석하지 말아야 하며 환난의 대격으로 이어진 문장을 유의하여 보아야 하는 것이다.

구원사적 영생관의 혼돈과 깊음(창1:2)

"땅이 혼돈하고 공허하며 흑암이 깊음 위에 있고"

혼돈 תֹּהוּ(토후) 형태 없음, 혼돈, 공허, 텅빔, 황폐, 사막의 상징으로 무가치한 것.

同-어리석음, 미련함, 미치다, 자기자랑 미치다, 유명한 등의 의미가 다양하게 있다. 혼돈은 구원사적으로 볼 때 혼돈의 상태란 죄인의 전형적 성격을 잘 나타내고 있다.

깊음 תְּהוֹם(테홈) 깊은 물, 바다, 깊음, 심연(深淵)은 깊은 물속에 땅이 잠겨 있음을 나타내고 있으며 이 내용은 새로운 시대를 열은 노아홍수의 상태와도 같은 맥락이다. (창7:20)물이 불어 십오 규빗이 오른 것은 지면 위로 약 6미터 84센치미터로 잠긴 수치니 물의 양이 엄청난 두 깨의 깊이로 창조 때 혼돈의 깊음에 잠겨있는 지구의 모습을 재현한 모습으로 보인다.

죄인이 거듭나서 구원받는 과정이 물 가운데 궁창이 있어 물과 물로 나뉘게 한 과정의 모습과 일치한다.(렘4:23)그러므로 노아시대의 홍수를 세례에 비유하고 있다.(벧전3:21) 세례βάπτισμα(908, 밥티스마) 침례(세례) 물에 담금 침수(롬6:4,벧전3:21) 혼돈의 의미는 영생의 사람으로 거듭나기 전의 과정과 일치한 모습으로 무가치한 썩어질 것에 목숨을 걸고 없어질 것. 즉 형태가 없는 것에 집착하는 삶 등은(롬1:23) 대표적 인물들로는 유명한 노아홍수 당시 타락한 용사들로 그 당시에 성공하여 선망의 대상들이다. 천지창조의 모습에서 혼돈과 깊음이란 어휘에서도 주님의 영생관이 들어있음을 발견할 때 복음의 진수가 명확하게 들어남으로 단지 혼돈은 혼돈이며 지구 창조과정으로만 보는 것은 하나님의 진정한 창조섭리를 생각하지 못한 것이다.

수면에 운행하심의 창조 사역과 주님의 구속 사역(창1:2,사41:4)

운행 (메라헤 페트)מְרַחֶפֶת 풀어지다, 기운을 잃다, 배회하다, 알을 품다, 날개 치다, 움직이다, 흔들다의 뜻으로 암탉이 알을 품는 형태로 묘사될 뿐만 아니라 이러한 행위가 수동이 아니고 하나님 스스로 최선을 다한 강조능동 분사로 표현한 것은 최선을 다하여 쉼 없이 사역하심이 주님의 공생에 사역 활동과도 같다.

마4:1,2 풀어지다, 기운을 잃다는 것은 주님이 십자가에 달려 물과 피를 흘리고 기운이 진하여 다 이루었다는 말씀과 연계되고 있다(요19:30)

칼라 완성(성취)하다, 소모하다, 끝내다, 마치다의 주님이 십자가에서 죽기 직전 다 이루었다τελέω(5055, 텔레오) 내다 bring to an end, 끝나다 finish, 완성하다 complete, 수행하다 carry out, 성취하다

accomplish의 말씀이 천지창조 사역 속에 성령의 운행과 주님의 십자가 희생의 사역이 일치되어 나타나고 있다. 천지창조 사역의 완성은 바로 성령의 운행하심을 통하여 이루신 주님 구속 사역의 인류구원 내용이 들어 있음을 알 수가 있다.

요1:3 만물이 그로 말미암아 지은바 되었으니 지은 것이 하나도 그가 없이는 된 것이 없느니라

우리글 번역 성경의 단순 운행으로 빙빙 돌아다니는 정도로만 안다면 성경 원뜻의 접근이 어렵다, 원어를 한마디로 어휘 정리하는 것은 한글성경 표현보다 별로 나아질 것이 없다. 부연 설명으로 하나님은 피곤하거나 졸거나 주무시지도 않는데 풀어지다, 기운을 잃다라 한 것은 인자되신 예수님의 구속사역을 나타낸 것이기 때문이다.(마25:38,39눅22:44)

죄의 근원을 상징한 놋, 청동, 놋쇠(렘52:20.민21:9)

놋נְחֹשֶׁת(5178, 네호셰트) 예수님의 구속(救贖)하심에서 보면 누추한 것(겔16:36), 더위와 가뭄(신28:23), 열등한 금속을 의미하여 자기 백성의 죄를 속량하려 오신 주님의 모습과도(사53:2) 일치하며 십자가 위에서 갈증을 호소한 모습도 연계하여 볼 수 있다. 놋은 인류의 죄를 지신 구속(救贖) 사역을 하신 주님의 모습을 상징한 것이다.

뱀과 놋은 히브리어 자음으로 보면 뱀נָחָשׁ(5175, 나하쉬) 놋(구리) נְחֹשֶׁת(5178, 네호셰트)은 ת타브 문자만 빠지고 일치한다는 것이다. 성, 수에 있어서 뱀은 남성 단수고 놋은 여성 단수로, 두 어휘의 상반된 의미는 죄의 근본이 남성으로 된 뱀이고 뱀으로부터 나온 죄를 받은 것

은 여성 성을 가진 놋으로 여자(창3:1)를 상징한 것이 된다. 이렇게 보는 것은 뱀과 놋의 근본 자음 세 개가 일치한다는 점이다. 여자가 뱀에게 유혹 받은 것이 죄의 시초가 된 것이기 때문이다. 그러므로 놋은 죄의 근원을 상징하고 있으며(창3:6) 주님은 이 죄의 근원의 십자가를 지시어 속량하여 주신 것이다. 불뱀의 독으로 사망에 처한 광야의 백성들이 구리 뱀을 쳐다봄으로 구원을 얻은 것은 주님의 구속하심이 있기 때문이다.

더 확실한 것은 똑 같은 세 자음 뒤에 십자가를 상징하는 문자 타브가 붙으므로 뱀으로부터 온 죄를 속량하심을 나타낸 것을 알 수 있다. 장대에 달린 구리 뱀만 죽고 주님은 부활하심으로 안 죽었다는 것은 언어개념이 반대로 된 것이다. 부활하였기에 안 죽은 것이 아니고 죽었기 때문에 부활이 성립되는 것이다.

소בָּקָר(1241, 바카르) 소, 수소(렘52:20)와 연관된 천년왕국

אָלַף(502, 알라프) 배우다, 가르치다.

同-אֶלֶף(504, 엘레프) 소, 수소, 암소 멍에를 메우다 길들이다는 의미에서 유래 數詞로 사용되어 일천, 천 (벧후3:8) 일이나 천을 같이 보고 있다. 이와 같은 數詞 기법으로 보면 천년אלף 왕국을 엘레프에서 생각하여 보아야 할 것이다. 인자로 오신יהוה(예호와)예수님 자신이 곧 천년의 의미를 지니고 있다.

주님은 자신을 가리켜 처음과 나중이라고 말씀하신 것이다(계22:13)

ἀρχή(746, 아르케) 태초, 시작 beginning, 원인 cause.

τέλος(5056, 텔로스) 끝 end, 결론, 종결conclusion, 마침 close, 목표, 목적 goal.

שָׁלֵם(8003, 샬렘) 완전한, 완성한, 안전한, 평화한(왕상8:61).

어느 모로 보던지 천년 왕국의 의미는 주님 자신으로 처음과 나중이며 시작과 끝이며 평화의 왕이신 것이다 그러므로 천년 왕국은 영원한 안식의 세계이며 하나님의 나라이며 그 원리가 계21:22의 원리와 같은 것이다.

성안에 성전을 내가 보지 못하였으니 이는 주 하나님 곧 전능하신 이와 및 어린 양이 그 성전이심이라

주님 자신이 희생제물로 인류를 죄에서 구원하신 것은 소의 의미가 있으며 이 소는 제물로써 평화를 이루신 영원한 안식이 되시고 천년왕국이 되시고 영원한 새 예루살렘이 되시는 것이다.

성전 되신 예수님

성전으로써의 에덴과 예수님

창조시대의 에덴עֵדֶן(5731, 에덴) 에덴 Eden.

(עָדַן 5727, 아단, 즐기다)同-기쁨, 우아한, 즐거움. 동방קֶדֶם(6924, 케뎀) 동쪽으로(향하여) 라는 의미로 사용된다. 동편은 성막의 문이 있는 곳으로 주님의 구속하심을 향한 방향이다. מִזְרָח(4217, 미즈라흐) 해 뜨는 곳, 동쪽. 자라흐(זָרַח , 2224: 일어나다, 나오다, 나타나다)에서 유래했으며, '해 뜨는 장소나 지역, 동쪽'을 의미한다. 사 60:3에 한 번 나온다.

열방은 네 빛으로, 열왕은 비취는 네 광명으로 나아오리라

참된 기쁨이 있는 곳이 하나님의 나라이며 예수님이 곳 하나님 나라에 들어가는 문이다. 예수님은 자신을 가리켜,

예수께서 가라사대 내가 곧 길이요 진리요 생명이니 나로 말미암지 않고는 아버

지께로 올 자가 없느니라

말씀하신 것이다(요10:7,14:6)

하나님의 성전으로 들어와야 참 즐거움이 있으며 에덴은 진정한 하나님의 성전이다. 에덴에는 십자가의 구속함으로 이어진 영원한 생명이 있는 곳이기 때문이다. 선악과와 생명나무는 지성소의 법궤 안에 있는 아론의 싹 난 지팡이와 생명의 만나로 상징되기 때문이다.

에덴은עֵדֶן 자음의 의미로 샘물, 문, 메시야의 의미가 있다. 특히 ן נוּ (5125, 눈. 싹트게 하다, 새순으로 증식 시키다, 상징적으로 영속하다, 계속하다, 창4:25 다른 씨,12:2,3 복의 근원). 눈의 경우 후기 유대교에서 메시야를 부르는 상징적 이름으로 썼다. 에덴을 자음으로 문장을 만들면 영원한 생명수가 되고 양의 문이신 메시야가 된다. 그러므로 에덴은 성전된 예수님을 상징하며 예수님의 구속함이 있는 성전이기도 하다.

동방 קֶדֶם(케뎀) 수(數)의 의미: 합 0을 3개 빼면 124로 1+2+4=7로 거룩한 안식의 수가 되며 복음의 최종 은혜는 영원한 안식에 들어가는 것으로 동방의 에덴이야말로 영원한 안식처의 모습이며 100+40+4=144+000=14만 4천의 땅에서 속량함을 받은 숫자다(계14:1,3).

오늘날 교회는 세상 속의 에덴이며 에덴의 회복은 곧 심령에 하나님의 성전이신 주님을 모신 것이 에덴의 회복이다. 이 에덴이 회복된 자가 진정 예수님의 구속함을 받아 영원한 성전이며 하나님 나라 자체이신 예수님(계21:22)이 있는 천성의 에덴 새 예루살렘으로 들어가는 것이다.

노아시대 성전으로써의 방주와 예수님

방주 תֵּבָה(8392, 테바) 방주, 상자 ark. 자음의 의미로 볼 때 십자가, 집, 숨구멍의 구성이므로 노아방주의 성격이 잘 표현되어 있다. 홍수로 죽은 사람들이 익사한 것은 숨구멍이 막혀 죽은 것이다. 당시 숨 쉴 수 있는 공간은 노아의 방주 밖에 없다. 노아의 방주는 같은 상자의 의미가 있지만 상자의 성격이 다르다. 상자가 예표한 것은 십자가가 있는 집은 성전이고 이 성전을 통하여 하나님과의 관계가 이어진 생명의 상자인 것이기에 사망에서 생명으로 옮겨진 곳이 바로 노아의 방주인 것이다.

노아의 방주는 כֹּפֶר(3724, 코페르) '몸값, 속전, 마을, 삼실나무, 역청'을 안팎으로 칠한 주님의 몸값이 지불된 예수님의 생명 희생의 피 값이 칠כָּפַר(3722, 카파르- 덮다, 진정시키다, 화해하다, 속죄하다, 역청으로 위에 칠하다) 하여진 상자다. 이와 같은 상자(출25:21)אָרוֹן(727, 아론) '궤, 상자' 관으로 노아의 상자와 함께 구속의 의미를 가지고 있다.

제사장 아론אַהֲרוֹן(175, 아하론) 아하론은 '총명한'을 의미한다(사11:2). 제사장 아론은 뗄 수 없는 관계이며 제사장은 하나님과 중보 역할이 주 사역이나 구속함을 받은 성도의 前身이기도 한 것이다. 아론과 상자와의 자음이 같은 맥락인 것으로 보아 자기 백성을 구속하여 주신 예수님을 상징한 의미가 있다고 보여진다. 제사장도 지혜와 총명의 예수님 사역의 예표며 언약의 상자 역시 예수님의 예표이기 때문이다.

그러므로 법궤가 없으면 성전이 될 수가 없다. 법궤 상자에서 예수님의 모습과 성전의 본질을 볼 수 있어야 하는 것이다.

아브라함 시대의 예수님의 구속 사역이 들어있는 가나안 성전

가나안 כְּנַעַן(3667, 케나안) 어근으로 본 본래 의미는 무릎을 굽히다, 낮추다, 겸손하다, 정복하다, 엎드러지다,(낮추다)복종하다, 항복하다, 굴복시키다. 짐 꾸러미 등으로 בָּרַךְ(1288, 바라크) 무릎을 꿇다, 축복하다, 복을 주다, 찬양하다라는 복의 근원이신 예수님의 사역이 내포된 것이다.

가나안은 어휘의 뜻처럼 죄악의 삶에 있던 가나안 사람들이 이스라엘의 총 사령관 여호수아의 지휘로 항복하고 굴복되어야 할 민족이다. 반면 가나안은 죄인을 위하여 스스로의 생명을 내어주어 자기 백성의 죄의 짐 꾸러미를 짊어지신 예수님의 구속사역을 나타낸 의미가 있는 이름이다.

가나안은 언약 בְּרִית(1285, 베리트 언약, 계약, 협정)을 세운 땅으로(창15:18) 계약은 고기 조각들 사이로 지나감으로 맺어짐(창15:17)의 의미는 하나님과 아들 예수님은 하나인데 성령으로 잉태하신 인자 예수님을 통한 구속하심을 언약으로 나타낸 것이며,

בָּרַר(1305, 바라르) 깨끗하게 하다, 선택하다.同-까부르다(곡식1250눅22:31)σινιάζω(4617,시니아조)체로 치다,체질하다.同-ἑτοιμάζω(2090, 헤토이마조) 준비하다, 준비를 갖추다의 어휘들과 동의어를 이루고 있다.

성전의 속성에는 예수님 구속으로 상징된 내용으로 되어 있다 가나안의 뜻은 예수님의 구속의 내용으로 되어 있음을 알 수 있다.

창9:25 이에 가로되 가나안은 저주를 받아 그 형제의 종들의 종이 되기를 원하노라

이는 인류의 죄의 저주를 짊어지시고 종의 모습으로 구속주로 오신 예수님의 사역이 잘 나타난 구절이며 구속 사역의 언약이 들어 있는 성전 중심의 가나안인 것이다.

🕎 사마리아와 예루살렘의 음란죄의 상징 오홀라와 오홀리바(겔23:4)

오홀라 אָהֳלָה(170,오홀라)(명여)는 '장막을 소유한 여인'을 의미하며 사마리아를 뜻한다.

사마리아 Σαμάρεια(4540, 사마레이아) '감시산'을 의미한다. 同-감옥, 감금, 감시, 지킴, 파수(군), 준수(수행)으로 사마리아는 북이스라엘의 수도로 나라를 지키고 감시하는 도성인데. 이 천막은 성막 מִשְׁכָּן(4908, 미쉬칸)을 만드는 덮개로(출35:11) 미쉬칸이 완성되는 중요한 천막으로의 본분을 망각한 즉 하나님의 거룩성을 훼손한 북 이스라엘인 것이다.(마5:13)

오늘날 하나님 백성들의 전형적 타락한 모습으로 이름은 성도(聖徒) 즉, 하나님의 백성이지만 삶 자체는 오홀라로 성막을 만드는 천막의 역할이 아니라 세상에 籍(적)을 두고 사는 나그네 인생 가치관에 불과한 것이다. 성막은 예수님을 의미하고 천막은 성막을 만드는 성도를 의미한다.(엡2:22) 장막을 소유하였다는 것은 주님의 몸인 성막이 될 수 있는 은사를 받은 이름인 것이다.

오홀리바 אָהֳלִיבָה(172, 오홀리바) (명여)는 '장막이 그녀 가운데 있다'를 의미한다.

에스겔은 오홀리바를 예루살렘을 뜻하는 상징적 이름으로 사용한다(겔 23:4, 겔 23:1). 장막은 인자되신 예수님의 인성으로 표현되며(고후5:1) 그녀라는 것은 교회를 상징하며 ἐκκλησίας·(엑클레시아) 명사, 속격, 여성, 단수로 구속주 그리스도께서 교회 가운데 계심을 의미하며 예루살렘 역시 주님의 몸된 교회이며 성전인 것이다. 당시 유다의 타락은 기본으로 성전 신앙의 타락인 것이다.

하나님의 백성은 하나님의 성전 중심으로 오늘날 교회 중심으로 사는 것이 정석이고 이방인 신을 섬기는 사람은 사탄의 위가 있는 곳에 살려고 한다.(계2:13)

오홀라와 오홀리바의 불륜 연애 대상 애굽과 앗수르(겔23:1-5)

애굽מִצְרַיִם(4714, 미츠라임) 애굽을 뜻하는 헬라어 명칭 아이귀프토스는 애굽의 고대 수도인 멤피스(Memphis)의 별칭인 애굽어 하쿠프타(hi-ku Ptah)에서 유래했다. 하쿠프타는 일반적으로 프타(Ptah)의 '카(ka)의 영혼의 저택'이라는 의미로 받아들인다.

영혼의 안식처를 하나님 나라에 두지 않고 세상과 짝하는 곳에 둔다면 이야말로 죄악 세상의 상징인 애굽과 연애하기 위하여 하나님을 배반한 음란죄에 해당한 것이다. 천국관이 인간 욕망을 채우는 환경으로 이해하는 것이 애굽식 천국이며 저들의 신관은 신들이 사람의 욕망을 들어주는 정욕 위주의 다신론이다. 영혼의 저택이란 다른 말로하면 애굽식 천국이며 곧 죄악 세상의 쾌락이다.

앗수르

אַשּׁוּר(804, 앗슈르) '한 걸음 a step'을 의미하고 성공한, 평탄하다, 옳다, 행복하다, 앞으로 가다, 정직하다, 번성하다, 복되다, 인도하다, 안내하다, 구조하다의 의미로 앗슈르는 세상 기준으로 본 이상향으로 노아시대의 이상향과도 맞아 떨어지는 것을 볼 수 있다.

창6:2 하나님의 아들들이 사람의 딸들의 아름다움을 보고 자기들의 좋아하는 모든 자로 아내를 삼는지라

겔23:5-8 오홀라가 내게 속하였을 때에 행음하여 그 연애하는 자 곧 그 이웃 앗수르 사람을 사모하였나니 그들은 다 자색 옷을 입은 방백과 감독이요 준수한 소년, 말 타는 자들이라 그가 앗수르 중에 잘 생긴 그 모든 자들과 행음하고 누구를 연애하든지 그들의 모든 우상으로 스스로 더럽혔으며 그가 젊었을 때에 애굽 사람과 동침하매 그 처녀의 가슴이 어루만진 바 되며 그 몸에 음란을 쏟음을 당한 바 되었더니 그가 그 때부터 행음함을 마지아니하였느니라

세상 성공을 향하여 한 걸음 한걸음 나가는 방향의 명분을 좋게 하여 결국 멸망의 걸음을 가도록 소망을 주어 좋은 명분과 천사의 탈을 쓴 유혹의 세계가 앗슈르이다(마7:13).

자신들이 추구하는 쾌락관은 애굽이나 앗수루나 추구하는 것은 결국 같은 것이며 노아의 때부터 이미 나타나고 있었으며, 창10:10 니므롯에 의한 바벨탑을 쌓는 것으로 이미 자신들의 세계관으로 하나님을 배신한 천국관이 시작된 것이다(창11:1-4).

모세의 명한 예물(마8:4)과 오늘날 하나님께 드리는 헌금의 공통점

δῶρον(1435, 도론) 선물, 선사품 gift, present. 同-δωρεάν(1432, 도레안) 선물로, 값없이, 이유없이.

출21:2 חִנָּם(2600, 힌남) 거저, 자유로이, 이유없이, 헛되이로 레13장에 해당된 예물로 주님의 구속의 은총을 증거하는 예물인 것이다. 모든 질병의 치유에 주님의 구속의 은총이 들어 있기 때문이다(사53:5).

오늘날도 하나님께 드리는 모든 예물에는 예수님의 구속의 은총이 전제되는 것으로 사람이 중심이 되면 그 예물을 드리고도 하나님께 상달되지 않는 예물이 되는 것이다.

회칠한 담(겔13:10)

거짓 선지자들의 예언을 담에 회칠한 것에 비유함.

회칠 תָּפֵל(8602, 타펠) 회반죽, 흰도료. 同-תִּפְלָה(8604, 티플라) 불미스러움, 부적당함, 꼴사나움. 경솔, 어리석음. 담חַיִץ(2434, 하이츠) 담, 성벽 同-절단하다, 새기다, 규정하다, 제정하다.

회칠한 담의 성격은 거짓 예언으로 부적당한 것을 규정시킨 것으로 불미스럽고, 어리석고, 꼴사나운 것이다. 회칠함으로 본래의 모습을 덮은 것으로 악령의 묵시에 근거를 둔 것이다.

왕상22:23 이제 여호와께서 거짓말하는 영을 왕의 이 모든 선지자의 입에 넣으셨고 또 여호와께서 왕에게 대하여 화를 말씀하셨나이다. 겔13:6 여호와께서 말씀하셨다고 하는 자들이 허탄한 것과 거짓된 점괘를 보며 사람으로 그 말이 굳게 이루기를 바라게 하거니와 여호와가 보낸 자가 아니라

악령의 예언은 주로 사람의 욕망이나(왕상22:8) 거짓 예언자의 마음대로 예언하며 악령도 묵시로 속이는 것이다.(겔13:2)

창1:27과 2:7에서 본 하나님을 마음과 목숨과 힘과 뜻을 다하여 사랑하는 사람이란 (눅10:27)

마음을 לֵבָב(3824, 레바브.시101:5) 내부인간, 마음, 정신, 의지.

다하여 ολος(3650,홀로스.눅10:27) 온 whole, 모든 all, 전체 totality.

כֹּל(3605, 콜) 모두, 전체, 완전함. 콜(명남)은 칼랄(כָּלַל, 3634, 완전하게 하다)에서 유래했으며, '모두 all, 전체, 완전함 the whole'을 의미한다.

마음을 다하면 헛된 것이 설자리가 없다. 하나님을 진정으로 사랑하는 것은 생영의 사람 즉 영성(נֶפֶשׁ중심.창2:7) 일 때 가능한 것이다.

목숨 ψυχή(5590, 프쉬케) 영혼, 목숨, 생명. 同-호흡하다 נֶפֶשׁ(5315, 네페쉬) 왕상17:27 창2:7 숨쉬는 존재, 영혼, 생명의 뜻이 있으며 육신에 사로잡힌 단순 아담(창1:27)אָדָם의 차원이 아닌 생영(창2:7). 생חַיִּים 영לְנֶפֶשׁ의 사람נֶפֶשׁ으로 마음과 몸과 힘을 다하여 하나님을 사랑하는 사람이 되는 것이다.(롬8:8,9)

육신에 있는 자들은 하나님을 기쁘시게 할 수 없느니라 만일 너희 속에 하나님의 영이 거하시면 너희가 육신에 있지 아니하고 영에 있나니 누구든지 그리스도의 영이 없으면 그리스도의 사람이 아니라

기독교인이라도 육신 위주의 사고방식으로는 율법의 축약이며 완성되는 하나님 사랑을 할 수가 없는 것이다. 그러므로 처음 사람 아담의 단계에서 생영의 사람인 예수님을 통하여 거듭난 사람으로 생영의 사람이 되어야 하며 처음 사람에게 속하여 살지 말고 살리는(롬5:19.고전15:45)영 예수님에게 속한 사람이 생영의 사람 네페쉬의 사람이다.

창세기 1:27의 사람과 2:7의 생영의 사람은 다르다. 1:27의 사람은 첫 번째 아담이고 2:7의 아담은 예수님으로부터 구원 받은 사람 즉 거듭난 사람인 두 번째 아담인 살리는 영으로 거듭난 아담이다(창3:15).

내가 너로 여자와 원수가 되게하고 너의 후손도 여자의 후손과 원수가 되게 하리니 여자의 후손은 네 머리를 상하게 할 것이요 너는 그의 발꿈치를 상하게 할 것이니라 하시고

이 말씀은 주님의 구속하심을 입은 아담이 거듭난 내용이다. 중요한 것은 생영의 생이다. 생은 복수로 되었는데 복수로 된 의미는 바로 하나님의 삼위일체의 영을 의미한 것이다. 이점을 중요시하여 짐승의 영과 분별하는 기준으로 볼 수가 있다.

나중 된 자와 먼저 된 자의 뜻(마20:16)

나중 된 ἔσχατοι(2078, 에스카토스) 형용사(대), 주격, 남성, 복수: 극도의, 맨끝의, 마지막의, 가장 가치없는, 가장 작은 אַחֲרִית(319, 아하리트)사2:2 마지막 부분, 끝, 결말, 마지막 때, 미래.

이 말은 순서적 서수의 나중이 아니고 이스라엘을 중심으로 볼 때 종말론적으로 보는 것이 좋다고 본다. 즉 주님의 구속의 은혜가 오직 예수님에게서만 나오는 것이며 주님의 구속의 은혜를 받아드리면 공평한 구원이 성립됨을 나타낸 말씀인 것이다. 이스라엘은 먼저 포도원에 들어온 품꾼으로 비유되고 이방인은 나중에 들어온 품꾼으로 비유되는 것이다. 좀 더 세분하면 구약과 신약의 구분도 된다.

먼저 된 πρῶτοι(4413 프로토토이) 형용사, 서수, 첫째의, 최고의, 同-첫자리 상석(수석) 첫째 으뜸(막10:37-40) אֶשְׁכֹּל(2828, 클리시아)눅9:14 기대는 장소(물건), 비스듬히 기대고 있는 무리. 먼저 된 자란 하나님 나라의 상급과도 연관된 것이다.

포도원은 교회를 상징하며 품꾼이란 모든 기독교인들로 천국 소명을 충실하게 실천한 것에 중점을 둔 것이지 먼저 예수를 믿은 것으로 하나님 나라의 상급이 정하여지는 것이 아니다. 한 달란트라는 것은 공평된 구속의 은혜지만 나중 된 자와 먼저 된 자란 믿음의 완성도와 충성도가 함유된 것이다. 이미 포도원에 들어왔다는 것은 들어왔다는 그 자체에서 복 받은 것으로, 먼저 온 것이나 나중 온 것은 시간의 개념이 아니라 믿음의 질을 의미한다고 보는 것이 좋다.

🕎 해산함으로 구원 받은 하와의 새 에덴교회(딤전2:15,창3:16,마24:19,요16:21)

창3:16 또 여자에게 이르시되 내가 네게 잉태하는 고통을 크게 더하리니 네가 수고하고 자식을 낳을 것이며 너는 남편을 사모하고 남편은 너를 다스릴 것이니라 하시고

이는 전형적 예수님의 구속하심에 동참하여 구원받는 모형인 것이다.

구원 σωθήσεται(4982 소데사타이) 동직설, 미래, 수동, 3인, 단수, 구원하다 save, 해 받지 않게 하다 keep from harm, 보존하다. פָּלֵט(6405, 팔레트)시18:2 도망, 도피, 구원, 자유.

同-몰래나오다, 탈출하다, 사역동사로 구해주다로 이미 아담의 여자는 이러한 과정을 거쳐 창3:20에서 산자의 어미חַוָּה(2332, 하우와) 하와 Eve 생명을 주는 자.

同-(하야 חָיָה 2421: 살다.창2:7)재생시키다 살아있다 확실히 생명을 주다.

하와라는 이름이 처음부터 주어진 이름이 아니고 해산의 수고를 약속 받은 후 생긴 이름이다. 그러므로 창3:15-21까지는 주님의 구속의 은총을 약속한 것이지 결코 저주가 아님을 명심하여야 하는 것이다.

다만 사망의 세력 뱀은 구속의 은총 앞에 상반된 저주가 내려진 것이다.

창3:20 아담이 그 아내를 하와라 이름하였으니 그는 모든 산 자의 어미가 됨이더라

구원받은 은혜는 가죽옷을 지어 입힘으로 구원의 증거가 된 것이다. 아담부부는 에덴동산을 나올 때 저주받은 상태로 나온 것이 아니고 구

원받아 새사람이 되어 나온 것이다. 이들 부부는 에덴동산의 한정적 동산에 만 사는 것이 아니고 죄악 가운데서 구원받은 후 온 세상 땅 끝까지 구원받은 후손을 널리 충만케 하라는(창1:28) 복된 사명을 실천하게 된 세상이다.

חַוָּה(2332, 하우와)를 자음의 의미론으로 보면 예수님이 못 박혀 구원하여 중보자 되어 보호받은 생명을 보라는 의미가 있다. 재생된 하와는 예수님으로 말미암아 산자의 어미가 되었고, 예수님을 의미한 에덴동산에서 죄인이 되어 나오게 된 아담 하와 부부는 예수님의 구속의 은총이 장소를 초월한 영원한 에덴으로 바뀌게 되어(눅17:21), 죄인들이 사는 세상 속의 영원천국의 시민으로 예수님의 생명을 전하는 산자의 아들들이 되어 사는 것이다.

지난 날 동방의 에덴에 동산을 창설하였으나 그 에덴은 폐쇄되었고 새로운 에덴인 예수님의 구속의 에덴으로 들어간 것이다. 또한 동방의 에덴은 지리적 물리적으로 세상 속의 에덴이었으나 그 에덴에서 나온 후의 새 에덴은 물리적 지리적 에덴이 아니고 예수님의 구속의 은혜를 고백하는 모든 사람들의 심령 속으로 들어온 없어 지지 않는 에덴으로 바뀐 것이며, 아담의 여자가 하와로 호칭되는 순간 예수님의 구속의 은혜인 주님의 몸인 새 에덴 교회가 탄생한 것이다.

지리적 물리적 에덴에서의 죄는 새 에덴의 은총으로 구원 받을 수 있었으나 새 에덴의 구속의 은총을 벗어나는 것은 다시는 기회가 없는 죽은 자가 되는 것이다.

창조 때의 동방의 에덴은 율법에 속한 정죄가 있는 에덴이고 구원받은 하와의 새 에덴은 은혜로 구원받은 정죄가 없는 믿음의 에덴인 것이다. 창조 때의 에덴동산 가운데 서있던 선악을 알게 하는 나무와 생명나무의 성격을 보면, 선악을 알게 하는 나무로 죽음을 맛보고 십자가 구속의 나무인 생명나무의 본체 되신 예수님을 통하여 결국 살게 된 것이다.

하나님은 에덴동산에 이미 죽음을 대비하여 생명까지 준비하신 생명나무인 것이다. 참고로 알 것은 인자로 이 땅에 오신 예수님은 인류의 죄 짐을 지시고 십자가에 못 박혀 구속하신 은혜의 열매인 생명과를 믿음으로 먹는 것을 누구든지 금하지 않으신(사55:1-5) 새 에덴이다.

חַוָּה(하우와)를 자음 數자의 합은 8+6+5=19로 완전한 진리가 된다. 진리(신22:20)אֱמֶת(571, 에메트) 신실, 성실, 확실함, 진리로 1+40+400에서 1+4+4=진리의 수 9와 10완전함(perfect)의 수가 합쳐 완전한 진리의 수가 되는, 하와가 산자의 어미가 된 재생의 새 생명이 된 것은 예수님의 구속의 완전한 진리임을 증명한 숫자인 것이다. 또한 못 박혀 죽으셨다가 부활하신 예수님의 부활에 동참한 생명의 뜻이 자음의 조합에 나타나 있는 놀라운 명칭이며, 同- 하야(חָיָה 2421: 살다)에서 유래된 '살아있는, 생존하여 있는, 재생시키다'의 부활 의미가 있다.

사도들과 선지자들의 터(엡2:20)

사도 ἀπόστολος(652, 아포스톨로스) apostole. 기본적 의미는 '보내심을 받은 자'이다. 대하 17:7-9에 의하면 이 보냄을 받은 자들은 단순한 사절이 아니라 책임있는 직무, 즉 어떤 사람의 권한을 위임받은 대표를 말한다.

사도 שָׁלַח(7971, 샬라흐) 보내다, 뻗치다, 쫓아내다, 내보내다

同-שֶׁלַח (7973, 셸라흐) 던지는 무기(투창), 싹, 눈. 참고-창 5:21מְתוּשֶׁלַח(4968, 메두셸라흐) 므두셀라(인)메두셸라흐(명남)는 마트(מַת, 4962: 사람)와 셸라흐(שֶׁלַח, 7973: 투창)에서 유래했으며, '투창의 사람'을 의미한다.

므두셀라는 투창의 사람이란 뜻처럼 므두셀라의 생애를 통하여 하나님의 심판의 약속을 보여준 사람이다. 어휘를 직역하면 죽음을 보내 다로 해석이 된다. 므두셀라가 187세에 라멕을 낳았고 라멕이 182세에 노아를 낳았으며 노아가 600세 된 해에 홍수가 났으니 므두셀라가 969세 된 해에 죽은 것이다. 므두셀라는 노아와 389년의 세월을 함께 산 것으로 노아는 직계 할아버지의 영향 즉 종말론적 영향을 많이 받고 자란 믿음의 사람이 분명한 것이다.

사도란 단순히 보냄을 받은 자가 아니다. 보낸 자가 지정된 것이다. 그 보낸 자가 예수님이라는 데 초점이 있다. 노아 역시 증조할아버지 에녹(전수자)의 승천 신앙과 할아버지 므두셀라의 종말론적 신앙을 이어받은 준비된 사람이다.

므두셀라는 원역사시대의 使徒ἀπόστολος(아포스톨로스)שָׁלַח 샬라흐로 볼 수가 있다. 각종 은사가 있다고 사도가 되는 것이 아니다. 사도가 되는 것은 예수님 당시의 현존한 사람으로 예수님에 의하여 직접 파송된 사람에 한한 것이다. 이 자격에 해당한 사람이 예수님의 12제자와 다메섹에서 직접 부름 받아 파송된 동시대의 사도 바울 한 사람이다(행9:15,딤후1:1)

선지자 προφήτης(4396,프로페테스)선지자, 예언자 prophet,선포자 proclaimer.

同-μαντεύομαι(3132, 만튜오마이) 미리 말하다, 신탁을 말하다, 예언하다. נָבִיא(5030, 나비) 대언자, 선지자(대하15:8).

히1:1 옛적에 선지자들로 여러 부분과 여러 모양으로 우리 조상들에게 말씀하신 하나님이 이 모든 날 마지막에 아들로 우리에게 말씀하셨으니 이아들을 만유의 후사로 세우시고 또 저로 말미암아 모든 세계를 지으셨느니라.

사53:1 우리의 전한 것을 누가 믿었느뇨 여호와의 팔이 뉘게 나타났느뇨.

基(터)가 되는 선지자는 바로 예수님을 나타낸 선지자들이다. 참된 선지자의 기본은 구속 주 예수님을 올바로 전파한 선지자다. 모든 성경의 중심 내용은 구속 주 메시야이신 예수님이다. 창3:15-21.출6:3.

요8:56 너희 조상 아브라함은 나의 때 볼 것을 즐거워하다가 보고 기뻐하였느니라(고전15:40)

터 θεηέλιος(2310, 데멜리오스) 기초의 of foundation.

同-ἑδραῖος(1476, 헤드라이오스) 확고 부동한, 안전한.מַסַּד(4527, 맛사드) 기초, 토대

同-מוּסָד(4144, 모사드) 기초, 기반. 모사드(명남)는 야사드(יָסַד , 3245: 세우다, 기초를 두다)에서 유래했으며, '기초, 기반'을 의미한다.

사도와 선지와 터는 예수님을 중심으로 의미된 어휘이다. 눅20:17 모퉁이 돌, 마7:24 반석 위의 집은 다 기초석이다. 사도도 선지자도 오직 직접 주님으로부터 보냄을 받은 자들이다. 메시야에 대한 예언을 한 선지자는 구약시대의 사도에 해당되며 예수님의 구속을 전한 진리의 전수자들이다.

진리의 구속 신앙의 전수는 아담으로부터 다른 씨 셋זֶרַע(제라) 에녹, 므두셀라, 노아, 아브라함, 이삭, 야곱, 요셉으로 내려온 정통적 맥은 모세를 통하여 체계화된 정확한 예수님의 구속의 진리가 선지자들에게 전수된 불변의 진리이며, 사도들 역시 이 터전의 진리를 예수님을 통하여 전수받은 것으로 오늘날 기독교인들도 이 터전 위에 세워진 믿음이 진리의 믿음인 것이다(히1:1,2 사66:7)

본토 친척 아비 집을 떠나 내가 지시할 땅으로 가라(창12:1)

본토-(메아레츠카)מֵאַרְצְךָ전치사-명사, 여성, 단수-2인 남성 단수.

아브람에게 속한 땅 즉 터전을 이루고 사는 땅이다. 본토를 떠나라는 것은 세상과의 결별의 의미도 있다(고후12:1-5).

무익하나마 내가 부득불 자랑하노니 주의 환상과 계시를 말하리라 내가 그리스도 안에 있는 한 사람을 아노니 십 사년 전에 그가 세째 하늘에 이끌려 간 자라 (그가 몸 안에 있었는지 몸 밖에 있었는지 나는 모르거니와 하나님은 아시느니라) 내가 이런 사람을 아노니 (그가 몸 안에 있었는지 몸 밖에 있었는지 나는 모르거니와 하나님은 아시느니라) 그가 낙원으로 이끌려가서 말할 수 없는 말을 들었으니 사람이 가히 이르지 못할 말이로다 내가 이런 사람을 위하여 자랑하겠으나 나를 위하여는 약한 것들 외에 자랑치 아니하리라

본토의 의미는 단순한 지역의 문제가 아닌 영적 문제인 것이다. 기독교인도 거듭난 이후의 삶은 영적인 면에서 볼 때 본토 즉 옛 사람을 떠난 것이다. 아브람 역시 옛사람을 떠나라는 하나님의 명령인 것으로 주님이 친히 본을 보여주신 것이다.

눅9:58 예수께서 가라사대 여우도 굴이 있고 공중의 새도 집이 있으되 인자는

머리 둘 곳이 없도다 하시고

천국시민인 하나님의 백성은 천성을 향한 머리가 되어야지 땅을 향한 머리가 되서는 안되며 하나님의 부르심에 합당하지 못한 것이다. 그러므로 믿음의 출발은 하나님 나라에 머리를 두는 것이다.

친척-(4138몰레데트카) וּמִמּוֹלַדְתְּךָ 접속사-전치사-명사, 여성, 단수-2인, 남성, 단수. 몰레데트(명여)는 얄라드(יָלַד3205 아기를 '낳다', 열매를 맺다, 생기다)에서 유래했으며,친족, 출생(지), 혈통, 자손'을 의미한다.

인간의 혈통으로는 하나님 나라를 갈 수 없다. 오직 예수님으로 만이 하나님 나라를 갈 수 있기 때문이다(고전15:40).

하늘에 속한 형체도 있고 땅에 속한 형체도 있으나 하늘에 속한 자의 영광이 따로 있고 땅에 속한 자의 영광이 따로 있으니

아브람을 부를 때 예수님의 혈통 즉 주님의 구속의 은총으로 부르신 것이다.

(고전15:50) 형제들아 내가 이것을 말하노니 혈과 육은 하나님 나라를 유업으로 받을 수 없고 또한 썩은 것은 썩지 아니한 것을 유업으로 받지 못하느니라.

친척을 떠나라는 본 의미는 세상에 속하지 말라는 것이다.

이런 의미에서 아브람이 하란을 떠나 하나님의 지시하는 곳으로 간다는 것은 아브람 당대의 출애굽에 해당한 구속의 은총인 것이다. 애굽מִצְרַיִם(4714, 미츠라임) 영혼의 저택. 同-분명하다,눈에 띄는, 에워싸는 포위 방벽으로 마치 여리고성을 연상하게 되는 것으로 눈에 보이는 세상 것을 중심으로 방어를 삼아 안전을 누리는 모든 것에 해당되며 이런 곳을 영혼의 저택으로 삼고 사는 곳이 애굽이다. 아브람 역시 임시 정착지인 하란(창11:31)חָרָן(2771, 하란)바싹 말라 터진다는 의미의 熱沙

의 땅이다. 하지만 에스겔은 하란을 상인 공동체로 언급한다(겔27:23).

우르처럼 하란도 우르 사회 셈족 유목민들 사이에 퍼져 있었던 달의 신, 신(Sin) 숭배의 중심지였다. 이런 熱沙의 땅이지만 상업도시로 경제가 잘 돌아가는 상업중심지로 물질중심의 가치관이 지배한 도시이나 영혼이 메말라있는 생명의 물이 없는 도시다. 하나님은 이런 땅에서 불러내신 것으로 세상의 대명사인 애굽에 해당한 하란에서 아브람을 출애굽시킨 것이다.

아비 집 בַּיִת(1004, 바이트) 집, 가정 house. 아비 집을 떠난다는 것은 영원한 집을 향하여 가라는 것이다(고후5:1)

> 만일 땅에 있는 우리의 장막 집이 무너지면 하나님께서 지으신 집 곧 손으로 지은 것이 아니요 하늘에 있는 영원한 집이 우리에게 있는 줄 아나니

이 말씀과 같이 육신의 집은 세상의 건축물도 있지만 아버지로부터 유전된 육체 역시 없어질 집인 고로 육체가 있을 동안 영원한 집을 향하여 나아가는 기회의 삶이 아버지의 집을 떠난 삶이다. 아브람은 창17:1아브람에서 아브라함으로 하나님이 열국의 아비가 되는 이름으로 개명하여 주신다.

아브람**אַבְרָם**(87)아브람(명남)은 '고귀한 아버지'를 의미한 것에서 **אַבְרָהָם**(85, 아브라함) '아버지는 높임 받으신다'를 의미하며, 일반적으로 히브리어 아브라함은 '많은 무리의 아버지'를 의미한 것으로 하나님 자신에 대한 의미가 아브라함에게 부여된 이름으로 진정한 열국의 아버지는 하나님이며 만유의 주로 높임을 받으시는 아버지가 하나님인 것이다.

듣는 믿음에서 보는 믿음의 차원(욥42:5)

내가 주께 대하여 귀로 듣기만 하였삽더니 이제는 눈으로 주를 뵈옵나이다

보는 믿음은 자기 의에 사로잡힌 욥을 회개시킨 믿음이다(욥42:6) 눈으로 주를 뵈옵나이다רָאָה(7200, 라아) 보다, 바라보다, 조사하다 (창1:4 1:12, 창 16:13, 창 17:1, 창 19:28, 창 21:16 등). 눈עַיִן(5869, 아인) 눈 eye, 샘물, spring, 샘 fountain 눈과 샘은 같은 뜻으로 눈은 솟아오르는 샘 같다.

요4:14 내가 주는 물을 먹는 자는 영원히 목마르지 아니하리니 나의 주는 물은 그 속에서 영생하도록 솟아나는 샘물이 되리라

샘은 성령으로 비유된 생명의 원천이다. 물은 여러 가지 의식적인 목욕, 하나님을 만나거나 예배하기 위한 준비작업인 내적인 도덕적 정화와 결백을 상징하기 위해 실행되었다. 의식적인 씻음은 성직 수임의 경우에(출 29:4, 레 8:6), 대제사장이 속죄일을 준비할 때(레 16:4, 레 16:24), 문둥병자의 경우에(레 14:5-7, 레 14:50-52), 유출병의 경우에(레 15:13) 그리고 시체와 접촉했을 때 요구되었다. 이 의식들은 그 자체는 내적인 도덕적 정화를 가져오는 능력이 없지만, 그의 이전의 마음 상태가 깨끗했음을 나타내주며 하나님의 거룩하심에 대한 그의 깨달음을 나타내주는 것이었다.

눈으로 본다는 것은 정화된 심령으로 보는 것이다. 그 이전에도 본다고 하였으나 보지 못한 것이 마치 계3:17의 라오디게아 교회를 지적한 말씀과 같다.

네가 말하기를 나는 부자라 부요하여 부족한 것이 없다 하나 네 곤고한 것과 가련한 것과 가난한 것과 눈먼 것과 벌거벗은 것을 알지 못 하도다

하나님의 뜻을 안다는 것은 본다는 것과 같은 것이다. 본다는 것이 단순한 육신의 눈이 아니고 성령으로 거듭난 심령에서 나온 시력이다. 욥을 이런 맥락에서 보면 욥이 귀로 듣기만 하는 것을 율법에 속한 상태라면 보는 믿음은 성령으로 거듭난 상태의 믿음이다. 자기 의에 기초를 둔 믿음은 듣기만 하는 믿음이고 성령으로 거듭난 믿음은 오직 주님의 의에 기초를 둔 거듭난 심령이다. 거듭나기 전의 욥이 아무리 의로워도 주님에 의가 없이는 사탄의 시험에서 이길 수 있는 해답이 없다. 하나님의 백성은 청결한 거듭난 심령으로 하나님을 보는 믿음의 차원으로(요5:8) 모든 시험과 고난에서 해방된 욥의 승리와 같이 승리하고 갑절의 복을 받는 성령의 사람으로 살아야 한다(욥42:12).

천국 개념(마3:2)

천 οὐρανός(3772, 우라노스) 하늘 heaven. 올리기라는 개념. (시68:15)천성을 향하는 삶이 올라가는 שָׁמַיִם(8064,샤마임)천(창1:1). 국 βασιλεία(932,바실레이아) 왕국 kingdom. מַלְכוּת(4438, 말쿠트. 왕권, 통치, 왕국의 삶이다.

천국은 단순하게 하나님 나라라고 하는 어휘개념에서 끝나는 것이 아니다. 만왕의 왕이신 하나님 나라의 통치권 속에 들어오는 것을 말하는 것이다. 하나님 나라의 통치를 받지 않을 때 그는 하나님 나라의 백성이 아니다. 하나님 나라의 백성이라 하면서 하나님의 말씀을 거역하는 것은 하나님을 대적하는 것이 되므로 신중하게 생각하여야 하는 것이다. 천국백성은 날마다 천성을 향하여 올라가는 삶을 살아야 하는 것이다. 그러므로 천국은 바로 높은 산 즉 지상의 산이 아니고 하나님의 성전이 있는 산이 높은 산이므로 성도의 심령에 천성의 산이 있어 세상에 머리를 두지 말고 높은 산 하나님의 성전을 향하여 머리를 두고 사는 것이 천국이다.

시68:15.시125:1 바산의 산은 하나님의 산임이여 바산의 산은 높은 산이로다. 여호와를 의뢰하는 자는 시온산이 요동치 아니하고 영원히 있음 같도다

地上에서의 천국 개념과 영원한 나라의 천국 개념은 다르다. 영원한 나라에서의 천국 개념은 영광만 있는 곳이고 지상의 천국 개념은 주님의 고난에 동참하므로 누리는 소망이 주된 천국 개념이다(마5:1-12.롬5:3-5.마13:44-52).

마5:3-10 심령이 가난한 자는 복이 있나니 천국이 저희 것임이요 애통하는 자는 복이 있나니 저희가 위로를 받을 것임이요 온유한 자는 복이 있나니 저희가 땅을 기업으로 받을 것임이요 의에 주리고 목마른 자는 복이 있나니 저희가 배부를 것임이요 긍휼히 여기는 자는 복이 있나니 저희가 긍휼히 여김을 받을 것임이요 마음이 청결한 자는 복이 있나니 저희가 하나님을 볼 것임이요
화평케 하는 자는 복이 있나니 저희가 하나님의 아들이라 일컬음을 받을 것임이요 의를 위하여 핍박을 받은 자는 복이 있나니 천국이 저희 것임이라
롬5:3-5 다만 이뿐 아니라 우리가 환난 중에도 즐거워하나니 이는 환난은 인내를, 인내는 연단을, 연단은 소망을 이루는 줄 앎이로다 소망이 부끄럽게 아니함은 우리에게 주신 성령으로 말미암아 하나님의 사랑이 우리 마음에 부은바 됨이니

소망을 이루는 것은 바로 영원한 천국에 들어가는 것에 초점이 있다. 이 세상의 육신적 소망에 근거를 둔 것보다 영원한 소망에 근거를 둬야 하는 것이다. 지상 천국이 고통 없고 행복하기만 한 것이 아님을 잘 증명해주는 말씀들이다.

지상 천국에 대한 오해의 잘못된 천국관 때문에 나약한 기독교인이 많은 것이다. 그러므로 기독교인의 자살이 많은 것도 그 한 원인일 수 있다. 자살하더라도 믿음만 있으면 고통 없는 천국에 간다는 생각이다. 영원한 천국에 대한 이해는 맞지만 세상 천국도 살아보지 못한 사람이 어떻게 영원한 천국을 논할 수 있으랴. 그러나 저들도 가련한 믿음을 소유한 사람들이므로 저들의 영혼이 주님을 바라보므로 꼭 나쁘게만 생각지 말아야 한다.

세상 천국은 십자가를 질 때 누리는 것이다. 십자가를 벗어 던지면 육신으로는 편할지 모르나 천국은 달아나는 것이다. 주님의 십자가에 동참하지 않고 천국의 영광을 누릴 수 없는 것이다. 그러므로 영원한 천국 가서 주님으로부터 위로 받는 것이다(계21:4). 하나님의 백성이 꼭 명심할 것은 지상의 천국과 영원한 천국을 혼동하지 말아야 한다. 영원한 천국은 나약한 사람이 가는 곳이 아니고 세상을 이긴 사람이 가는 곳이다.(요16:33)

셀라 반석과 세례(삼하22:2)

반석 (5553살리)סַלְעִי 명사 남성 단수-1인 공성 단수 바위, 절벽

셀라(명남)는 '바위, 절벽'을 의미한다.

이 단어는 '갈라지다'를 뜻하는 아라비아 어근 '살라아'(여기서 균열을 뜻하는 '실룬'이 유래함)와 관계된다. 이 명사는 바위를 뜻하는 추르(צוּר6697출17:6)와 대조적으로 근본적으로 바위의 갈라진 틈을 가리키며 그리하여 바위나 절벽을 뜻하게 되었다(셀라는 때때로 더욱 거대한 바위를 강조하는 추르[צוּר6697]와 상호 교환적으로 사용됨). 단순한 반석의 역할

이 아니고 갈라진 틈에서 물이 많이 솟아 나옴(민20:11)과 창(15:17)과 횃불이 쪼갠 고기 사이로 지나간 것은 세례와 연관이 있다. 셀라 반석은 절벽으로 된 갈라져 있는 바위다. 창15:17의 횃불은 불세례에 해당하고 민20:11의 갈라진 틈에서 나온 물은 물세례에 해당한다(마3:11).

세례의 근본 의미는 예수님의 피로 구속된 속죄의 의미가 있다. 예수님이 임제하는 세례는 성령과 불로 받는 세례다.

마3:11 나는 너희로 회개케 하기 위하여 물로 세례를 주거니와 내 뒤에 오시는 이는 나보다 능력이 많으시니 나는 그의 신을 들기도 감당치 못하겠노라 그는 성령과 불로 너희에게 세례를 주실 것이요

하나님은 아브람에게 언약을 세울 때(창15:18) 제물을 쪼개어 그사이로 횃불이 지나간 것은 성령과 불세례의 의미가 있는 것이다. 제물되신 예수님은 죄인이 하나님께 나아갈 수 있는 길을 성령과 불세례로 열어준 약속이다. 이스라엘 백성에게 홍해의 물을 갈라놓아 하나님께 나아갈 수 있는 물세례를 받게 한 것과 같은 것이다. 셀라 반석의 갈라진 것은 하나님께 나가는 길이며 이 길은 셀라반석의 갈라진 곳에서 물이 솟아나옴으로 세례를 수반한 길이다. 여호와가 나의 반석이 되심이란 바로 여호와이신 예수님의 구속의 은총을 고백한 것이다.

예수님의 구속(救贖) 속에 속해 있는 세례

창1:7,1:10,6:14-17,12:1(떠나)7,(아브람의 하란을 떠난 것과 모세의 출애굽이 예수님의 구속의 원리와 같은 것이다. 14:17,18 멜기세덱의 성만찬 성만찬의 참여할 수 있는 사람. 고전11:27,15:18 쪼갠 고기), 출4:25(피 남편 모

세)6:6(편 팔과 큰 재앙으로 너희를 ⑥구속) 광야 신세대의 요단강 건너는 것은, (수3:13-17)광야세대의 세례에 해당하며 이들은 홍해바다의 세례를 받지 않았음, (민14:37,38)여호수아 갈렙, (민14:30)경우는 출애굽 세대의 지도자로 세례 받는 길을 본을 보인 사람들이다.

창1:7 하나님이 궁창을 만드사 궁창 아래의 물과 궁창 위의 물로 ①나뉘게 하시매 그대로 되니라 10 하나님이 뭍을 땅이라 칭하시고 모인 물을 바다라 칭하시니라 하나님의 보시기에 좋았더라

6:14-17 너는 잣나무로 너를 위하여 방주를 짓되 그 안에 간들을 막고 ②역청으로 그 안팎에 칠하라그 방주의 제도는 이러하니 장이 삼백 규빗, 광이 오십 규빗, 고가 삼십 규빗이며 거기 창을 내되 위에서부터 한 규빗에 내고 그 문은 옆으로 내고 상 중 하 삼층으로 할찌니라 내가 홍수를 땅에 일으켜 무릇 생명의 기식 있는 육체를 천하에서 멸절하리니 땅에 있는 자가 다 죽으리라

12:1 여호와께서 아브람에게 이르시되 너는 너의 본토 친척 아비 집을 ③떠나 내가 네게 지시할 땅으로 가라 14:17,18 아브람이 그돌라오멜과 그와 함께한 왕들을 파하고 돌아올 때에 소돔왕이 사웨 골짜기 곧 왕곡에 나와 그를 영접하였고 살렘왕 멜기세덱이 떡과 포도주를 가지고 나왔으니 그는 지극히 높으신 하나님의 제사장이었더라 고전11:27 그러므로 누구든지 주의 떡이나 잔을 합당치 않게 먹고 마시는 자는 주의 몸과 피를 범하는 죄가 있느니라

출4:25 십보라가 차돌을 취하여 그 아들의 양피를 베어 모세의 발 앞에 던지며 가로되 당신은 참으로 내게 ④피 남편이로다 하니 6:6 그러므로 이스라엘 자손에게 말하기를 나는 여호와라 내가 애굽 사람의 무거운 짐 밑에서 너희를 빼어내며 그 고역에서 너희를 건지며 편 팔과 큰 재앙으로 너희를 구속하여

수3:13-17 온 땅의 주 여호와의 궤를 멘 제사장들의 발바닥이 요단 물을 밟고

멈추면 요단 물 곧 위에서부터 흘러 내리던 물이 ⑤끊어지고 쌓여 서리라 백성이 요단을 건너려고 자기들의 장막을 떠날 때에 제사장들은 언약궤를 메고 백성 앞에서 행하니라 (요단이 모맥 거두는 시기에는 항상 언덕에 넘치더라) 궤를 멘 자들이 요단에 이르며 궤를 멘 제사장들의 발이 물가에 잠기자 곧 위에서부터 흘러 내리던 물이 그쳐서 심히 멀리 사르단에 가까운 아담 읍 변방에 일어나 쌓이고 아라바의 바다 염해로 향하여 흘러가는 물은 온전히 끊어지매 백성이 여리고 앞으로 바로 건널쌔 여호와의 언약궤를 멘 제사장들은 요단 가운데 마른 땅에 굳게 섰고 온 이스라엘 백성은 마른 땅으로 행하여 요단을 건너니라

예수님의 救贖에 연관된 어휘

①나뉘게בָּדַל(914,바달) 나누다, 분리하다 구별하다 同-מִבְדָּלָה(3995,미브달라) 구별(분리)된 곳

②역청כֹּפֶר(3724, 코페르) 몸값, 속전, 마을, 삼실나무, 역청

③떠나 지시할אַרְאֶךָּ 히필 미완 1인 공성 단수-2인 남성 단수, 보다 바라보다 조사하다

④피 남편דָּם(1818, 담) 피 blood

⑤끊어지고כָּרַת(3772, 카라트) 잘라(베어)내다, 베어넘기다, 언약을 자르다(맺다) 참고:(창15:18)גָּזַר(1504, 가자르) 자르다, 분리하다, 가르다, 끊어버리다

⑥구속גָּאַל(1350, 가알) 되 사다, 속량하다, 구속하다, 근친의 역할을 행하다.

룻3:1,2 룻의 시모 나오미가 그에게 이르되 내 딸아 내가 너를 위하여 안식할 곳을 구하여 너로 복되게 하여야 하지 않겠느냐 네가 함께 하던 시녀들을 둔 보아스는 우리의 친족מוֹדַעַת(4130,모다아트 친족, 혈족)이 아니냐 그가 오늘 밤

에 타작 마당에서 보리를 까불리라

보아스는 룻에게 예수님의 예표가 된 사람이다.

애굽에서 부른 나사렛 사람 예수님(마2:15,23)

나사렛 נֵצֶר(5342, 네체르) 싹, 새로 나온 가지. 나차르(נָצַר 새롭다, 신선하다, 푸르다, 밝다)에서 유래했으며, '싹 sprout, 새로 나온 가지 shoot'를 의미한다.(사 11:1, 사 14:19, 사 60:21, 단 11:7).

출애굽 후의 광야 백성의 실패는 고난에서 온 원망 때문에 실패하였으나(민14:26-35) 예수님은 오히려 고난으로 승리한 것이다. 십자가의 고난이 없었다면 구속 사업이 이루어 질 수 없기 때문이다. 하나님의 백성의 실패는 외부에 있는 것이 아니고 자기 자신에게 진 것이다. 지리적 애굽이 첫 단계라면 광야의 심리적 애굽은 항상 따라다니는 애굽인 것이다. 바로 심리적 애굽에 패한 것이다. 지옥도 자기 심령에 있고 천국도 자기의 심령에 있다. 하나님의 백성은 천국 심령에 속한 삶을 사는 것이 출애굽한 심령인 것이다.

예수님은 아예 세상의 대명사인 애굽이 묶어둘 수가 없는 것이고 자기 백성을 구원하기 위하여, 자기 백성의 죄를 짊어지기 위한 구속적 선택으로 자기 백성의 모함된 정죄를 수용하신 것이다. 이처럼 출애굽한 하나님 백성의 삶의 자세는 주님의 고난에 동참하는 삶이 바로 영광의 길이며 복된 결과로 바뀌는 결과가 되는 것이다.

결과적으로는 이스라엘이 심령의 애굽에 공격 받은 것이나 예수님이 자기 백성에게 공격 받은 것은 영성적 면에서 같은 것이다. 나자렛 사람이란 바로 새로 나온 가지, 성령으로 잉태된 임마누엘의 하나님을 뜻한 것이지 일반적 새싹으로 보면 틀린 것이다. 이 말씀은 창4:25,26의 다른 씨זֶרַע(2233, 제라)에 해당한 것이다. 나사렛 사람이란 바로 성령으로 잉태된 사람을 호칭한 것이 된다.

사65:9 내가 야곱 중에서 씨를 내며 유다 중에서 나의 산들을 기업으로 ●얻을 자를 내리니 나의 택한 자가 이를 기업으로 얻을 것이요 나의 종들이 거기 거할 것이라

그러므로 상징적으로 보면 일반 사람이 나사렛 사람이 되는 것은 성령으로 거듭난 사람이다.

사60:21 네 백성이 다 의롭게 되어 영영히 땅을 차지하리니 그들은 나의 심은 가지요 나의 손으로 만든 것으로서 나의 영광을 나타낼 것인즉

사61:3 무릇 시온에서 슬퍼하는 자에게 화관을 주어 그 재를 대신하며 희락의 기름으로 그 슬픔을 대신하며 찬송의 옷으로 그 근심을 대신하시고 그들로 의의 나무 곧 여호와의 심으신바 그 영광을 나타낼 자라 일컬음을 얻게 하려 하심이니라

산들을 기업으로 얻을 자●(요레쉬)יוֹרֵשׁ칼 분사 남성 단수 연계, 붙잡다, 상속하다, 점유하다, 상속권을 박탈하다.

단수로 된 것은 예수님을 지칭한 것이다.

이미 안식에 들어간 자와 주일(히4:10)

안식 κατάπαυσιν(카타파위신) 명사, 대격, 여성, 단수. 휴식rest, 휴식처 place of rest. מְנוּחָה(4496, 메누하) 마노아흐(מָנוֹחַ, 4494: 안식처, 휴식)에서 유래했으며, '안식처, 안식(휴식)'을 의미한다.(민10:36)

호2:11 내가 그 모든 희락과 절기와 월삭과 안식일과 모든 명절을 폐하겠고

골2:16 그러므로 먹고 마시는 것과 절기나 월삭이나 안식일을 인하여 누구든지 너희를 폄론하지 못하게 하라

들어간 자 εἰσελθὼν(1525 에이셀데온) 동, 분사, 과거, 능동, 주격, 남성, 단수.

예수님을 영접하면 이미 안식에 들어간 자가 된 것이다. 동 분사 과거로 이미 안식을 누리며 사는 것을 뜻한 것으로 예수님 안의 삶이다. 겔43:4 들어가고 בָּא(935 바) 칼, 완료, 3인, 남성, 단수. 들어오(가)다, 가다, 오다로 오늘날의 주일은 안식에 들어간 날로 안식에 들어간 삶을 사는 날로 지키는 것이지 안식에 들어가기 위하여 지키는 것이 아님이다.

마24:10 너희의 도망하는 일이 겨울에나 안식일에 되지 않도록 기도하라

이 말씀은 아직 안식에 들어가지 못한 자로 율법에 매여 있는 자들은 예수님의 구속 사역의 은혜에 들어가지 못한 자들이다 안식에 들어간 자에게는 안식일이 따로 없다 이미 안식에 들어 갖기 때문이다.

요19:30 "예수께서 신 포도주를 받으신 후 가라사대 다 이루었다 하시고 머리를 숙이시고 영혼이 돌아가시니라

성도들은 아직도 토요일 안식일과 주일 안식에 들어간 날의 차이를 구별하지 못하는 것은 아직 안식에 못 들어갔다고 생각하기 때문도 되지만 주일을 안식일이라고 오해하는 데서 온 것이다.

롬5:1 그러므로 우리가 믿음으로 의롭다 하심을 얻었은즉 우리 주 예수 그리스도로 말미암아 하나님으로 더불어 화평을 누리자.

롬8:1,2 그러므로 이제 그리스도 예수 안에 있는 자에게는 결코 정죄함이 없나니 이는 그리스도 예수 안에 있는 생명의 성령의 법이 죄와 사망의 법에서 너를 해방하였음이라

주일을 지키는 것을 안식을 지키는 것으로 오해하지 말고 이미 안식에 들어간 사람으로서의 삶을 실천하는 날이 곧 안식일을 완성한 날이며, 예수님이 사망을 이기고 부활하신 날이다. 그러므로 주일을 지키되 가장 중점이 되는 것은 바로 하나님 나라의 삶을 전하는 것이다.

נֵצֶר(5342, 네체르) '싹, 새로 나온 가지'는 2+90+200=0없이 13의 숫자 합이 된다. 13은 신6:4의 이스라엘아 들으라 우리 하나님 여호와는 오직 하나인 여호와시니. 오직 하나인אֶחָד(259, 에하드) 하나 one. 에하드는 자음의 합이 13으로 나사렛(네체르)의 의미를 숫자로 나타낸 하나님 자신을 나타낸 이름이다.

13으로 나타낸 하나님의 속성에 대한 어휘로 요일4:8 사랑하지 아니하는 자는 하나님을 알지 못하나니 이는 하나님은 사랑이심이라. 13אֶחָד(259, 에하드) 하나 one. 13אָבִי(21, 아비)나의 아버지. 13אַהֲבָה(160, 아하바) 사랑 love. 한 분 나의 아버지 하나님은 사랑이라.

13의 숫자는 하나님 자신의 속성을 나타낸 숫자로 나사렛은 사53:2의 연한 순에서 나온 사11:1의 נֵצֶר(5342, 네체르) 싹, 새로 나온 가지의 뜻이 있으며 그 가지가 바로 예수님이라는 오묘한 진리가 담겨 있다.

대 환난(마24:21.계7:14)

큰 μέγας(3173, 메가스) 큰, 위대한 great. גָּדֵל(1433, 고델) 큼, 위대

함, 대담함 광대함(시79:1)

환난 θλίψις(2347, 들립시스) 억압 oppression, 고난 affliction, 환난 tribulation.מָצוֹק(4689, 마초크) 곤경, 곤란, 고통, 고민(신 28:53, 신 28:55, 신 28:57, 렘 19:9),

생활의 고통이나 곤궁(시 119:143, 삼상 22:2)을 묘사한다.

대 환난은 주의 임하심과 세상 끝에 일어나는 환난이다(마24:3). 혹자는 대 환난 후에도 구원의 기회가 있는 것처럼 가르치고 있는데 성경은 분명히 주의 임하심과 세상 끝이라고 하였다.

끝συντελείας(4930 쉰텔레이아스) 명사 속격 여성 단수, 속격으로 일회적이다.

주님의 재림으로 세상 끝이 되는 것이다. 육체의 극한 고난은 창세 이후로 다양하게 일어나고 있었고 지금도 일어나고 있다.

그러나 눈을 뻔히 뜨고 구원의 기회를 잃어버리는 그 절망감의 대 환난(계7:14)μέγας(3173, 메가스)θλίψις(2347, 들립시스)은 "이는 그 때에 큰 환난이 있겠음이라 창세로부터 지금까지 이런 환난이 없었고 후에도 없으리라"는 말씀에 부합되는 환난인 것이다.

세대주의 해석은 단12:7의 말씀을 근거로 3차 세계대전을 종말의 근거로 보는데 근거의 명확성이 결여된 자의적 해석으로 주님의 재림 후의 환난에 역점을 둠으로 많은 이설들이 난무하여 혼잡케 하고 있다. 주님의 재림으로 세상은 끝나는 것이므로(마24:3.단12:1) 주님의 재림 후에 무슨 순교니 고통이니 하는 인위적 환난이 아닌 재림 후의 모습은 하나님의 심판 재앙이며 자연계의 파괴가 일어나는 것이다.

마24:29-31 그 날 환난 후에 즉시 해가 어두워지며 달이 빛을 내지 아니하며 별들이 하늘에서 떨어지며 하늘의 권능들이 흔들리리라 그 때에 인자의 징조가 하늘에서 보이겠고 그 때에 땅의 모든 족속들이 통곡하며 그들이 인자가 구름을 타고 능력과 큰 영광으로 오는 것을 보리라 저가 큰 나팔소리와 함께 천사들을 보내리니 저희가 그 택하신 자들을 하늘 이 끝에서 저 끝까지 사방에서 모으리라

대 환난 후μετά(3326, 메타) ~와 함께, ~후에. 속격과 함께 사용되었으므로 대 환난과 함께 해석함이 좋다. 이처럼 대 환난과 함께 온 일월성신의 재앙으로 주검이 오는 것이다.

주검πτῶμα(4430, 프토마) 떨어짐, 시체. 명사 프토마(Aeschyl. 이래)는 핍토(πίπτω, 4098: 떨어지다, 넘어지다)에서 유래했으며, (a)'떨어짐, 넘어짐, 무너짐, 붕괴, 함락', (b)비유적으로 '불행, 재난, 패배, 파멸', (c)생명체가 떨어진 것, 즉 '시체', 특히 난폭하게 죽임을 당한 것,

נָפַל(5307, 나팔) 떨어지다, 넘어지다, 엎드러지다(대상20:8)로 성경은 이처럼 확실하게 결론났는데 무슨 짐승의 환난을 말하는 것은 자의적 해석이다.

대 환난을 당한 사람들(마24:48-51,25:11-13,30,41,46)

마25:31,32,41"또 왼편에 있는 자들에게 이르시되 저주를 받은 자들아 나를 떠나 마귀와 그 사자들을 위하여 예비된 영영한 불에 들어가라"

영영 αἰώνιος(166, 아이오니오스) 시작이나 끝이 없는, 영원한, 세세의 "슬피 울며 이를 갊이 있으리라", "내가 너희를 알지 못하노라", "영영한 불에 들어가라", "저희는 영벌에 의인들은 영생에 들어가리라"와 같이 대 환난을 당한 사람들의 안타까운 사례들을 제시하여 놓은 것이다.

다니엘 12:1-3과 마태복음 24:21은 마지막 때의 대 환난을 예수님의 재림과 일치되고 있음을 간과하지 말아야 하는 것이다.

그 때에 네 민족을 호위하는 대군 미가엘이 일어날 것이요 또 환난이 있으리니 이는 개국 이래로 그 때까지 없던 환난일 것이며 그 때에 네 백성 중 무릇 책에 기록된 모든 자가 구원을 얻을 것이라 땅의 티끌 가운데서 자는 자 중에 많이 깨어 영생을 얻는 자도 있겠고 수욕을 받아서 무궁히 부끄러움을 입을 자도 있을 것이며 지혜 있는 자는 궁창의 빛과 같이 빛날 것이요 많은 사람을 옳은데로 돌아오게 한 자는 별과 같이 영원토록 비취리라

이는 그 때에 큰 환난이 있겠음이라 창세로부터 지금까지 이런 환난이 없었고 후에도 없으리라

주님의 재림으로 모든 것이 끝나는 종결의 종말인 것이다. 이전 이후도 없는 대 환난이란 바로 세상에 속한 고난이 아니라 영원한 고난에 들어가는 절망의 환난이다. 예수님의 재림 때 들림 받지 못한 자들은 마24:29의 말씀과 같이 일월성신의 체계가 무너지는 죽음의 환경에 처하며 동시에 교회가 들림 받는 광경을 목도하며 안타까움과 공포와 완전한 낙망과 함께 물리적 재앙의 타격은 성경대로 이전 이후도 없던 마지막 때의 심판적 대 환난인 것이다.

대 환난을 꼭 계시록에서만 종결지으려 하지 말 것은 계시록은 구체적 종결편으로 정리할 수 있게 구성되어 있지 않다. 하나 마태복음의 24,25장은 예수님이 직접 정돈된 구성으로 확실하게 종결지어 놓았기 때문이다. 이렇게 정리된 구성 안에서 계시록을 참고할 때 많은 도움이 될 것이다.

예수님의 초청에 응한 사람들(눅14:21)

종이 돌아와 주인에게 그대로 고하니 이에 집주인이 노하여 그 종에게 이르되 빨리 시내의 거리와 골목으로 나가서 가난한 자들과 병신들과 소경들과 저는 자들을 데려오라 하니라

가난한 자들 πτωχοὺς(4434 프토퀴스) 형용사(대), 대격, 남성, 복수: 가난한, 빈곤한, 구걸하는. 형용사 프토코스(Homer 이래)는 프톳소(πτώσσω: 두려워하여 '움츠려들다, 쭈그리다, 웅크리다')에서 유래했으며, 따라서 프토코스는 본래 '쭈그리고 움츠려드는 사람의'란 의미였다. 자주 비참한 가운데 헤멘다는 개념을 포함한다. 부족한, 무력한, 무엇을 양보하는'이라는 비유적 의미를 지니고 있다.

עָנִי(6041,아니) 아니(형용사)는 아나(עָנָה6031)에서 유래했으며, '가난한 poor, 비천한 humble, 낮은 lowly, 억압(압제) 받는 oppressed'을 의미한다(레 19:10, 삼하 22:28, 욥 29:12, 시 10:9, 사 3:14 등).

가난한 자란 자기수익의 일거리와 一樂이 없는 자다(눅14:18-20). 즉 별 볼일 없는 자며 잘 나가지 못하는 사람들이다. 자기 일정 즉 짜여진 스케줄이 없는 사람들이다.

주님의 초청에 사양한 사람들은 하나 같이 사양할 명분이 있다. 그러나 가난한 사람들은 사양할 명분이 없는 사람들이다. 주님의 부름에 합당한 가난이란 바로 육체의 가난을 예로든 영혼의 정체성이 올바로 된 사람들로 눅4:16-19과 사61:1-3의 말씀이 증명된 내용이며 주님의 초청에 응하지 않은 사람들은 계3:17-19의 라오디게아 교회와 같은 사람들이다.

눅4:16-19 예수께서 그 자라나신 곳 나사렛에 이르사 안식일에 자기 규례대로 회당에 들어가사 성경을 읽으려고 서시매 선지자 이사야의 글을 드리거늘 책을 펴서 이렇게 기록한 데를 찾으시니

곧 주의 성령이 내게 임하셨으니 이는 가난한 자에게 복음을 전하게 하시려고 내게 기름을 부으시고 나를 보내사 포로 된 자에게 자유를, 눈먼 자에게 다시 보게 함을 전파하며 눌린 자를 자유케 하고

주의 은혜의 해를 전파하게 하려 하심이라 하였더라 사61:1-3 주 여호와의 신이 내게 임하셨으니 이는 여호와께서 내게 기름을 부으사 가난한 자에게 아름다운 소식을 전하게 하려 하심이라 나를 보내사 마음이 상한 자를 고치며 포로된 자에게 자유를, 갇힌 자에게 놓임을 전파하며

여호와의 은혜의 해와 우리 하나님의 신원의 날을 전파하여 모든 슬픈 자를 위로하되 무릇 시온에서 슬퍼하는 자에게 화관을 주어 그 재를 대신하며 희락의 기름으로 그 슬픔을 대신하며 찬송의 옷으로 그 근심을 대신하시고 그들로 의의 나무 곧 여호와의 심으신바 그 영광을 나타낼 자라 일컬음을 얻게 하려 하심이니라

계3:17-19 네가 말하기를 나는 부자라 부요하여 부족한 것이 없다 하나 네 곤고한 것과 가련한 것과 가난한 것과 눈 먼것과 벌거벗은 것을 알지 못하도다 내가 너를 권하노니 내게서 불로 연단한 금을 사서 부요하게 하고 흰 옷을 사서 입어 벌거벗은 수치를 보이지 않게 하고 안약을 사서 눈에 발라 보게 하라 무릇 내가 사랑하는 자를 책망하여 징계하노니 그러므로 네가 열심을 내라 회개하라.

가난한 자란 계3:17에서 정확하게 설명하고 있는 것이다. 물질적인 풍요에 만족하려는 자들이 아니고 영혼의 불행한 실체가 체감되는 사람들이다.

영혼의 문제를 체감하는 사람들은 세상이 해결할 수 없는 것을 알기에 주님의 초청을 제일 귀중하게 생각한 사람들이다. 반면 이들은 세상의 것을 우선 순위에 두지 않음으로 이 모든 것들을 능히 포기하거나 뒤로 미룰 수가 있는 사람들이다.

몸이 불편한 자들ἀναπείρους(376 아나페이뤼스) 형용사(대), 대격, 남성, 복수: 불구의, 불구자.

同-(**πίπτω,** 4098) 상징적으로 실패하다 넘어지다.

소경들과τυφλός(5185, 튀플로스)형용사 튀플로스는 튀포오(τυφόω, 5187: 연기로 둘러싸다, 흐리거나 어둡게 하다)에서 유래했으며, '눈먼'(blind)을 의미한다.

신15:21 그러나 그 짐승이 흠이 있어서 절거나 눈이 멀었거나 무슨 흠이 있든지 네 하나님 여호와께 잡아 드리지 못할찌니라고 되어 있는데 오히려 이들이 구원의 백성 초청에 응한 백성이 된 이유는 그리스도의 예표의 제물은 아니지만 죄인의 정체성을 나타낸 모습이기 때문이다.

분명한 것은 죄인의 정체성이 나타나지 않으면 구원과 상관이 없다. 제물은 오직 흠과 티도 없는 예수님 밖에 없는 것이다. 그러므로 모든 제물의 본질은 오직 예수님 밖에 없는 것이다.

천국에 입성할 수 없는 인간의 노력 낙타(마19:24)

낙타 κάμηλος(2574, 카멜로스) 낙타 camel. **גָּמָל**(1581, 가말) 同-**גְּמוּלָה**(1578, 게물라) 보상, 태도, 노동, 짐을 짐.

낙타 자체가 천국에 들어가지 못한다는 것보다 그 어떤 노력 보상 보답으로도 천국에 들어갈 수 없다는, 사람의 의지로 될 수 없음을 의미한 것으로 오직 예수님의 구속의 은총으로 만 됨을 비유를 통하여 강조한 것이다.

십일조의 십일조를 거제로 드리는 십일조의 정신(민18:26. 참고 레23:9-11)

너는 레위인에게 고하여 그에게 이르라 내가 이스라엘 자손에게 취하여 너희에게 기업으로 준 십일조를 너희가 그들에게서 취할 때에 그 십일조의 십일조를 거제로 여호와께 드릴 것이라

레23:9-11 여호와께서 모세에게 일러 가라사대 이스라엘 자손에게 고하여 이르라 너희는 내가 너희에게 주는 땅에 들어가서 너희의 곡물을 거둘 때에 너희의 곡물의 첫 이삭 한 단을 제사장에게로 가져갈 것이요 제사장은 너희를 위하여 그 단을 여호와 앞에 열납되도록 흔들되 안식일 이튿날에 흔들 것이며

요제 תְּנוּפָה(8573, 테누파) 흔듦, 搖祭(요제) 테누파(명여)는 누프(נוּף, 5130: 흔들다)에서 유래했으며, '흔듦, 요제'를 의미한다.

요제-출29:24 그 전부를 아론의 손과 그 아들들의 손에 주고 그것을 흔들어 여호와 앞에 요제를 삼을찌며

요제는 레3:9-11의 말씀과 같이 십일조의 십일조는 하나님 나라에 올라가는 요제 즉 부활의 의미가 있는 물질이다.

십일조의 십일조란 레위인들이 드리는 십일조이다. 이 의미는 하나님의 제단에 드린 십일조는 레위인들의 분깃으로,

레18:21,22 내가 이스라엘의 십일조를 레위 자손에게 기업으로 다 주어서 그들의 하는 일 곧 회막에서 하는 일을 갚나니 이 후로는 이스라엘 자손이 회막에 가까이 말 것이라 죄를 당하여 죽을까 하노라

전문적으로 성막을 섬기는 자들의 몫으로 정한 구별된 물질로 하나님이 받으신 모든 십일조의 대표적 성격이 있는 것이다.

레위인과 십일조

레위 לֵוִי(3878, 레위)연합된 (자)'를 의미한다. 同-결합하다, 꼬다로 주님의 구속사역의 본질인 하나님과 죄인을 하나 되도록 연합시킨 주님의 사역을 의미한 것이다.

십일조의 십일조가 될 때 주님의 구속 사역의 물질이 됨과 주님의 부활에 참여한 물질인(요제로 부활의 첫 열매) 하나님의 것으로 증명된 것이다. 오늘날의 의미로 보면 하나님의 교회에서 사역하는 자들의 십일조에 해당한 것이 십일조의 십일조로 그 바탕의 정신은 성도들이 드리는 십일조의 정신인 것이며, 구속론은 구약과 신약이 따로 없는 것처럼 십일조 역시 구약 신약이 따로 없는 것이다

예수님의 구속의 은총이 있는 곳에, 구원이 있는 곳에, 교회의 본질이 있는 곳에, 하나님의 백성이 있는 곳에 세상 끝날까지 십일조는 하나님의 것으로 온전하게 드려져 하나님의 구속의 은총과 구속 사업을 위한 하나님의 것, 십일조의 정신이 침해받지 말아야 하는 것이다.

그러므로 십일조를 안 해도 된다는 이론은 주님의 구속론과 부활 신앙에 위배된 이단적 요소가 충분하게 있음을 주의하여야 하는 것이다.

일곱 귀신들린 막달라 여자 마리아 (막16:9.눅8:2. 요19:25)

막16:9 예수께서 안식 후 첫 날 이른 아침에 살아나신 후 전에 일곱 귀신을 쫓아내어 주신 막달라 마리아에게 먼저 보이시니 눅8:2 또한 악귀를 쫓아내심과 병 고침을 받은 어떤 여자들 곧 일곱 귀신이 나간 자 막달라인이라 하는 마리아

와 요19:25 예수의 십자가 곁에는 그 모친과 이모와 글로바의 아내 마리아와 막달라 마리아가 섰는지라

일곱 שֶׁבַע(7651, 셰바) 귀신 기수(基數)로 일곱이지만 거룩한 완전수 무한대의 의미가 있다. 일곱 귀신이 들었다는 것은 숫자를 세는 기수로 보기보다 귀신에게 완전하게 사로 잡혔다고 하는데 강조점을 둔 것이다.

막달라 מִגְדַּל-אֵל(4027,미그달엘.수19:38) 막다렐 Migdalel미그달엘/믹다렐은 '하나님의 탑(망대)'를 의미한다. 同-(410) 힘센 전능자 훌륭한 위대한 (1431) 크게 만들다 자랑하다, 부자가 되다 등의 의미로 막달라라는 동네 이름을 보면 그 지역 정신도 짐작이 가는 것이다. 막달라가 의미한 심성이 **אַיִל**(352,아일 창12:6 수양, 기둥, 지도자, 테레빈 나무)와 같이 교만과 오만으로 사로잡힌 것으로 보인다.

오늘날도 자기가 사는 지역을 내세워 교만하게 하거나 출신학교 등을 내세워 인격이 함몰되는 이성적 귀신에게 사로잡힐 가능성이 크며 그렇지 않더라도 어느 정도 이런 교만의 귀신이 그의 심성에 영향을 끼칠 수 있음을 중시하고 겸손해야 하는 것이다.

부자나 출신 배경이 좋은 사람들 중 막달라 마리아에게 든 일곱 귀신의 역사(役事)로 자기 철학, 자기 아성, 자기 학문으로 굳어져 일생 마귀에게 사로잡힌 줄도 모른체 사회의 지도자, 교육계, 정치계에 있으며 세상을 불행하게 만드는 지도자로 살 것이다. 그러면서도 저들은 세상을 멀리 보는 망대 같은 해안(解顔)을 가졌다고 할 것이다, 저들의 해안이 문제인 것이다. 그 해안이 천국을 만들고 그 해안 안에 모든 것을 가

두어 회개가 될 수 없는 사람들이다. 다행이 막달라 마리아처럼 예수님을 만나면 예수님의 신실한 제자로 그 누구보다 빛날 것이다. 일곱 귀신 들었다는 것은 여러 방면으로 적용 가능한 것이다.

너희는 신들이며(시82:6)

너희 אַתֶּם 인칭대명사, 2인, 남성, 복수로 신을 인칭 대명사를 사용함으로 사람이 신이라는 것을 알려준 것이다. 이 신은 본질의 신이 아닌 하나님의 영을 받은 사람이란 의미가 있다(요10:35).

성경은 폐하지 못하나니 하나님의 말씀을 받은 사람들을 신이라 하셨거든

사람 ἐκεῖνος(1565, 에케이노스) 저 사람 that one으로 일반 사람보다 하나님의 신을 받은 사람을 가리키는 말씀이며 신θεός(2316, 데오스)은 하나님 God, 신 god로 구분하여 기록하였다. 성경을 곡해한 사람들이 천사도 하나님의 아들이라 하여 창6:2의 하나님의 아들들을 천사로 보는 잘못된 경향이 있어 이단의 출처를 만드는 소위 자칭 박식한 줄 아는 어리석은 자들이 많다.

천사 מַלְאָךְ(4397, 말라크) 출23:20 사자(使者), 사신(使臣)으로 본질적 뜻이 사람אָדָם(120, 아담, 창2:7)과 구별되고 있다. 천사가 하나님의 사자로 나타날 때 사람으로 나타난 것은 사람과의 인격적 교류를 위하여 사람으로 나타난 것이지 본질이 사람인 것이 아니다(창18:2, 19:1,5). 두 천사מַלְאָךְ(4397, 말라크. 사자, 사신)가 소돔성의 롯에게 나타났으나 소돔 성 사람들이 천사들을 사람들이라고 불렀다.

예수님이 구속주가 되어 인자로 이 땅에 온 것처럼 천사 역시 구속주의 대리자로, 사람으로 나타난 것이지 독자적으로 천사의 신분을 벗어

날 수가 없는 것이다. 사람을 신들이라 함은 하나님의 영을 두고 한 말이며 하나님을 떠난 사람은 신들이 될 수가 없는 것이다. 천사 역시 하나님을 떠나면 사역자로서의 역할에서 떠났기 때문에 사람의 모양으로 오는 사역자가 될 수가 없고 다만 악 영이 되어 사람의 환영으로 나타나는 것과는 다른 것이다.

해 돋는 데서부터 해 지는 데까지 세상을 부르심(시50:1,2)

전능하신 자 하나님 여호와께서 말씀하사 해 돋는 데서부터 지는 데까지 세상을 부르셨도다 온전히 아름다운 시온에서 하나님이 빛을 발하셨도다

해 돋는 מִזְרָח(4217, 미즈라흐) 해 뜨는 곳, 동쪽

자라흐(זָרַח2224: 일어나다, 나오다, 나타나다)에서 유래했으며, '해 뜨는 장소나 지역, 동쪽'을 의미한다.(사 41:2, 수 11:8) 뿐만 아니라 화(암 8:12)와 축복(슥 14:4)에 대한 예언에서 비유적으로 사용되기도 한다.

同-비추다, 광선을 내뿜다, 뜨다, 원주민.

해 돋는 데서부터란 מִמִּזְרָח전치사-명사, 남성, 단수, 연계는 요1:4의 빛φωσφόρος(5459, 포스포로스) 빛을 가져오는 것의 근본은 예수님으로 예수님은 새벽πρωϊνός(4407,프로이노스)ἀστήρ(792, 아스테르) 별 star이다(계22:16). מָאוֹר(3974, 마오르) 빛, 발광체.

창1:16 하나님이 두 큰 광명을 만드사 큰 광명으로 낮을 주관하게 하시고 작은 광명으로 밤을 주관하게 하시며 또 별들을 만드시고

물리적 창조의 원형은 예수님의 사랑인 구속의 은총이다

요3:16 하나님이 세상을 이처럼 사랑하사 독생자를 주셨으니 이는 저를 믿는 자마다 멸망치 않고 영생을 얻게 하려 하심이니라

그러므로 해 돋는 데서부터란 예수님의 구속의 사랑으로 시작하여 해 지는 데까지 세상을 부르셨다는 것은 해 지는 מָבוֹא(3996, 마보) 들어감, 입구. 일몰로 세상 끝 날을 의미한 것이다. 마치 노아방주에 노아의 가족이 다 들어갔을 때(창7:13) 당시의 종말이 온 마보와 같은 것이다.

이와같이 해 돋는 데서부터 해 지는 데까지를 온 세상으로 해석하는 것 보다 주님의 구속의 사랑으로 시작하여 종말에 이르기까지 구속의 사랑을 베푸시는 것을 나타낸 말씀으로 노아의 방주에 문이 닫히기 직전까지 노아의 가족처럼 천국 백성이 될 수 있는 기회가 주어진 것이다.

마20:12-14 나중 온 이 사람들은 한 시간만 일하였거늘 저희를 종일 수고와 더위를 견딘 우리와 같게 하였나이다 주인이 그 중의 한 사람에게 대답하여 가로되 친구여 내가 네게 잘못한 것이 없노라 네가 나와 한 데나리온의 약속을 하지 아니하였느냐 네 것이나 가지고 가라 나중 온 이 사람에게 너와 같이 주는 것이 내 뜻이니라

성도들은 예수님의 구속제사로 언약한 자(시50:5)

이르시되 나의 성도를 내 앞에 모으라 곧 제사로 나와 언약한 자니라 하시도다

성도 חָסִיד(2623, 하시드) 하시드(형용사)는 하사드(חָסַד2616)에서 유래했으며, '친절한, 충실한, 경건한, 거룩한 성도(聖徒)'를 의미한다.

하나님과 성도와의 계약은 거룩한(호11:9)קָדוֹשׁ(6918, 카도쉬) 신성한קֹדֶשׁ(6944, 코데쉬) 제사로 언약하였기 때문이다. 이 제사란זֶבַח(2077,

제바흐) 희생, 희생제물 sacrifice로 언약하였다는 것이며 예수님의 구속으로 언약한 것이다. 그러므로 제사는 구약에서만 있는 것이고 신약에 와서는 없다고 하는 것은 제사의 본말을 몰라서 그런 것이다.

신약에서는 날마다 드리는 제사가 아니고 단번에 드린 주님의 구속사건이 제사이며, 성도의 심령 속에 언제든지 주님 구속의 은혜가 살아있는 것이 날마다 죽는 제사의 삶이요 하나님과 계약의 삶인 것이다.

언약 בְּרִית(1285, 베리트)(조약, 협정, 법령, 서약, 동맹'을 의미한다) 구약성경 첫 머리에서부터 태초**בְּרֵאשִׁית** 언약의 말씀이 나온 것은 바로 예수님의 희생 제물이 되심으로부터 시작됨을 알리는 것이다. 그러므로 제사의 용어를 주님의 구속이란 용어로 받아드리는 것이 단번에 드려 자기 백성을 구원하신 언약의 의미와 제사의 의미가 복합적으로 표현된 내용이다.

구속의 언약(창3:15,21,8:20,9:9-11,15:13,14,17:19)

창3:15 내가 너로 여자와 원수가 되게 하고 너의 후손도 여자의 후손과 원수가 되게 하리니 여자의 후손은 네 머리를 상하게 할 것이요 너는 그의 발꿈치를 상하게 할 것이니라 하시고

창15:13,14 여호와께서 아브람에게 이르시되 너는 정녕히 알라 네 자손이 이방에서 객이 되어 그들을 섬기겠고 그들은 사백년 동안 네 자손을 괴롭게 하리니 그 섬기는 나라를 내가 징치할찌며 그 후에 네 자손이 큰 재물을 이끌고 나오리라

이와 같이 모든 언약에 주님의 구속하심이 전제된 것이며 그 언약의 완성이 바로 주님의 구속으로 이루어진 것이다(요19:30)

하나님의 위로 능력(사51:12)

가라사대 너희를 위로하는 자는 나여늘 나여늘 너는 어떠한 자이기에 죽을 사람을 두려워하며 풀같이 될 인자를 두려워하느냐

위로 נָחַם(5162, 나함) '후회하다 repent, 위로하다 comfort'를 의미하며, '회개하다, 애석해 하다, 유감으로 생각하다'라는 의미도 함축한다.

사람을 두려워하지 않게 하는 위로는 사람을 바로 인식하게 하는 것이다. 죽을 사람과 풀 같은 사람에 대한 지식이다. 그러므로 사람은 두려움의 대상이 아니라는 것이다. 하나 그렇게 되는 것은 하나님을 두려워할 때 사람을 두려워하지 않고 전적으로 하나님을 의지하게 되는 것이다(신1:29).

죽을 사람 יָמוּת(4191, 무트) 칼, 미완, 3인, 남성, 단수.

(죽을)은 두려움의 대상이 아님은 죽을 짓을(능동) 하여 죽는다는 것이다. 그러니 하나님의 도우심을 바라고 때를 기다리라는 의미가 있다. 풀같이 될 사람 **חָצִיר**(2682, 하치르) 풀, 부추.(사40:8) 풀은 마르고 꽃은 시드나 우리 하나님의 말씀은 영영히 서리라 하라. 하나님의 말씀과 풀을 비교함으로 알 수 있는 것이다.

말씀은 하나님이고(요1:4) 풀은 사람으로 비유되는 것이다. 하나님의 말씀이 힘이 되려면 말씀에 순종하면 힘이 되고 불순종하면 풀 같은 사람에게 지는 것이다. 하나님 말씀에 순종하면 다윗같이 되고 거인 골리앗도 풀같이 되는 것이다(삼상17:4,45).

고후1:3-11 위로αράκλησις(3874, 파라클레시스) 격려, 권면, 호소, 간청, 위안, 위로. 파라클레시스는 파라칼레오(παρακαλέω, 3870: 부르다)에서 유래했다. 하나님이 다윗을 불러(위로함) 대적 골리앗을 물리

친 것이다.

골리앗 גָּלְיַת(1555, 골야트) 골야트는 갈라(גָּלָה1540)에서 유래했으며, '포로' 발가 벗기다로 골리앗이 아무리 엄청난 괴력의 사람이라도 사탄에게 포로된 삶이요 그 실체가 풀같이 쓰러지는 부끄러운 존재로 적나라하게 들어난 인물이다.

그리스도와 교회의 관계는 남편과 아내의 관계다(엡5:20-28)

부부의 사랑의 순서를 보면 아내가 먼저가 아니고 남편이 먼저인데 이것은 공경의 순서가 아니고 희생의 순서를 말한 것으로, 먼저 그리스도의 사랑 안에서 교회가 탄생한 것이지 교회 안에서 그리스도가 탄생한 것이 아니기 때문이다(창2:23)

그리스도의 구속에 복종하는 것은 바로 구원이며, 거듭남이며, 신령한 삶이며, 하나님 나라의 시민이며, 하나님의 백성이 되는 놀라운 그리스도의 사랑인 것이다. 그리스도의 구속적 사랑에 복종하는 것을 윤리적 잣대로 해석해서도 않되며 억압적 복종은 더 더욱 아니다. 우리가 구원받는 것은 주님의 구속을 감격하여 받아들여 이의 없는 새로운 삶을 사는 것이 복종이다.

그러므로 먼저 주님의 구속에 반응하는 삶이 복종이다. 그러나 주님의 사랑 없이 먼저 복종을 요구하는 것은 성경이 말하는 부부간의 복종이 아니고 상명하복의 계급적 복종을 요하는 것다. 이는 성경이 말하는 부부간의 복종이 아니므로 인격적 불평등의 관계가 되어 싸움의 악순환이 될 뿐인 것이다.

그리스도께서 교회의 머리인 것은 머릿돌되시는 그리스도의 구속이 터전 됨을 말한 것이지 지배자로서의 머리 개념이 아니다. 그리스도께서 이스라엘 백성이 출애굽하여 광야를 진행할 때 반석으로 생명수를 내는 반석으로 나타나셨고(출17:6,민20:11,시18:2,106:32,삼상14:4,)- צוּר(6697,추르)바위, 반석, 절벽. סֶלַע(5553, 셀라) 바위, 절벽으로 추르는 '큰 바위' 셀라는 '절벽'을 더 의미한다.

이처럼 그리스도의 구속이 머리가 되심이다. 남편이 아내의 머리가 되는 것은 그리스도의 사랑을 실천하는 것이 아내의 머리가 되는 것이다.

머리 κεφαλή(2776, 케팔레) 특히 중요한 점은 이 단어가 첫째가 되는 것, 최고의 것 또는 극단적인 것을 의미한다는 것이고 탁월한, 뛰어난, 결정력있는 것을 의미하며 개인의 생명이며 또한 사람 자신이다.

ראשׁ(7218,로쉬,창3:15)) 머리 head, 꼭대기, 우두머리, 총계, 시작, 처음 등으로 그리스도인의 머리는 바로 예수님의 구속의 사랑으로 매사를 그리스도의 사랑으로 본을 보이는 것이 머리의 실체며 그리스도를 존귀케 하는 것이다.

아내가 남편에게 복종하는 것(골3:23,24. 빌2:6)

무슨 일을 하든지 마음을 다하여 주께 하듯 하고 사람에게 하듯 하지 말라 이는 유업의 상을 주께 받을 줄 앎이니 너희는 주 그리스도를 섬기느니라

남편을 통하여 그리스도를 보아야 하는 것이다. 죄인을 위하여 죽으신 그리스도를 볼 때 남편의 허물도 감싸 안을 수 있기 때문이다.

복종 ὑποτάσσεσθε(5293, 휘포타쎄스세테) 동명령, 현재, 중수디포,

2인, 복수(TR), 복종하기를-하라 שָׁמַע(8085,샤마.창16:2)) '듣다 hear'를 의미하며, '경청하다 listen to, 순종하다 obey'라는 의미도 지닌다.

그리스도를 봄으로 남편에게 복종하면 주님의 음성도 들을 수 있는 것이다. 그리스도를 중심으로 사는 사람에게 사랑과 복종은 힘든 것이 아니고 주님 몸을 완성하는 교회이기도 한 것이다.

나발과 아비가일 부부(삼상25:14)

소년 중 하나가 나발의 아내 아비가일에게 고하여 가로되 다윗이 우리 주인에게 문안하러 광야에서 사자들을 보내었거늘 주인이 그들을 수욕 하였나이다

25:25 원하옵나니 내 주는 이 불량한 사람 나발을 개의치 마옵소서 그 이름이 그에게 적당하니 그 이름이 나발이라 그는 미련한 자니이다 여종은 내 주의 보내신 소년들을 보지 못하였나이다

나발נָבָל(5037, 나발) נָבֵל(5034, 나벨)에서 유래했으며, '어리석은'을 의미한다. 단순 어리석음이 아닌 비열하고 악하고 비어있는 뜻이 있다. 세상의 기준으로 보면 나발은 오히려 현명하게 볼 수도 있다. 누가 자기 이름을 나쁜 뜻으로 작명할 리가 없다. 그 나름 나발의 의미로 수단 방법, 인정사정 없이 사는 것이 잘사는 것이라고 생각한 것 같다. 하나 결론은 어리석음이다.

아비가일 אֲבִיגַיִל(26,아비가일) '내 아버지가 기뻐하다' 즐거움의 아버지, 기뻐하다는 의미가 있다. 이름의 뜻한 바가 자기중심에 있는 것이 아니며 자녀로 인하여 아버지가 기뻐한다는 것은 잠17:6 "손자는 노인의 면류관이요 아비는 자식의 영화니라"의 말씀이 나타나는 이름이다. 아비가일의 이름대로 남편의 종으로 살지 않고 아버지 하나님을 기쁘

게 하는 믿음의 여인이다.(삼상25:18,23-32)

삼상25:32 다윗이 아비가일에게 이르되 오늘날 너를 보내어 나를 영접케 하신 이스라엘의 하나님 여호와를 찬송할 찌로다

아비가일은 다윗에 대하여 하나님의 함께 하심에 대한 복된 기원적 예언을 하였다.

남편의 잘못된 처신으로 가족이 멸절 위기에 놓였으나(삼상25:22) 다윗에 관하여 정통한 아비가일은 구원 받음과 동시에 존귀한 신분으로 바뀌는 기회가 된 것이다.

아비가일에게 나타난 주님의 구속과 존귀한 신분이 된 은혜

주님의 구속의 선물을 준비한 아비가일(삼상25:18)

아비가일이 급히 떡 이백덩이와 포도주 두 가죽부대와 잡아 준비한 양 다섯과 볶은 곡식 다섯 세아 와 건포도 백송 이와 무화과뭉치 이백을 취하여 나귀들에게 싣고

포도주와 떡의 앙상블은 주님의 구속을 이룬 살과 피를 상징한 것으로 아비가일의 선물에 의미가 있으며 다윗의 부인이 된 것은 성도가 주님의 신부된 것의 예표이기도 한 것이다. 물질의 종이 되어 사탄과 사람의 종노릇하는 죄악 세상의 삶에서 벗어나 주님의 신부로 거듭난 하나님의 백성으로 사는 것이 아버지 하나님을 기쁘게 하는 삶이요 예수님을 본받는 삶인 것이다(마26:39).

인생의 혼과 짐승의 혼(전3:21)

"인생의 혼은 위로 올라가고 짐승의 혼은 아래 곧 땅으로 내려가는 줄을 누가 알랴"

인생 אָדָם(120, 아담) **בֵּן**(1121, 벤) 아들, 아이, 손자.

짐승 בְּהֵמָה(929, 베헤마) (네발가진) 짐승, 야수, 가축.

사람은 대를 잇는 손자들까지 통틀어 인생으로 표현한 것이고 짐승도 새끼까지 통틀어 표현하면 짐승בְּהֵמָה גּוֹזָל(1469,고잘.창15:9) 어린 새, 새끼로 어휘 자체가 짐승의 계통과 사람의 계통은 완전히 다르다. 이것은 하나님의 자녀와 일반 생명체의 구분된 점이 엄연하게 표현된 것이다.

그런데 이런 창조의 원리 질서를 깨는 것이 바로 짐승을 사람에게만 사용되는 어휘 아들 손자의 용어인בֵּן(1121, 벤)을 사용하는 것이다. 짐승은 분명גּוֹזָל(1469, 고잘) 어린 새, 새끼를 사용하는 것이 맞다. 사람들이 애칭으로 자기 자식을 새끼라고 호칭하는 것이지 올바른 용어가 아님은 새끼는 짐승에게 해당한 용어다.

그렇다면 사람 역시 짐승을 애칭으로 아들 딸로 부르는 것이므로 문제없다고 할 것이나 이것은 다른 것이다. 사람은 구속론의 관점에서 봐야 하는 것이다. 주님이 인자(人子)로 오심은 사람에게는 주님의 구속함의 생명이 들어 있지만(창2:7) 짐승에게는 주님의 구속함의 생명이 들어 있지 않기 때문이다.

사실 짐승을 사람의 자녀화하는 것은 망령된 것이다. 이것을 단순하게 볼 것이 아님은 하나님의 형상에 대한 모독이 되기 때문이다.

위로 올라가는 혼

올라가는 עָלָה(5927, 알라) 올라가다, 오르다. ἀναλαμβάνω(353, 아날람바노. 행1:11) 집어 올리다, 데리고 가다, 취하다.

עָלָה(5927, 알라.왕하2:11) 올라가다, 오르다로 사람의 혼은 근본적으

로 주님의 부활 승천의 의미가 내제된 생명의 원리가 들어 있다. 이러한 생명의 원리를 거역하고 짐승처럼 살아감으로 위로 올라는 가되 주님의 부활 승천의 천국행이 아니고 음부로 떨어지는 것이다. 사람이란 사람 그 자체에 완전한 행복과 영생 복락이 들어 있다.

꼭 말하면 영생의 유전자가 들어 있다는 말이다. 그러나 그 영생의 유전자가 죄악의 암 덩어리인 사탄의 정죄가 들어 있음으로 멸망으로 떨어질 뿐이다. 근본 영생의 유전자를 회복하는 길이 바로 예수님의 구속을 받아들이는 것이다. 짐승은 어원의 구조가 '말이 없는'의 뜻으로 말 그 자체가 바로 주님의 속성이 들어 있는 것으로 짐승에게는 주님의 구속의 은총인 영생의 생명이 없다는 증거이기도 한 것이다.

태초에 말씀이 있었고 그 말씀이 곧 하나님이라고 한(요1:1) 하나님의 형상인 예수님의 모습이 아니다. 인간이 천하보다 귀한 것은 바로 예수님의 형상이 있기 때문이다.(마16:26,창1:26))

창조의 원리대로 짐승은 짐승답게 사람은 사람답게 사는 것이 창조의 원리다. 사람이 사람답게 사는 것은 윤리적인 문제를 앞서 하나님의 말씀을 따라 사는 것이ῥῆμα(4487, 레마.마4:4)) 말, 말씀 word, 발언 utterance, 일 thing, 문제 matter, 사건 event, 상황 case에서 하나님의 말씀으로 살아야 하는 것이다. 하나님의 말씀은 이처럼 말의 소리에서 끝나는 것이 아니고 삶의 영역 전반에 나타나는 것이다.

דָּבָר(1697, 다바르) 말, 일, 사건 다바르(명남)는 '말, 말하는 것, 언어, 일(thing), 어떤 것이나 모든 것, 계명, 문제, 행동, 사건, 역사(history) 사업, 원인, 이유' 등의 의미로 사용되었다.(창 11:1, 창 12:17, 창 15:1, 창

19:22, 창 20:8, 민 25:18 등)

同-דְּבִיר(1687, 데비르) 신탁장소, 내성소로 말은 인간과의 소통만 있는 것이 아니고 하나님과의 관계도 말로 소통되므로 하나님에게 말로 기도하는 은총이 부여된 사람이다. 비록 장애로 인하여 말을 못하여도 의미의 소통은 인간의 언어표현을 매개로 표현 하는 것이므로 구태여 어렵게 생각할 필요가 없다.

짐승이 짐승다운 것은 본능의 순리로 사는 것이다. 짐승을 사람답게 살게 하려는 것이 바로 창조질서를 어기는 것이며, 사람이 오히려 짐승 닮을 가능성이 있으며, 혼의 상태도 짐승의 영향을 받아 좋지 않게 되며 짐승이 죽어서 천국갔다는 등 훼괴한 발상이 생기는 것이다.

그러므로 짐승은 짐승답게 짐승에 맞는 사랑을 줘야지 사람에게 주는 사랑과 다른 것이다. 사람은 영생의 생명이고 짐승은 땅의 생명이니 같을 수 없다는 말이다.

짐승의 혼은 땅으로 내려감

יָרַד(3381,야라드.전3:21) 내려오다, 내려가다, 내리다. 짐승의 혼은 흙과 함께 사라지는 일원화의 원리가 있고 사람은 이원화의 분리 원리가 있다. 짐승은 죽음으로 끝나나 사람은 영육이 분리되어 있음으로 죽음으로 끝나는 것은 육신일 뿐 영은 아니다. 그러므로 짐승과 같은 것처럼 착각하지 말고 사람의 근본적 복을 깨닫고 하나님의 형상답게 살아야 하며, 집에서 기르는 애완용 가축은 짐승에 걸 맞는 이름을 불러주고 아들이니 딸이니 하지 말고 주인의 질서로 대하여야 하는 것이다. 부자 관계는 주인의 질서가 아닌 피로된 생명의 관계이므로 짐승을 마

치 피와 생명의 관계처럼 행동하지 말아야 하는 것이다(창2:19, 9:2,3).

여호와 하나님이 흙으로 각종 들짐승과 공중의 각종 새를 지으시고 아담이 어떻게 이름을 짓나 보시려고 그것들을 그에게로 이끌어 이르시니 아담이 각 생물을 일컫는 바가 곧 그 이름이라

땅의 모든 짐승과 공중의 모든 새와 땅에 기는 모든것과 바다의 모든 고기가 너희를 두려워하며 너희를 무서워하리니 이들은 너희 손에 붙이웠음이라 무릇 산 동물은 너희의 식물이 될찌라 채소 같이 내가 이것을 다 너희에게 주노라

복을 누리는 증거와 규례와 법도(신6:20-24)

후일에 네 아들이 네게 묻기를 우리 하나님 여호와의 명하신 증거와 말씀과 규례와 법도가 무슨 뜻이뇨 하거든 너는 네 아들에게 이르기를 우리가 옛적에 애굽에서 바로의 종이 되었더니 여호와께서 권능의 손으로 우리를 애굽에서 인도하여 내셨나니 곧 여호와께서 우리의 목전에서 크고 두려운 이적과 기사를 애굽과 바로와 그 온 집에 베푸시고 우리 열조에게 맹세하신 땅으로 우리에게 주어 들어가게 하시려고 우리를 거기서 인도하여 내시고 여호와께서 우리에게 이 모든 규례를 지키라 명하셨으니 이는 우리로 우리 하나님 여호와를 경외하여 항상 복을 누리게 하기 위하심이며 또 여호와께서 우리로 오늘날과 같이 생활하게 하려 하심이라

주님의 구속을 나타내는 삶의 복(출6:21)

증거 증언 הָעֵדֹת(5713, 하에도트) 관사-명사, 여성, 복수. דעוּד5749 우드: 되돌아가다, 반복하다, 다시 행하다, 증거하다)에서 유래.

하나님이 행하신 애굽에서의 구속 사역을 반복 연속으로 나타내는

것으로 주님의 구속사역의 십자가에 동참하는 삶이며 십자가가 밝히 보이는 삶이다(롬14:8,고전15:31,갈3:1). 애굽의 10가지 재앙은 이스라엘을 구속하신 하나님이심을 나타내는 재앙이다.

예수님의 구속하심을 증거하는 삶에는 반드시 하나님이 함께 하심이 권능으로 나타나는 것이다(마10:1).

예수께서 그 열 두 제자를 부르사 더러운 귀신을 쫓아내며 모든 병과 모든 약한 것을 고치는 권능을 주시니라

말씀을 심비에 새긴 삶의 복(렘31:33,히8:10)

규례 חֹק(2706, 호크) 규정(칙), 법령(규), 관습, 의무

하카크(חָקַק , 2710: 긁다, 새기다, 여기에서 쓰다)에서 유래했으며, '규정된 것, 규정(칙), 법령, 법규, 관습, 의무'를 의미한다.

규례는 외형적 관습에 초점이 있는 것이 아니고 심비(心碑)에 새기는 것이다.

새기다 γράφω(1125,그라포.계14:1) 기록하다, 쓰다 write.

同-ἐπιγραφή(1923, 에피그라페) 명문, 명각, 비문, 표제(表題).

פִּתּוּחַ(6603, 핏투아흐.출39:30) 새김, 조각술, 조각.

출39:30 신27:30 그들이 또 정금으로 거룩한 패를 만들고 인을 새김 같이 그 위에 「여호와께 성결」이라 새기고

이미 건넌 후에 이 율법의 모든 말씀을 그 위에 기록하라 그리하면 네 하나님 여호와께서 네게 주시는 땅 곧 젖과 꿀이 흐르는 땅에 네가 들어가기를 네 열조의 하나님 여호와께서 네게 말씀하신 대로 하리니

계14:1의 어린 양과 아버지의 이름이 이마에 기록된 14만 4천에 들

어간 성도들도 규례 즉 예수님의 구속의 은총을 증거한 사람들이다.

계20:4 또 내가 보좌들을 보니 거기 앉은 자들이 있어 심판하는 권세를 받았더라 또 내가 보니 예수의 증거와 하나님의 말씀을 인하여 목 베임을 받은 자의 영혼들과 또 짐승과 그의 우상에게 경배하지도 아니하고 이마와 손에 그의 표를 받지도 아니한 자들이 살아서 그리스도로 더불어 천년 동안 왕노릇 하니

규례가 지켜져야 정직하고 선량함도 진리가 되어 복을 받는다.(신6:19)

규례(사도신경)가 없는 성도는 하나님의 말씀에 바로 서있지 못한 사람들이다. 그러니 종교다원주의나 이단에 빠지기 쉽고 귀가 얇아 분별력도 약하고 세류에 휩쓸려 참된 진리의 믿음에 서있지 못하게 되며, 규례가 있는 성도는 모든 예식과 사업의 출발도 주님의 구속의 은총이 들어간 증거의 예배로 시작하여 예배로 마치는 당연한 규례로 삶속에서 그리스도를 증거하게 되는 것이다.

하나님 의를 구하는 말씀에 순종하는 삶의 복(마6:33)

법령, 법도 מִשְׁפָּט(4941, 미쉬파트) 심판, 재판, 공의, 법령 등

하나님의 공의가 이루어지는 삶이 복받는 삶이다. 법령을 지키는 것은 하나님의 공의가 이루어지는 삶으로 마6:33 하나님의 의 δικαιοσύνη(1343, 디카이오쉬네) 의로움, 의이다.

同-명사 디카이오쉬네(Theognis. Hdt. 이래)는 디카이오스(δίκαιος, 1342: 의로운)에서 유래했으며, 의로운 사람의 덕, 자질, 상태를 나타낸다.

סֱוֹשׂאּכִד(1347, 디카이오시스) 칭의, 의롭다 함.

אמוֹשׂאּכִד(1345, 디카이오마) 규정, 법령, 의로운 행동. 명사 디카이

오마는 주로 히브리어 호크(규정, 관습, 법률, 제정된 것), 그 다음으로 후카(규정된 것, 제정, 법규, 법령)와 미쉬파트(판단, 판결, 올바름, 공의, 권리, 법령)의 역어로 사용되었다. 하나님의 법은 바로 하나님의 말씀을 순종하는 것으로 결론된다.

어원(語源)과 함께 개혁주의 바탕에서 본 천년 왕국(계20:4–6)과 일차 부활

또 내가 보좌들을 보니 거기 앉은 자들이 있어 심판하는 권세를 받았더라 또 내가 보니 예수의 증거와 하나님의 말씀을 인하여 목 베임을 받은 자의 영혼들과 또 짐승과 그의 우상에게 경배하지도 아니하고 이마와 손에 그의 표를 받지도 아니한 자들이 살아서 그리스도로 더불어 천년 동안 왕노릇 하니 (그 나머지 죽은 자들은 그 천년이 차기까지 살지 못하더라) 이는 첫째 부활이라 이 첫째 부활에 참예하는 자들은 복이 있고 거룩하도다 둘째 사망이 그들을 다스리는 권세가 없고 도리어 그들이 하나님과 그리스도의 제사장이 되어 천년 동안 그리스도로 더불어 왕노릇 하리라

천년 왕국에 들어가는 자들은 부활한 성도들이 들어가는 곳이지 땅의 자연인의 상태로 들어가는 곳이 아님을 밝혀둔다(계20:4).

살아서 ἔζησαν(2198 자오.에째산) 동직설, 과거, 능동, 3인, 복수로 현재 살고 있는 사람을 뜻한 것이 아니고 죽었던 자가 살아난 사람 즉 부활한 사람들과 죽음을 맛보지 아니하고 변화한 사람들을 의미한 용어다. 이 말씀의 증거로 20:5에 정확하게 나오고 있다.

"(그 나머지 죽은 자들은 그 천년이 차기까지 살지 못하더라) 이는 첫째 부활이라"

“그 나머지 죽은 자들”, “이는 첫째 부활” 나머지 죽은 자들이란 첫째 부활에 들지 못한 자들이며 첫째 부활이란 천년왕국에 들어갈 수 있는 자들의 부활을 의미한 것이다.

천년 χίλιοι(5507, 킬리오이) 일천의 a thousand. אֶלֶף(505, 엘레프) 천 thousand(창 20:16, 창 24:60, 출 12:37, 민 1:21이하) 알파벳의 첫 글자.

同-אֶלֶף(504, 엘레프) 소, 수소, 암소 엘레프(명남)는 알라프(אָלַף, 502: 배우다, 가르치다)에서 유래했으며, ‘소, 수소, 암소’를 의미한다.

이 단어는 구약성경에서 ‘소(시 8:8, 잠 14:4), 암소(신 7:13, 신 28:4)’에 대해 사용되었다. 멍에를 메우다, 길들이다는 의미에서 유래한 황소. 참고: 벧후 3:8

사랑하는 자들아 주께는 하루가 천년 같고 천년이 하루같은 이 한가지를 잊지 말라

일천은 숫자를 먼저 생각하기 전 계22:13의 말씀에 중점을 둬야한다.

나는 알파와 오메가요 처음과 나중이요 시작과 끝이라

"Αλφα(256a, 알파) 헬라어 알파벳의 첫 문자(α)를 보라. 신약성경에서 3회 나온다(계 1:8 계 21:6 계 22:13).

주 하나님이 가라사대 나는 알파와 오메가라 이제도 있고 전에도 있었고 장차 올 자요 전능한 자라 하시더라

Ω(5598, 오메가) 헬라어 알파벳의 마지막 글자(24번째)이다. 24=24장로의 수(신구약 하나님 백성의 수) 계4:4

또 보좌에 둘려 이십사 보좌들이 있고 그 보좌들 위에 이십사 장로들이 흰 옷을 입고 머리에 금 면류관을 쓰고 앉았더라

나중 תָּו(8420, 타우) 표, 기호, 표시. 욥31:5 인증 서명.

(a)욥 31:35은, 문맥이 보여주는 바와 같이 이 단어를 사람의 인증 서명이나 표라는 의미로 사용한다.

(b)겔 9:4, 겔 9:6에서 이 단어는 하나님께서 그 사람을 보호할 목적으로 사람의 이마에 표하라고 명하신 표시를 가리킨다(창 4:15에서도 이와 다소 유사한 방식이 기술되어 있다. 그러나 여기에서는 다른 히브리어 단어가 사용되어 있고 이마는 언급되어 있지 않다). 고대 메소포타미아에서 이마에 새긴 십자 모양의 표는 아카드어에서 ishpalurtu(m)라고 불리웠으며,

때때로 타우의 고대형과 매우 비슷해 보이는 수메르어 약호인 BAR와 함께 새겨지기도 하였다(참조: CAD, Ⅶ, p. 253; E. A. Speiser in H. G.). 하나님의 특별한 보호의 표는 종말론적 미래에 그의 백성의 이마에 새겨질 것이다(계 7:2 이하, 계 9:4, 계 14:1). 파인건(J. Finegan)은 그가 쓴 최근의 역사소설 Mark of the Taw에서, 초기 그리스도교 신자들은 타우(?)를 미래 구원의 표시(겔 9장에 근거함)로, 메시야의 표시(왜냐하면 타우는 그리스도, "기름부음 받은 자인 메시야"를 뜻하는 헬라어의 첫 글자와 비슷하기 때문임)로 그리고 그 모양 때문에 예수의 십자가의 표시로 생각하고 사용했을 것이라고 지적한다(특히 p.305이하를 보라)(R. F. Youngblood).(참조: BDB; HALOT).

천이라는 수는 이처럼 주님의 구속과 관계된 메시야관이 들어있는 숫자이므로 문맥의 연관을 잘 살피지 않으면 단순 숫자 이상의 뜻 밖에 모르므로 성경의 진수를 맛볼 수 없는 것이다.

천년왕국은 예수님이 직접 통치하는 나라를 말하는 것이다.

지금까지 천년에 관련한 어근의 뜻을 연관하여 정리하면 基數(기수)나 (序數)서수)로 보는 천은 많은 수를 나타내는 한계적인 상징성 숫자이다. 예수님은 숫자의 개념으로 정할 수 없는 하루가 천년 같고 천년이 하루 같다는 것은 사실상 시간의 변함이 없는 개념이다. 그러므로 천년왕국의 천년의 실체는 일차 부활한 성도들이 해당함으로 이 세상의 개념으로 보면 틀린다.(계20:4-6)

계20:4 또 내가 보좌들을 보니 거기 앉은 자들이 있어 심판하는 권세를 받았더라 또 내가 보니 예수의 증거와 하나님의 말씀을 인하여 목 베임을 받은 자의 영혼들과 또 짐승과 그의 우상에게 경배하지도 아니하고 이마와 손에 그의 표를 받지도 아니한 자들이 살아서(부활과 죽음을 맛보지 않고 변화 받은 성도들 히11:5) 살전4:16-18 우리가 주의 말씀으로 너희에게 이것을 말하노니 주 강림하실 때까지 우리 살아남아 있는 자도 자는 자보다 결단코 앞서지 못하리라 주께서 호령과 천사장의 소리와 하나님의 나팔로 친히 하늘로 좇아 강림하시리니 그리스도 안에서 죽은 자들이 먼저 일어나고 그 후에 우리 살아남은 자도 저희와 함께 구름 속으로 끌어 올려 공중에서 주를 영접하게 하시리니 그리하여 우리가 항상 주와 함께 있으리라 그러므로 이 여러 말로 서로 위로하라

계20:4-6 그리스도로 더불어 천년 동안 왕 노릇 하니 (그 나머지 죽은 자들은 그 천년이 차기까지 살지 못하더라) 이는 첫째 부활이라 이 첫째 부활에 참예하는 자들은 복이 있고 거룩하도다 둘째 사망이 그들을 다스리는 권세가 없고 도리어 그들이 하나님과 그리스도의 제사장이 되어 천년 동안 그리스도로 더불어 왕 노릇 하리라

천년은 구속주 예수님 자신을 가리키고 있는 것이며 예수님의 직접적 통치를 나타내는 말씀이다. 천년왕국 전에는 사람을 통하여 통치하였지만 천년왕국을 기점으로 예수님이 직접 통치하는 영원한 하나님의 나라가 이루어진 것이다(고전13:12).

우리가 이제는 거울로 보는 것 같이 희미하나 그 때에는 얼굴과 얼굴을 대하여 볼 것이요 이제는 내가 부분적으로 아나 그 때에는 주께서 나를 아신 것 같이 내가 온전히 알리라

천년왕국이 이루어지는 시기는 예수님의 재림과 첫째 부활이 연계됨을 알아야 한다.(마25:31-34하나님 나라 상속. 마24:13.벧후3:1-13)

천년왕국의 천년에 대한 개념을 어원적인 의미로 보면 주님과 연합된 왕국이다.

하나님의 백성의 영원한 주소는 천국이며 천국시민인고로 세상 날의 천년에 해당하는 천년이 아니고 신령한 세계의 천년인고로 이 역시 영원한 하나님의 나라이다.

천년이 차매 사단이 그 옥에서 놓여(계20:7,8)

세상 전쟁이 아니고 영원한 불 못에 들어가기 전 최후 발악의 사탄과 백 보좌 심판을 받아 멸망으로 떨어질 불신 영혼들(곡과 마곡)의 대 반항인 것으로 사료된다.

천년이 차매 사단이 그 옥에서 놓여 나와서 땅의 사방 백성 곧 곡과 마곡을 미혹하고 모아 싸움을 붙이리니 그 수가 바다 모래 같으리라

땅의 백성이라 하여 현실적 육신상태로의 사람이 아님은 천년왕국

입성 자체가 일차 부활한 성도들이 들어가는 곳이기 때문이며 일차 부활에 참여치 못한 자들의 영들이 백 보좌 심판 전 사탄의 출옥과 함께 성도들의 진과 사랑하시는 성을 포위하나 불에 소멸한다(계20:9).

곡 Γώγ(1136, 곡) 곡은 마곡 땅의 통치자이며, 겔 38:2, 겔 29:1에서는 로스와 메섹과 두발의 왕으로 나타난다. 곡은 이스라엘로부터 멀리 떨어진 불경건한 백성들의 악마적이며, 사악한 지도자이다.

그는 하나님의 백성에 대한 한 최종적 공격을 주도했으나 가나안 산지에서 여호와의 개입으로 말미암아 굴욕적인 패배를 당했다. 이 전쟁은 구약성경에서는 에스겔 38장, 39장에 기록되어 있으며, 신약성경에서 계 20:7-계 20:9에 요약되어 있다.

우리가 알 것은 세상의 역사를 표본으로 영적 실체를 증거 하는데 그대로 인용한 것을 알아야 하는 것이다. 예: 사탄의 출처와 형벌(겔28:1-19). 두로 왕을 사탄이 패망한 표본으로 나타내고 있음 같이 곡과 마곡의 백성을 영원히 멸망하는 대적자의 표본으로 인용한 것이다.

세대주의 해석

영국의 형제교회 지도자 다비(1800-1882)의해 시작된 신학으로 성경 역사를 일곱 시대별로 구분하여 통치하는 원리가 다르고 구원의 방법도 다르다고 주장한다. 스코필드의 성경 주석에 대표적 영향을 받은 책이며 대한민국 초기 선교사들은 대부분 세대주의 신학에 근거한 복음을 전하였다,

일곱 세대

각 세대마다 새로운 다른 구속적 계획을 마련하였다고 주장한다. ①무죄시대 ②양심시대 ③인간 통치시대 ④약속시대 ⑤율법시대 ⑥은혜시대 ⑦천년왕국시대로 구분하였다

문제점

율법시대에는 율법을 지키면 구원받는다는 의미를 가지게 하여 여기에 근거한 빌미를 가지고 율법을 지키면 구원 받는다는 주장이 나오게 하였다. 은혜시대를 사는 사람들은 십계명이 유일한 법칙이 될 수 없다고 하는 율법 폐기론으로 이어져 기독교의 윤리성에 큰 문제가 생긴 것과 구원파 이단이 활용하기 좋은 신학임은 두 말할 필요가 없다.

칼빈과 루터의 개혁신학은 언약신학을 기반으로 된 것이 아니다. 다비에 의한 세대주의 신학은 장로교의 개혁주의 신학과 다르나 교리는 많은 부분 칼빈주의적 성향을 지니고 있고 복음주의적 교회에 널리 전파되었다.

세대주의적 신앙관이 성경과 교회와 하나님의 구원의 단일성에 상처를 주었고 지난친 문자주의로 성경의 일부만 취사선택함으로 성경 전체의 메시지를 훼손하였다고 지적 받고 있다.

세대주의 분류

고전적 세대주의: 이스라엘과 교회를 철저하게 구분하여 이스라엘은 새 땅에서 영원히 존재하고 교회는 새 하늘에서 영원히 존재한다고 보았으므로 천년 왕국은 그리스도께서 이스라엘 왕으로 이 땅에서 다스린다고 이스라엘에게 주신 약속들이 문자적으로 성취되는 기간으로 천년왕국을 이해하였다.

①하나님 나라와 천국 구분

하나님 나라는 영적 왕국이고 천국은 물질적 왕국으로 보고 마태복음에 나오는 천국은 천년왕국에서 성취된다고 보고 있다.

② 대 환난

이스라엘의 죄악으로 인하여 겪어야 하는 환난이므로 교회는 무관하여 환난기 이전에 그리스도께서 공중에 재림하실 때 휴거되며 환난 이후에 그리스도께서 지상에 재림하셔서 천년왕국을 건설하신다고 보는 철저한 전 천년주의자들이며 환난 전 휴거론자들이다.

개정 세대주의(1967년 스코필드 성경 발간에 참여하여 대중적으로 나타내면서 붙여진 이름): 하나님 나라와 천국을 엄격하게 구분하지 않고 하나님 나라가 천국을 포함한다고 보고 있으며 고전적 세대주의자들처럼 이스라엘과 교회의 운명이 영원 세계에까지 구분된다는 견해를 포기하고 영원 세계에서는 새 하늘이나 새 땅에서 둘이 함께 합쳐진다는 견해를 가지고 있다.

하지만 여전히 이스라엘과 교회를 구분 하였으며 천년왕국을 이스라엘에 대한 예언이 성취되는 유일한 기간으로 이해하고 있다.

점진적 세대주의: 1972,로버트 소시가 쓴 책

"the church in God,s Program" 에서 점진적 세대주의 서막을 알렸는데 점진적 세대주의는 시간이 경과됨에 따라 세대끼리 점진적 진보를 나타낸다고 보는 데 있다.

이전 세대 안에는 다음 세대의 출현에 대한 씨앗이 내제되어 있어 이 씨앗이 다음 세대에 발전적으로 나타나면서 각 세대를 거쳐 미래 종말론적 목적인 영원한 왕국을 향하여 점진한다고 보는 견해로, 전통 세대

주의와 견해를 달리한다.

교회를 다윗 왕국의 현재적 시작으로 보아 다윗 왕국은 미래 천년왕국에서 문자적으로 완전히 성취될 것이지만 현재에 이미 그리스도께서 왕좌에 앉아 다스리기를 시작함으로 부분적으로 성취되기 시작했다 주장하고 교회는 유대인이든 이방인이든 구원받은 사람들 그 자체로 보고 있다.

그러나 이들은 미래의 천년왕국에서 이스라엘이 구분되는 단위로서 일정한 역할을 담당하게 될 것이라고 보며 이 천년 왕국에서 이스라엘에 주신 약속들이 완전히 성취될 것으로 이해한다.

개혁주의

개혁주의 신학은 특별하게 세대를 나누지 않고 구약과 신약 성경을 하나님의 언약을 중심으로 구원관의 맥을 구성하고 있다. 반면 종말론에 대하여는 세부적 관점보다 주님의 재림에 종말의 한계를 두고 있다(벧후3:1-13). 그러다 보니 천년왕국에 대하여 특별히 구분하는 것이 없다. 일반적으로 다수의 신학자들이 무천년설을 주장하므로 주님의 초림 이후에서 재림까지를 천년왕국 시대로 보는 경향이 있다.

언약 신학의 개념들

행함의 언약-아담과 하나님 육적인 삶과 영적인 삶 순종.

구속의 언약-성부와 성자, 인류구원 영원 전부터 언약됨.

은혜의 언약-인류와 언약, 영생의 언약, 믿음으로 구원, 영적죽음, (엡1:10-14,3:11, 요5:30,43,6:38-40,17:4-12, 롬5:9, 고전15:22, 롬8:3, 살후2:13)

엡1:10-14 하늘에 있는 것이나 땅에 있는 것이 다 그리스도 안에서 통일되게 하려 하심이라 모든 일을 그 마음의 원대로 역사하시는 자의 뜻을 따라 우리가 예정을 입어 그 안에서 기업이 되었으니 이는 그리스도 안에서 전부터 바라던 우리로 그의 영광의 찬송이 되게 하려 하심이라 그 안에서 너희도 진리의 말씀 곧 너희의 구원의 복음을 듣고 그 안에서 또한 믿어 약속의 성령으로 인치심을 받았으니 이는 우리의 기업에 보증이 되사 그 얻으신 것을 구속하시고 그의 영광을 찬미하게 하려 하심이라

요 5:30 내가 아무 것도 스스로 할 수 없노라 듣는대로 심판하노니 나는 나의 원대로 하려하지 않고 나를 보내신 이의 원대로 하려는고로 내 심판은 의로우니라

요5:43 나는 내 아버지의 이름으로 왔으매 너희가 영접지 아니하나 만일 다른 사람이 자기 이름으로 오면 영접하리라 요6:38-40 내가 하늘로서 내려온 것은 내 뜻을 행하려 함이 아니요 나를 보내신 이의 뜻을 행하려 함이니라 나를 보내신 이의 뜻은 내게 주신 자 중에 내가 하나도 잃어버리지 아니하고 마지막 날에 다시 살리는 이것이니라 내 아버지의 뜻은 아들을 보고 믿는 자마다 영생을 얻는 이것이니 마지막 날에 내가 이를 다시 살리리라 하시니라

요17:4-12 아버지께서 내게 하라고 주신 일을 내가 이루어 아버지를 이 세상에서 영화롭게 하였사오니 아버지여 창세 전에 내가 아버지와 함께 가졌던 영화로써 지금도 아버지와 함께 나를 영화롭게 하옵소서 세상 중에서 내게 주신 사람들에게 내가 아버지의 이름을 나타내었나이다 저희는 아버지의 것이었는데 내게 주셨으며 저희는 아버지의 말씀을 지키었나이다

지금 저희는 아버지께서 내게 주신 것이 다 아버지께로서 온 것인줄 알았나이다 나는 아버지께서 내게 주신 말씀들을 저희에게 주었사오며 저희는 이것을 받고 내가 아버지께로부터 나온 줄을 참으로 아오며 아버지께서 나를 보내신 줄도 믿었사옵나이다 내가 저희를 위하여 비옵나니 내가 비옵는 것은 세상을 위함이 아

니요 내게 주신 자들을 위함이니이다 저희는 아버지의 것이로소이다 내 것은 다 아버지의 것이요 아버지의 것은 내 것이온데 내가 저희로 말미암아 영광을 받았나이다

나는 세상에 더 있지 아니하오나 저희는 세상에 있사옵고 나는 아버지께로 가옵나니 거룩하신 아버지여 내게 주신 아버지의 이름으로 저희를 보전하사 우리와 같이 저희도 하나가 되게 하옵소서 내가 저희와 함께 있을 때에 내게 주신 아버지의 이름으로 저희를 보전하와 지키었나이다 그 중에 하나도 멸망치 않고 오직 멸망의 자식 뿐이오니 이는 성경을 응하게 함이니이다 살후2:13 주의 사랑하시는 형제들아 우리가 항상 너희를 위하여 마땅히 하나님께 감사할 것은 하나님이 처음부터 너희를 택하사 성령의 거룩하게 하심과 진리를 믿음으로 구원을 얻게 하심이니 엡3:11 곧 영원부터 우리 주 그리스도 예수 안에서 예정하신 뜻대로 하신 것이라

바로의 세력과 애굽의 그늘(사30:1–3)

여호와께서 가라사대 화 있을찐저 패역한 자식들이여 그들이 계교를 베푸나 나로 말미암아 하지 아니하며 맹약을 맺으나 나의 신으로 말미암아 하지 아니하였음이로다 그들이 바로의 세력 안에서 스스로 강하려 하며 애굽의 그늘에 피하려 하여 애굽으로 내려갔으되 나의 입에 묻지 아니하였으니 죄에 죄를 더하도다 그러므로 바로의 세력이 너희의 수치가 되며 애굽의 그늘에 피함이 너희의 수욕이 될 것이라

바로 פַּרְעֹה(6547, 파르오)

원래 이 애굽어 칭호는 애굽왕을 칭한 것이 아니라 왕의 궁전을 가리키는 것이었다. 마치 짐이 곧 국가란 의미와 같다. 제왕을 국가의 상징

으로 본 것이다.

바로의 세력이란 짐승의 세력이다

세상 제왕을 하나님의 자리에 놓고 신적 지배를 받는 것이다. 결국 귀신의 왕 Βεελζεβούλ(954, 베엘제불) 똥의 주' 혹은 '오물의 주(12:24) 同-διάβολος(1228, 디아볼로스) 중상자, 비방자, 마귀Σατανᾶς(4567, 사타나스) 사탄 Satan, 대적자 adversary. בַּעַל(1168, 바알) 바알(명남)은 바알(בַּעַל1166)에서 유래했으며, 결혼하다 통치하다(왕상18:25)

처음 사탄의 타락한 심성과 같다(사14:12,13).

너 아침의 아들 계명성이여 어찌 그리 하늘에서 떨어졌으며 너 열국을 엎은 자여 어찌 그리 땅에 찍혔는고 네가 네 마음에 이르기를 내가 하늘에 올라 하나님의 뭇별 위에 나의 보좌를 높이리라 내가 북극 집회의 산 위에 좌정하리라" 겔28:15,16 "네가 지음을 받던 날로부터 네 모든 길에 완전하더니 마침내 불의가 드러났도다 네 무역이 풍성하므로 네 가운데 강포가 가득하여 네가 범죄하였도다 너 덮는 그룹아 그러므로 내가 너를 더럽게 여겨 하나님의 산에서 쫓아 내었고 화광석 사이에서 멸하였도다

권력과 물질의 풍요가 극에 달할 때 타락하는 것을 볼 수가 있다. "네 모든 길에 완전하더니" 피조물의 한계는 겸손이다. 겸손의 벽이 무너지면 곧 끝장나는 것이다. 인생 중 제일 지혜로운 솔로몬도 타락하였다(왕상11:4-9). 이방신의 대표적 이름이 바알인데 그 근거가 세상의 권력과 물질에 기반하였음을 주시하여야 하며 즉 권력과 물질의 노예가 되면 타락한다. 정치인들이 권력을 얻기 위하여 온갖 명분으로 진리를 표방한 논리를 만들어 귀신의 왕 바알세붑의 이름처럼 똥과 오물 냄새를 풍

기는 파리 신의 종이 되는 것이다.

짐승의 표가 따로 없다(계13:18). 바로의 세력 안에 피하려는 자가 다 짐승의 표를 받는다 (남방짐승 애굽 사30:6)

애굽 מִצְרַיִם(4714, 미츠라임) 애굽의 고대 수도인 멤피스(Memphis)의 별칭인 애굽어 하쿠프타(hi-ku Ptah)에서 유래했다. 하쿠프타는 일반적으로 '프타(Ptah)의, 카(ka)의 영혼의 저택'이라는 의미로 받아들인다.

바로의 세력과 애굽의 그늘이란 세상권력 체계를 종교화한 국가관이다. 그러므로 온갖 악행으로 통치하면서 내세까지 보장된 것처럼 백성을 노예화시킨 사탄의 세계관으로 현혹하여 백성들의 피난처와 보호자로 표방하여 피하게 하고 의지하게 만드는 세상의 힘이다.

세상 사람이라고 내세관이 없는 것이 아니다. 사람의 내세관은 본능이다. 왜냐하면 사람의 구조가 육체로만 끝난 것이 아니기 때문이다.

이들의 내세관이 세상 욕망과 어리석음과 자의적 의로 되어 있어 거기에 맞는 것을 적용하여 추종하는 종교다. 그러므로 윤리도 갖추고 내세도 추구하여 세상 부귀영화 권세의 연장선으로 추구하고 있으며 유일신 하나님은 저들의 구조로는 받지 못하고 자신들의 개념위주로 신을 섬기고 정성을 드리고 있다. 그러면서도 자의적 의를 세워 선을 추구 하는가 하면 자신들의 소원 위주로만 신을 섬기는 사람들과 애써 신을 부인하며 욕망대로 사는 사람도 허다한 것이다.

정리하면 하나님을 공경하는 것은 위에서 내려오고 세상 종교와 욕망은 땅에서 나와 위로 올라가려고 하는 것이다(골3:1). 즉 땅의 것으로 위로 올라가려고 하는 것이 세상적 방법이고 위엣 것으로 위로 올라가는 것이 하나님 나라이다.

예수님의 모습(히1:3)

이는 하나님의 영광의 광채시요 그 본체의 형상이시라 그의 능력의 말씀으로 만물을 붙드시며 죄를 정결케 하는 일을 하시고 높은 곳에 계신 위엄의 우편에 앉으셨느니라

영광의 광체 ἀπαύγασμα(541, 아파우가스마) 광채, 형상

同－575와(마1:17)ἀπό(575, 아포) ~에서, ~에서부터. 826의 합성어 빛을 내다

同－(고후4:4)φωτισμος(5462, 프호티스모스) 조명, 계몽, 계시명사. 프호티스모스는 프호티조(φωτίζω, 5461)에서 유래했으며, 빛남, 밝힘, 나타냄, 계시를 의미하며, 매우 드물게 사용되었다. φωσφόρος(5459, 포스포로스) 빛을 가져오는 것, 새벽별כּוֹכָב(3556, 코카브. 민24:17) 예수님 자신이 하나님의 계시다. 즉 예수님 자신이 곧 하나님임을 보여준 것이다.

예수님이 하나님이신고로 하나님을 추상적 개념으로 보면 아직 몽학선생 아래 있지만 하나님을 구체적으로 안다는 것은 예수님을 구체적으로 아는 것이다(요14:9)

예수께서 가라사대 빌립아 내가 이렇게 오래 너희와 함께 있으되 네가 나를 알지 못하느냐 나를 본 자는 아버지를 보았거늘 어찌하여 아버지를 보이라 하느냐

예수님을 광체와 별로 표현한 것은 빛의 본질은 생명이기 때문이다

(요1:4.약1:17).

그 안에 생명이 있었으니 이 생명은 사람들의 빛이라

그 본체 ὑποστάσεως(5287, 휘포스타세오스) 명사 속격 여성 단수. 본질, 실체, 확신, 계획.

형상 χαρακτήρ(5481, 카라크테르) 형상,도장,표시.카랏소(χαράσσω: 뾰족하게 하다, 날카롭게 하다, 새기다)에서 유래한 단어이다. χάραγμα(5480, 카라그마) 표, 인, 형상(계13:17)

צָרֶבֶת(6867,차레베트) 딱지, 흉터 차라브(צָרַב6866)에서 유래했으며, 상처나 종기의 '딱지, 흉터'를 의미한다(레 13:23, 레 13:28, 잠 16:27). 태우다, 타다, 그슬리다(겔20:47).

예수님의 모습은 하나님의 형상이 구속의 사랑에 새겨져 있는 것이다. 하나님의 자녀 역시 주님의 사랑을 증거하는 삶 속에 하나님의 형상이 새겨져 있다.

노아 홍수와 구속의 언약(창9:8-15.사54:1-10 벧전3:18-21)

노아홍수는 홍수로 죽은 인류에 초점을 맞추는 것보다 주님의 구속에 초점을 두고 보면(벧전4:19-21) 일반적으로 보기에는 노아 홍수로 죽은 사람이 다 멸망한 것처럼 보이나 물로 침례(세례) 받음으로 육신으로는 죽음을 받았으나 벧전3:19-21에 의하면 주님 구속의 복음과 연계하여 볼 필요가 있다.

※ 참고 사항-답을 낼 수 없으므로 참고만 하시기 바랍니다.

벧전3:19-21 저가 또한 영으로 옥에 있는 영들에게 전파하시니라 그들은 전에 노아의 날 방주 예비할 동안 하나님이 오래 참고 기다리실 때에 순종치 아니하던 자들이라 방주에서 물로 말미암아 구원을 얻은 자가 몇명 뿐이니 겨우 여덟 명이라 물은 예수 그리스도의 부활하심으로 말미암아 이제 너희를 구원하는 표니 곧 세례라 육체의 더러운 것을 제하여 버림이 아니요 오직 선한 양심이 하나님을 향하여 찾아가는 것이라

전파하시니라 ἐκήρυξεν(2784, 에케뤼켄) 동직설, 과거, 능동, 3인, 단수. 고지하다, 알리다, (크게 소리로)선포하다. 복음 선포(딤후1:11).

κήρυξ(2783, 케뤽스) 전령, 사자.

내가 이 복음을 위하여 반포자와 사도와 교사로 세우심을 입었노라

כָּרוֹז(3744, 카로즈) 사자, 전령(단3:4). זָעַק(2199, 자아크) 부르짖다, 외치다, 부르다. קָרָא(7121, 카라) 부르다, 선포하다, 소환하다, 읽다(사61:1).

주님이 옥에 있는 영들에게 전파한 것은 복음을 전파하신 것이다.

주 여호와의 신이 내게 임하셨으니 이는 여호와께서 내게 기름을 부으사 가난한 자에게 아름다운 소식을 전하게 하려 하심이라 나를 보내사 마음이 상한 자를 고치며 포로된 자에게 자유를, 갇힌 자에게 놓임을 전파하며

상식적으로 노아홍수로 죽은 사람들이 당연히 멸망 받았다고 생각되지만 베드로 사도는 홍수에 죽은 사람들을 물로 구속함을 받은 것으로 증거하고 있다. 하나님은 노아홍수 이후에 다시는 홍수로 멸하지 않는다는 것은 구속의 은총은 한번으로 족하다고 하는 의미도 있는 것이다. 종말의 심판은 다 불로 심판하는 것이지 물로 심판한다는 말씀은 없다. 노아홍수의 심판 성격은 옛사람을 벗어버리고 오직 심령으로 새롭게 되는 것과(엡4:22) 벧전3:18의 말씀이 증거하고 있다.

그리스도께서도 한 번 죄를 위하여 죽으사 의인으로서 불의한 자를 대신하셨으니 이는 우리를 하나님 앞으로 인도하려 하심이라 육체로는 죽임을 당하시고 영으로는 살리심을 받으셨으니

노아홍수 심판을 통하여 구속의 언약을 보이셨다. (요3:16) 세상을 구원하신 하나님의 사랑이 적용된 것으로 노아가족 여덟 명에 국한 시키지 않은 것으로 보인다.

이러한 성경의 진리를 외면하고 단편 편집적 문자해석으로 하나님의 아들을 타락한 천사로 보는 것은 원문상으로도 안 맞지만 구속의 복음에 안 맞는 것이다. 타락한 천사의 자녀라면 원천적 사탄이 되는 것이다. 이런 것은 유전적으로나 창조원리에서나 더욱이 구속의 복음으로 볼 때 이단에 해당한 해석이다.

이사야 54:9,10의 말씀

이는 노아의 홍수에 비하리로다 내가 다시는 노아의 홍수로 땅 위에 범람치 않게 하리라 맹세한 것같이 내가 다시는 너를 노하지 아니하며 다시는 너를 책망하지 아니하기로 맹세하였노니 산들은 떠나며 작은 산들은 옮길찌라도 나의 인자는 네게서 떠나지 아니하며 화평케 하는 나의 언약은 옮기지 아니하리라 너를 긍휼히 여기는 여호와의 말이니라

이는 주님의 구속의 은총이 있음으로 노아홍수의 과정이 곧 주님의 구속의 은총을 직접 적용한 것으로 본다면 노아홍수로 구속한 것은 한 번으로 족한 것이다.

혹자는 시간의 초월성을 가진 하나님은 노아 당시 사람들의 죄에 매인 삶을 옥에 갇힌 영들로 표현하였다고 하면서 이 설명을 신학적 바탕

에 둔 것에 기인한 것으로 설명하지만 신학 이전에 원문대로 보면 시제가 맞지 않는다.

벧전 4:19 저가 또한καί(2532, 카이) 그리고, ~와 and를 사용하여 시제상으로 분리시키지 않고 있으며 "영으로 살리심을 받으셨으니" ὅς (3739 호스) ᾧ 관계대명사, 여격, 중성, 단수, 영을 사용하여 (2784 에케케뤼스켄) ἐκήρυξεν, 동직설, 과거, 능동, 3인, 단수로 전파하였다. 이 내용은 주님이 육체로 죽임을 당한 이후의 상태를 말한 것이지 노아홍수 당시의 과거가 아니다.

순종치 아니하던 자들 ἀπειθήσασίν(544, 아페이데사신) 동분사, 과거, 능동, 여격, 남성, 복수, 불순종하다로 불순종의 결과로 저들의 영이 갇혀 있는 옥에 예수님이 영으로 가셔서 전파하신 것이다. 만약 노아 동시대에 예수님이 죄에 갇혀 사는 저들에게 영으로 가서 전파하였다면 문제점이 있다.

그렇다면 예수님의 육체가 죽임을 당하기 전인고로 영으로 옥에 있는 영들에게 전파하였다고 할 것이 아니라 하나님이 저들에게 찾아가셨다고 하여야 맞다. 기존 상식만으로 논단하는 것은 정확성이 없고 노아홍수 당시 물에서 구원 받은 자가 겨우 여덟 명이라고 강조한 것도 유의하여 볼일이며 창조 이후 여덟 명을 제외한 인류가 다 죽은 것에 대한 하나님의 특별한 섭리로 밖에 볼 수 없다.

노아홍수로 침수되어 죽은 인류와 하나님의 구속의 섭리(벧전3:18-21)

난해한 내용이며 보편적으로 이해할 수 없어도 분명한 것은 벧전 3:18에 주님이 "육체로 죽임을 당하시고 영으로는 살리심을 받으셨으니 저가 또한(대등 접속사로 이어짐) 영으로 옥에 있는 영들에게 전파하셨으니"라고 분명하게 기록되었음을 정확하게 해석할 수 있어야 한다.

※물은 구원하는σώζω(4982, 소조. 구원하다 save, 해받지 않게 하다 keep from harm, 보존하다) 소조는 '내적 존재를 보존하다'를 의미한다. 이 단어는 내적 존재나 본질을 보존하는 것을 가리키는 특별한 의미로 사용되었다.

※표라고(벧전3:21)되어있다. 소조는 70인역본에서 330여회 나타나며, 15개 히브리어의 파생어들의 역어로 사용되었다. 이 동사는 주로 야샤와 그 파생어들의 역어로 약 150회 사용되었으며, 이 어근은 '구해내다, 구원하다, 돕다, 안전하게 하다, 구원, 구출, 구원행위'라는 의미를 가진다.

יֶשַׁע(3468, 예샤. 시20:6) 구원, 구출, 구조, 안전, 번영, 승리

시20:6 여호와께서 자기에게 속한바 기름 부음 받은 자를 구원하시는 줄 이제 내가 아노니 그 오른손에 구원하는 힘으로 그 거룩한 하늘에서 저에게 응락하시리로다

벧전3:21 물은 예수 그리스도의 부활하심으로 말미암아 이제 너희를 구원하는 표니 곧 세례라 육체의 더러운 것을 제하여 버림이 아니요 오직 선한 양심이 하나님을 향하여 찾아가는 것이라

노아시대에 홍수로 침수되어 죽은 인류는 물세례에 해당한다고 가정하면 육체의 옛사람은 죽고 영으로 구원 받는 구속 사건으로 볼 수밖에 없다(주님이 영으로 옥에 있는 영들에게 전파하심). 그러나 옥에 갇혀 있는 영

들이므로 저들에게 기회를 주어 구속의 복음을 전하신 것이다. 주님의 구속을 받고 안 받고는 저들에게 달려 있지만 누구든지 믿으면 구원받을 수 있는 공평된 기회를 준 것이다.

주님은 온 인류가 주님의 구속을 알기 전부터 구속을 위하여 죽으신 바 되었으나 실제적으로 노아홍수의 침수를 통하여 나타내신 것으로 비록 옥에 있는 영들이지만 공정한 복음의 기회를 준 일회적 구원 받을 수 있는 복음 전파로도 생각할 수 있다(요3:16).

하나님이 세상을 이처럼 사랑하사 독생자를 주셨으니 이는 저를 믿는 자마다 멸망치 않고 영생을 얻게 하려 하심이니라

노아의 여덟 명 가족만을 세상을 구원 하였다고 생각할 수 있을까? 라는 의문이 든다.

인류의 죄를 대속한 出방주 후 첫 번째 드린 번제(창8:20,21,7:2)

노아가 여호와를 위하여 단을 쌓고 모든 정결한 짐승 중에서와 모든 정결한 새 중에서 취하여 번제로 단에 드렸더니 여호와께서 그 향기를 흠향하시고 그 중심에 이르시되 내가 다시는 사람으로 인하여 땅을 저주하지 아니하리니 이는 사람의 마음의 계획하는 바가 어려서부터 악함이라 내가 전에 행한 것 같이 모든 생물을 멸하지 아니하리니

모든 정결한 짐승 중에서 취한 제물은 주님을 예표한 제물로 인류의 죄를 속죄한 구속의 제물로 볼 때 이 제물은 모든 정결한 짐승 중에서 취한 것이니 그 양의 많음이 실로 인류를 위한 번제물의 양이다.(인류 속에는 노아 홍수로 죽은 사람들도 포함되지만 참고만 하시길)

주님의 구속을 보면 번제가 먼저가 아니고 주님의 구속이 먼저다. 그러므로 노아시대에 침수로 죽은 인류를 위하여 구속하여 주신 주님이 타락하여 더러워진 인류를 물로 침수시킨 주님 구속의 은혜를 옥에 있는 영들에게 복음 전파한 것으로 볼 수도 있다. 노아시대는 율법제정 이전의 고대 세대로 하나님의 구속이 인류 청결의 대홍수로 일회적 구속 사건으로 보여지기도 한다.(※기존의 해석과 차이가 있음으로 참고만 하시기 바라며 저자의 입장에서 표현하자면 답이 없다는 것이다. 그러므로 이 내용을 전할 때 모르면서 아는 것처럼 하지 말고 모른다고 하는 것이 무난하리라 생각되며 주님만이 알고 계신다)

이스라엘(창32:28)

이스라엘יִשְׂרָאֵל(3478, 이스라엘) 그가 하나님으로서 다스릴 것이다. (אֵל41)엘 사라(שָׂרָה8280)우세하다(왕으로서 권력을 쥐다), 하나님과 겨루어이기다, 지유롭게 하다. שָׂרָה(8283, 사라)여주인, 귀부인

이스라엘의 이름을 복합적 뜻으로 보면 하나님과 하나된 부부 공동체의 의미가 있으며 하나님의 권세가 전수된 신부로서의 의미가 있다.

새 하늘과 새 땅을 창조(사65:17,계21:1)

보라 내가 새 하늘과 새 땅을 창조하나니 이전 것은 기억되거나 마음에 생각나지 아니할 것이라

계21:1 또 내가 새 하늘과 새 땅을 보니 처음 하늘과 처음 땅이 없어졌고 바다도 다시 있지 않더라

이전 것 רִאשׁוֹן(7223, 리숀) 리숀(형용사)은 로쉬(רֹאשׁ7218: 머리)에서

유래했으며, '첫째의, 최초의, 이전의'를 의미한다. 이는 계시록 21:1의 처음 하늘과 처음 땅이 없어졌다는 말씀과 동일한 말씀으로 바다도 땅에 속한 것이다.

처음 하늘 처음 땅 πρῶτος(4413, 프로토스) '첫째의, 최고의'라는 것은 처음 창조한 하늘과 땅이 아닌 새 하늘과 새 땅은 영원한 하나님 나라를 의미한 것이지, 처음 땅 즉 이 세상 환경을 새롭게 한 것을 의미한 것이 아니다. 다수의 오해로 새 하늘과 새 땅을 이 세상의 변화로 보는데 절대 그것이 아님은 아무리 변하여도 본질은 그대로 있기 때문이다. 그러므로 사람도 육은 흙으로 돌아가고 혼은 위로 올라간다고 한 것이다(전3:20-21)

처음 하늘과 처음 땅에 대한 해석의 오해로 여호와 증인 등 많은 이단들과 종말론의 해석이 잘못되고 있다. 천년왕국 역시 지구 즉 처음 땅에서 된 것이 아니고 새 하늘과 새 땅에 속한 영원한 하나님 나라를 의미한 것이다.

그러나 난해한 구절이 있는데 바로 사65:20의 말씀이다.

> 거기는 날 수가 많지 못하여 죽는 유아와 수한이 차지 못한 노인이 다시는 없을 것이라 곧 백세에 죽는 자가 아이겠고 백세 못되어 죽는 자는 저주 받은 것이리라

어떻게 영원한 나라에 수명이 있으며 저주가 있으니 말이다.

이 말씀의 진정된 의미의 기초는 바로 하나님 백성의 타락에 초점이 있다고 보는 것이다. 영원한 나라가 현실에서 보면 약속 안에 있다. 즉 믿음의 타락과 연계할 필요가 있는 것으로 보이며 예루살렘의 진정된 의미로 보면יְרוּשָׁלַיִם(3389, 예루샬라임) 예루샬라임은 예루엘(יְרוּאֵל3385)과 샬렘(שָׁלֵם7999)에서 유래했으며, '평화의 터전'을 의미하

여, 팔레스틴의 수도 예루살렘을 가리킨다. 주님의 평화 속에 들어가는 것이 바로 의미적 예루살렘이다.

하지만 현실 믿음의 세계에서 떨어진다는 것은 극히 이례적인 예로 지적된 것으로 보면 좋을 것이리라 본다. 이사야서의 새 하늘 새 땅은 예언적이며 참 천년 왕국의 예표이며 계시록의 새 하늘 새 땅은 이루어진 새 예루살렘을 의미한 천년 왕국인 것이다. 이루어진 천년왕국은 타락이나 죽음은 있을 수 없는 영원한 나라이다.

백세에 죽은 자를 아이로 보고 백세 못되어 죽은 자를 저주 받은 자로 보는 것은 에덴동산의 아담 부부의 모습과 연계되어 보인다. 중요한 것은 이사야서의 새 하늘과 새 땅은 아담부부가 타락 전에 살던 에덴동산의 회복에 초점이 있으며 강조점은 영원한 천년왕국을 바라보고 믿음을 지키는 데 목적이 있다고 보면 좋을 것이다.

왜냐하면 현실 세계에서의 천년 수명이란 있을 수 없으며 더구나 100세를 어린아이로 본다는 것도 현실 세계와도 거리가 멀다(시:90:10). 그러므로 이사야서가 말씀한 새 하늘과 새 땅은 평화의 나라 주님의 통치를 상징한 말씀으로 봐야 할 것이다.